富　王海燕　著

说

卷一　上册

象天法地　古都神韵

说北京

吉林出版集团股份有限公司

图书在版编目（CIP）数据

图说大北京. 卷一/周殿富，王海燕著. —长春：
吉林出版集团股份有限公司，2019.8
ISBN 978-7-5581-6450-7

Ⅰ.①图… Ⅱ.①周…②王…Ⅲ.①北京－地方史
Ⅳ.①K291

中国版本图书馆CIP数据核字（2019）第005460号

图说大北京　卷一

著　　者	周殿富　王海燕	
责任编辑	滕　林　姚利福	
封面设计	观止堂_未泯　尔朌	
开　　本	787mm×1092mm　1/16	
字　　数	550千	
印　　张	40.25	
版　　次	2019年8月第1版	
印　　次	2019年8月第1次印刷	
出　　版	吉林出版集团股份有限公司	
电　　话	总编办：010—63109269	
印　　刷	北京欣睿虹彩印刷有限公司	

ISBN 978-7-5581-6450-7　　定价：158.00元

目　录

间想吃月亮的"疯狗"/ 三、2018的"超红蓝"血月天文大餐/ 四、苍生对月的审美幻想与献愁供恨寓言人生/ 五、"最美的月光诗"与"千里姻缘一线牵"/ 六、月亮与大海怎样避免了一场"血色接吻"的悲剧/ 七、古希腊罗马月神凄美的爱情故事与诸神的命运/ 八、中国月仙嫦娥怎样被现代大小文人"拐卖改嫁"与大羿真身/ 九、国内外"天狗吃月亮"的神话故事与传说/ 十、"万户飞天":人类第一个试验登陆月球的中国人

手绘图版：①北京明清五坛图示；②2018年1月31日月全食图示；③地月日运行轨迹图示；④黄道 白道 天赤道图示；⑤银河系中心与太阳运行轨迹图示；⑥与月神相关的星座故事图说（一）；⑦与月神相关的星座故事图说（二）；⑧嫦娥奔月图（临汉代画像石）；⑨中华日月神图案小集

③雷部星位即时图示

总序 北京大美"天地人"兼谈"大北京"的历史释义

历史文化是城市的灵魂，要像爱惜自己的生命一样保护好城市历史文化遗产。北京是世界著名古都，丰富的历史文化遗产是一张金名片，传承保护好这份宝贵的历史文化遗产是首都之职责。

——习近平总书记 2014 年 2 月视察北京市工作时讲话

（摘自新华网）

方千里曰王畿。

——《周礼·夏官·职方氏》古代王城四周千里之地称京畿

北京绝不是一个文化辐射范围局限在城墙之内的城市。因此研究京城无法离开京郊，也无法离开京畿。

——北师大赵世瑜教授论《京畿文化："大北京"建设的历史文化基础》

北京，美!

北京，真美!

北京，有天、地、人"三才"之大美!！！

美到什么程度呢?

一位女青年第一次来北京，站在故宫角楼前，自己说"美得直想哭"。而在 20 世纪 50 年代，堂堂的清华教授一代建筑宗师梁思成，为了保护北京古城竟然失声痛哭；民国京华四大才女之一的林徽因则说："拆了长安街的三座门，我就去自杀。"中国历史地理学的创始人中科院院士侯仁之，在青年时代第一次见到北京城时，便立誓要把自己的一生献给它，并为此践履终生。

半个多世纪前，北京城之美，竟然征服了交战中的铁血军人。毛主席亲提摧枯拉朽的百万大军兵临城下，却对守军捐弃前仇不肯发一枪一炮；傅作义将军则为之而 20 万人齐解甲。半个多世纪过去，北京城已不再是当年的北京城了，而天安门广场上，故宫前后，北海、景山环周，颐和园内，京北长城，仍然一年 365 天，日日人头攒动游人不绝。且不止于平民如此、不止于今人如此，更不止于国人如此。

1918 年，青年时代的毛主席第一次到北京，便被北京大美震撼了，在延安时他对斯诺如是说。30 年后，他缔造的人民共和国，定都北京，使北京恢复了已失去数十年的一国首都的地位。

20 世纪的一位美国总统到天坛公园参观时，感叹道："我们有钱造得起许多天坛，但造不出一棵这样的古树来。"

21 世纪初的一位美国总统观瞻了北京后，许下了一个大愿：我一定要带着我的夫人、女儿一起再来。

20 世纪初的印度国家领袖在周总理陪同下，参观京西石经山时，竟然提出要用同等重量的黄金，来换我们的一块刻经石板。

我国的许多艺术青年到欧洲去留学，欧洲的一位美术大师却对他们讲道："你们到国外来学什么呀？只要把你们故宫的色彩研究明白就够了。"

据说在小学语文课本中有一篇《长城砖》的文章，但内容是虚构的，而长城砖的确有许多真实的故事。长城是中国历史人文之大美，更是北京历史人文之大美，其最壮美者尽在京北长城之内，北京周边长城（含分支、重叠、回环处）长达 2000 余里。

1982 年美国举办世博会，世博会主席罗伯茨亲自来中国游说，劝中国参加他们的世博会。展团带去了 10 块长城砖，美国专门为长城砖制作了防弹玻璃罩加以保护。许多观众以一睹为快为荣为幸，以致美国媒体评论：中国的长城砖与 1982 年世博会的观众建立了友谊。西方的历史地理学家们则说长城不仅是中国的，也是世界的。他们主动希望我们申遗。而我国最早的申遗倡导者之一著名历史地理学家、中国科学院院士、北京大学教授侯仁之先生，生前应邀赴哥伦比亚大学讲学时，校方竟然希望能得到一块长城砖，据说至今仍收藏在该校的展馆中。而这位了不起的大学者一生的命运道路，竟然是由北京的古城墙与前门箭楼所决定的。

1932 年，出生于河北枣强县祖籍山东武城县的侯仁之，由山东德州二中考入燕京大学历史系。当他进京走出前门火车站时，一眼便看到了雄伟壮美的古城墙与前门箭楼，让他激动不已。后来他自己回忆道："从那刻起，就决定把自己的一生献给北京城。"他的宏愿大誓用自己的一生实现了践履，不仅在国际上成为最有影响力的中国历史地理学家，而且为北京城的保护、建设、开发，做出了卓越的贡献。据说他留校任教期间，每年都要给北大新生讲《侯仁之讲北京》这一课，一直讲了 20 多年，大礼堂中座无虚席。一座城市的美丽竟然能让一位鼎鼎有名的学者为之一生献身，足见其魅力之巨。

北京之美对西方人的吸引力，则可远溯至 13 世纪。这是元大都兴建后，由意大利人马可·波罗的一本游记，把它传播到了欧洲，使西方航海探险家们纷纷漂洋过海来寻找中国、寻找北京，给当时的欧洲开辟了一个"新时代"。由此，古老的北京城世代相接不知成为多少外国专家、学者的研究对象。20 世纪初，一位瑞典学者、大学美术教授喜仁龙来北京长住数年，为北京城丈尺度量写了好几种赞美与研究的著述，为老北京留下 300 多张珍贵的照片。直到新中国成立后，这座古城虽已面目全非、日新月异，仍吸引了许多外国游人。据德国媒体报道：2006 年，有 4400 万人出入中国，仅登记长居北京的外国人多达 7 万人。

而韩国媒体报道称每年有 10 万人移居中国，"在 2008 年实现百万共同体"。另有资料称外国人在北京现居者有 20 万人。也有说是 10 万余人的。这些数字未必准确，但至少说明了一种趋势。在北京城内及京郊的旅游热地，各种肤色的外国人从不罕见。一位外国大使夫人在离开中国后，把个人网页署名为"北京小树"，因为这位美裔日籍女士在中国居住的 11 年间，不惜长途奔走，到处寻访北京古树，并称这是"一次穿越历史年轮的时光之旅，散落在市区和郊区的那些威严雄壮的古树，勾勒出北京的过去"。过去，也许并不都好，但每个时代都有美的遗留。人们怀念过去的本质，原本是对历史之美的一种追忆。

北京的魅力自然离不开它的城市景观与皇都的历史文化。一块长城砖、一株古木都有如此巨大的感召魅力，北京的确拥有一种历史的骄傲。但这些也不过是它的一部分，而常常被人们忽略的，是一种城市之美所存在于自然历史环境之中的美。世间所有人造之美，不过是天空之下大地之中的点缀，是以古人称"天地有大美"。如果说前者足以精巧、灿烂而炫人耳目，示人以优雅之美；后者则以其高远、博大、奇伟、壮阔的气象万千，拓人襟怀，给人以康德式的崇高之美。数年来，京城内外的实地采风让我深切地体会到：北京的城市之美深蕴于丰赡的历史文化之中；而京郊、京畿之美，则更是一种博大的历史自然、历史地理、历史地貌、历史水文、历史植物的天地之美。在这些自然地理之美中，同样承载着无尽的人文历史之演绎。这种天地之美，称得上是北京之大美。

先说北京周边的历史自然之美。北京地处北纬40度线上下，这里是暖温带半湿润大陆性季风气候，既无酷热之难忍，也无苦寒之可畏。因而适合各种植物生长，适地适树的品种兼纳南北方植物。仅收入在20世纪80年代的《北京植物志》一书中，就有近千个科、属，至于到底有多少个品种，编者无法搞清，泱泱200余万字。足见品种之丰盛。而北京植物园一园之中栽培的植物便达一万余种。而且北京所处的这个地带正是环球草原带的南部边缘，因而在它的周边遍布亚高山草甸与大草原。而考古发现这一地区有巨兽时代猛犸野象与恐龙的化石以及高达百米以上的古森林硅化木。

再说北京周边的历史地理之美。京北是大燕山横亘千里；京西是太行山余脉环抱；京东辽西则有被人们忽略的、有4000年皇封帝祭的历史，入列"五岳四镇"的北方镇山医巫闾山为屏。三座天下名山首尾相衔，犹如一座大龙椅坐北朝南，簇拥着北京城，南向君临华北大平原。人言楚辞之美亦得江山之助，而北京之美又何尝不是如此？

京北百公里之内，便是历史上著名的尚义至北票东西横亘800公里的巨大地层断裂带。在地层板块冲撞中，断裂带北部上升为蒙古草原，南部则沉降为华北平原。而在过渡带则形成了坝上、坝下的奇特山原峡谷景观。这一巨大的地层变迁不但重塑了京周地貌，而且由于坝上高原挡住了西伯利亚乃至北冰洋的寒流，直接影响北京地区的气候，远远优于按经纬度划分的同纬度地区的气候带。

京东南不足百公里便是渤海湾，太古时代的北京地区还是一片古海。直到16亿年前，京西碾台村的一个山包，作为第一块陆地从海洋中升起；直到2.7亿年前后，北京才变成陆地。此后又受到全球性的海侵危害。在海洋时代，这片海底便不断有海洋火山爆发，陆相地层的火山更是频频爆发，至今在京东、京西、京北到处是古火山遗迹。

第四纪冰川在四万年至一万年前期间，又无情地覆盖了北京郊畿的山原。于今，在京郊、京北可见冰山漂砾、冰臼、冰斗奇峰等各种冰川遗迹的存在。尽管这些如今早已随着火山的死寂、冰川的溶解、海侵的消退，而退出了人们的视野，但它们却在这块土地上，不可泯灭地打造了无数神奇的地理景观。

山川之美为天下之大美，我们再看京周的名川大河。从京东向西算起，直接入海的大河便有十余条之多：①纵横蒙冀辽吉四省区的辽河，自秦汉始便被列为与黄河、长江比肩的"六大川"之一，还有大辽河，都在辽东湾入海；②滦河从丰宁、正蓝旗、多伦画了个大大的问号，便南下纵切大燕山，在秦皇岛、唐山之间的乐亭汇入渤海；③潮白河自京西北沽源东南斜割大燕山，经北京与天津小平原入海；④通州北运河、北溯温榆河，西衔北京市古玉河在京东流过，过天津而南下；⑤从山西一路流来的桑干河在京北汇流，源自内蒙古、冀北的三洋河，京北的妫水河，合流为永定河，在京西北至京西、京南流过，至天津入海，还有由几条大河在天津之下汇流的海河；⑥黄河，曾经在天津南北入海，而今在仅距北京城300公里的鲁北汇入渤海；⑦还有北京西南地界的拒马河；⑧京南的大清河；⑨滹沱河，都与北京息息相关，都在京畿之地。这也正是大禹治水为什么从后来的北京京畿之地开始的重要原因。每条大河不但灌溉哺育着京周之山川土地，而且不知奉献了多少河造国土，那些三角洲便是见证。

那么这种说法是否夸大，其间有"泛北京化"之嫌？非也，看看汉代幽州刺史部与清代直隶省的行政区划分便清楚了，北京始终都是这片广袤土地上的政治、文化中心。两辽之地与黄河三角洲都在其中，且都是历史上的"千里京畿之地"。了解北京，无论如何不能把目光局限在城墙之内。

现代园林建筑艺术理论研究中，有一种既传统又时尚的说法，讲"天地人"三才之道：这种现代建筑艺术的"天才之道"指植物受经纬度影响的水平地带性分布；"地才之道"是指受海拔高度及阴阳地理位置影响及垂直地带性分布；这两种"地带性"分布，规律性地决定了植被受气温、日照、降水、地形条件、海拔高度等自然因素的影响，而呈规律性的地带状分布。如在北纬 40 ~ 60 度左右，环北半球便有一个环球草原带生成，由我国的大兴安岭草原、蒙古高原草原、中亚大草原、俄罗斯大草原和东欧大草原，形成了一个连绵万里的草原带，这便是植被的水平地带性分布。再如长白山，在海拔 1000 米以下的山间都是针阔叶混生林；在海拔 1700 ~ 2000 米左右便是岳桦林；在海拔 2000 米以上则是冻原苔原带，只生长低矮的地被植物。而在温带寒温带海拔 2000 米之下、3000 米以上的山间，则有亚高山与高山草甸出现。这种现象便是植被的垂直性地带分布。北京地区的经纬度地理位置，决定了它得天独厚地拥有这两种地带植被分布景观资源，形成了一种丰富多彩的自然之美。而"人才之道"则指人造景观。事实上，人造景观的建构，也有对"天地之道"的借景与因地适宜布局的问题，而堪舆学中则把自然条件视为兴建土木建筑的前提条件，讲究五行、风水、阴阳。是以自古便有"天地有大美而不言"的说法。

北京的城市之美，完全体现了这种天地人三才之美。而京畿之美则更重在天地两个因素。正由于北京处于北纬 40 度上下的地理位置，才有了历史气候造成的历史植物之美，草原、高山草甸只是一个方面；北京的古木也是世界都城绝无仅有的一种奇观，京郊之内的一、二级古木仍有数万株；而且花木园林之自然历史之美也是世界瞩目的；北京地区各类落叶果木也是闻名宇内、胜于各国首都；这些都是北京的"天才之美"。

北京的"地才之美"则体现在历史地理变化所构筑的地理景观之美。由于海洋、火山、冰川、水蚀河切、地层大断裂，在千里京畿之内构造了无限美矣的地理景观，喀斯特地貌、草原地貌、风沙地貌、冻土地貌、海相沉积地貌、湖相地貌、陆相沉积地貌、火山地貌、冰川地貌，河谷地貌，甚至丹霞地貌应有尽有，这些地貌中的美景均天下闻名，不胜观瞻。而且以首都而拥有世界地质公园，北京是唯一，还拥有青白口、汉诺坝等国际标准地层地貌的命名。

北京的"人才之美"更是丰富多彩。泥河湾、周口店、古崖居等古人类文化遗址，是北京最为悠远、令世界瞩目的历史人文之美；南北环京长城、内外长城是北京最大的野外人文建筑之美；故宫、城墙、城门楼是北京最高端的古典建筑之美；王府四合院、三座门、牌楼门、亭台水榭等古建筑，则是闻名世界的人居之美；名人故居、各种纪念地、庙宇，则是历史大文化之美的物质载体。马可·波罗曾讲过："北京城什么都不生产，但什么都不缺少。"正是千年古都的历史地位，成就了它无与伦比的城市之美，使它拥有6项世界历史文化遗产（故宫、长城、天坛、颐和园、周口店、十三陵），列世界所有城市之首。

正是这种天地人之大美，为北京构筑了一部自然历史与人文历史相结合的完整篇章。而只有北京城的历史与京畿的历史相结合，才是完整的北京史。这正是本套丛书所要力图体现的。尽管心劳手拙、眼高手低、鞭短莫及，至少也是一种敝帚芹献。这也正是以"大北京"作为书名的本意。而20世纪至21世纪初，京师史学界对"大北京"概念的热衷倡响，无疑是对历史的一种尊重，对规律的一种揭橥。既为本书的命题与撰写提供了一种依据，也是我国历史地理学在理论与社会实践相结合的一个新突破。

我国历史地理学方面的研究，在沿革地理方面，无疑是领先世界的，但严格意义上来讲，行政区划的变化与疆界变动，仍是人文历史的范畴，而非历史地理。我国历史地理研究是相当薄弱的。最早发轫于顾颉刚先生在建国前兴办《中国历史地理》半月刊的命名，但内容仍旧是讲沿革地理居多。直到新中国成立后，侯仁之先生明确指出沿革地理与历史地理的本质不同，认为历史地理学是研究不同时期地理环境变化的，由此我们才与世界历史地理学的研究方向接轨。这个领域的研究探讨，应用价值巨大。它可以从地理环境演变的历史规律中，为现实、为未来指明发展方向，而直接影响、介入乃至干预国家决策。"大北京"概念的提出，有如此意义，它直接导致了京津冀一体化发展战略的出台，对北京地区历史文化的研究，提出了一种开放式的崭新方法论。

"大北京"的概念，出现于 20 世纪末 21 世纪初，由清华大学教授、中国两院院士吴良镛先生首倡提出。在京津冀协同发展的重大课题研究中，他讲道："北京自己是很难解决自身问题的，它的出路在于区域协作，就是所谓的'大北京'。"此后便有"首都地区""环渤海地区""世界城市""京津冀一体化"等突破，"诸侯经济"行政区划意义的新概念出笼。显然这是一个纯粹的发展话题，但难得的是在提交给国家并获得批准规划性研究报告中，有了"畿辅新区""古都风韵""山清水秀"等历史地理人文概念的切入。不愧是梁思成当年草创清华建筑系的协助者兼主力教师，今日的中国两院院士。

2003 年，北京师范大学历史系著名教授赵世瑜先生，发表了《京畿文化："大北京"建设的历史文化基础》一文，提出了"大北京"的历史文化应考虑到京城、京郊、京畿三个相互关联的历史文化圈，并明确提出：由于北京的地理位置、近千年的都城地位、2000 余年的建城史、北方多民族历史文化的特征，还有北京城的宫廷文化、士大夫文化、多彩的民族民俗文化，共同构成了北京历史文化生态的三个层次，使北京形成了"强大的政治文化凝聚力和影响力，使北京的文化辐射空间远超一般的城市。只有从这个更大的空间去思考北京的区域文化，去把握北京社会历史发展的脉络，我们的眼光才不会受到局限，我们对北京历史文化的认识和定位才能更加准确"。北京"绝不仅是一个文化辐射范围局限在城墙之内的城市"。"因此，研究京城无法离开京郊，也无法离开京畿。"

赵世瑜先生论"京畿文化"这篇洋洋万言的论文，我认真拜读了全文，很佩服他对北京历史文化的娴熟，也赞同他对"大北京"历史文化的见地。

北京城市文化固然对周边有着重大的辐射式影响作用，就连北京城的四合院及至广亮门、垂花门都直接影响到京郊乡村。而且在方圆几百里内的乡村，随时都可见村头高耸的三间四柱五楼的牌楼门作为"村门"，彰显出京师古城的胡同里巷风韵。但北京历史文化的形成，同样具有极强的"辐辏效应"。尤其是辽、金、元、清时代，北方民族无疑不可阻挡地受到了中原文化的同化，但各民族文化同样对京师文化产生了极强的影响。例如，满族的萨满教的祭祀与火炕，饮食与服饰，从赫图阿拉的山沟中，一路带到沈阳乃至北京的故宫中。其中，许多习俗在北京至今未泯。而北京的历史文化之所以灿烂辉煌，正因为它吸纳了众多中华民族族群的历史文化因子。因而从这个意义上来讲，北京的历史文化是一种多晶体的合成，而不是一种单晶体的区域文化。

吴、赵两先生都提出了京畿、畿辅的传统概念。那么这两个概念是什么意思呢？都是首都与周边地区的合称。京为首都，畿指京周，辅指畿的行政区划。如汉唐时代有京兆、冯翊、扶风三个京周行政区划合称三辅，三个行政区的级别高于县，相当于三个郡，如汉代的冯翊区下辖 24 县。为区别它们的特殊地位不称郡而称辅。到了清代，"畿辅"则成为直隶省的专用指代；而顺天府与京兆则指北京市，长官京兆尹、府尹，则相当于北京市市长，级别相当于省。那么清朝的直隶省有多大呢？京津冀三省区，还要加鲁北、豫北、内蒙古南部，辽宁西北部，这就是清代的"畿辅"概念，而不止于京津冀。

那么京畿之地是否有明确的里程碑式地划分呢？有。《周礼·夏官·职方氏》称："方千里曰王畿。"意思是说王城四周千里之内，都称为王畿，就是后来所称的京畿之地。北京在历史上的行政区划极其特殊。战国时代它是燕国的都城，东部统治到辽东的鸭绿江口，北至漠南蒙古、大兴安岭南，西到晋东北与赵国接壤，南到鲁北与齐鲁接壤。

燕国的疆域为后来汉唐的幽州底定了大体区划范围。汉高祖设燕国，汉武帝时代又增设幽州刺史部，版图比战国的燕国还大。到了东汉时代，幽州辖有 11 个郡、国，90 余县。西起冀西北，东至朝鲜半岛，南至山东滨州无棣；沿海自渤海湾北以东环渤海，沿黄海东以西环朝鲜湾，地域之广阔比周边的并、冀、青、兖四州刺史部还大。而且最大的特点是，几乎囊括了自漠南东蒙以东直到日本海的所有北方少数民族，因而自周朝开始，这片土地便是多民族共同开发的地域，也是中华民族族群内外部交叉纷争的古战场，尤其自隋唐以降，这里几乎世代战争不断。

民族、战争，形成了北京区域历史文化的两大特征，而绝非宫廷文化、城市文化所能取代的。因而撰写本套丛书的采风区域以"京畿千里"来定位，这样便涉及京、津、冀、鲁、晋、辽、蒙等广阔的地区，这便是笔者把这套丛书定名为《图说大北京》的由来。而称其"大北京"，因本书结构包括了两个部分，一部分为人文历史，另一部分为地理历史。世界历史本来由自然史与人类史两部分组成，但所有历史读物似乎都只讲人文史，很少有把地理历史结合进来的。这其中自然有学科分野的界定使然，也有史学研究方法的传统与见识问题。研究人类社会发展与历史条件，自然不能按地理环境决定论。但若对地理环境因素无视，不但所得出的结论必然缺少科学性，甚至会出现许多历史谜团乃至胡说八道。诸如不到辽东古战场亲睹当年高句丽所建的山城之形势，不了解当年的海岸线之不同，不了解当年200里大沼泽之存在，不了解当年辽河的天堑水势，就去评说隋唐两朝东征辽东高句丽之胜负原因，便都是枉言，这是笔者辽东一行亲观白岩城遗址与查阅当年辽东地理环境之现状后最深切的感受。如果不去张北地质公园与克什克腾旗世界地质公园实地寻访火山群遗址，便不可能相信京北地带当年曾有过遍地火山爆发的时代。如果不去克旗青山区岩臼公园关切寻访，也许就相信了岩臼都是冰川的作品。正是这些促使笔者在撰写本书过程中，始终探求把地理历史与人文历史；北京城文化与京畿文化；既得史料与京外野外实地景观采风结合起来写。显然，这种写法不但是在书斋中无法完成的，而且在各方面都对自己提出了严峻的挑战，要耗去多少时间啊？要涉及多少学科知识啊？好在本书宗旨只是一种大众读物，而非专业著述，更非方志与传统史学研究，更不是历史地理之研究，这都是笔者力不可及的。而是以"大北京"区域内的地理景观与人文历史遗迹为线索，来钩沉讲述与其相关的历史背景、事件、人物、故事。为了把这些碎片化的东西条理起来，使之浑然有序，便按历史年份与统治时代分编，以期增强阅读的历史感。这种写法带来一个无法避免的问题：重复。一些重要景观、遗迹、人物、事件，在不同篇目中重复出现。其实，这种现象在《二十六史》的纪传中也是允许存在的，也需要。于此特作出说明。

关于本书的结构与起止时间的说明：本书的第一卷写北京城建筑的"象天法地"，以古城建筑、天神地祇坛庙遗迹为主，配以相关的天文、星象实拍图片，以为"天"卷；第二至四卷，写京畿地理山川的前世今生，配以实拍地理景观图片，以为"地"卷；第五卷主要写北京地区古人类文化遗址与历史上的民族构成，配以历史遗迹实拍图片，以为"人"卷；自第六卷开始，则按历史年代划分，以京畿内地理、历史人文遗迹景观为索引，发掘背后的历史事件、人物、民俗、神话、传说、故事等文化内涵。书中的篇什都各自成章，是为一套碎片化的历史读物。本书的历史起点是从16亿年前京东第一块从海洋升起的陆地写起，写到1949年新中国成立为止。由于笔者坚持没有实地采风为基础的不写，所以难免有许多缺失，敬请理解。那么，为什么要从16亿年前的第一块陆地写起呢？因为那是人类历史最初的起源，至少对于北京地区是如此。马克思曾讲过："自然科学往后将包括关于人的科学，正像关于人的科学包括自然科学一样：这将是一门科学。"而比利时的诺贝尔奖得主梅特林克则讲道："当冰川和岩穴离开地心之后，它就不再属于地质学和古生物学的范畴了，而是隶属于人类的历史，这可以说是最早的科学断言之一。"（《生命物语》）正由此才有了本书与一般传统历史读物不同的一种结构：自然史与人类史的结合。虽然远不成熟，权当是一种尝试吧。

为了使读者对历史文物、遗迹，有一个明晰的方位感，笔者花去大量的时间，查阅各种资料、地图册、信息资料，手绘了数百余幅示意图，多为方位与线路示意图、景观分布图，与"地图"无关，都是类似路书的东西，千万别当地图看。笔者在数年间到各地采风时，觉得这种图示太重要了。而且在半生的阅读中，深为没有图示的文字所困扰，不知枉历了多少翻检查询之苦，所以对于自己采风去过的地方，以及与文字内容相关的区域，都附绘了相关图示，希望能对读者在阅读本书时有所帮助。为此"日力不足，继之以夜"，常常绘到天明，但也仍难如人意，技艺与能力双重所限，诚望读者体谅。讹误之处欢迎批评、教正，于此敬谢在先。

在实地采风过程中，数年来拍了十几万张图片，深为京畿山川之大美而震撼；尤其是一些古代建筑、壁画、造像、摩崖艺术的精美令人惊叹不已；还有许多古迹、故居已十分难得遗存至今。为了把这些不耐时光的美好，用图片的方式留存下来，并与读者共享，每篇文章都附列了大量图片，足以使无机会去亲睹这些美好的读者得领其风采。本书中运用了大量的图片，省略了许多文字描述，许多地理历史人文景观，是难以用文字描述的。图片虽为自己亲拍，但由于摄影技术与器材、天气等条件的限制与影响，很难尽如人意。

　　抱歉了，"大北京"。但笔者是既尽心也尽力了。但愿此书的出版，能为读者的阅读生活增添一种材料与情趣。

作者
2017 年 10 月于北京寓所

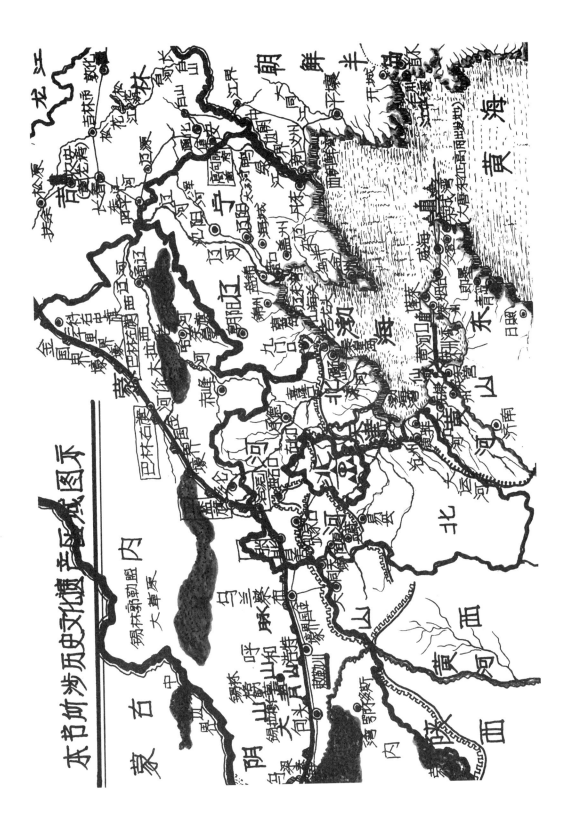

本书所涉历史文遗存区域示意图

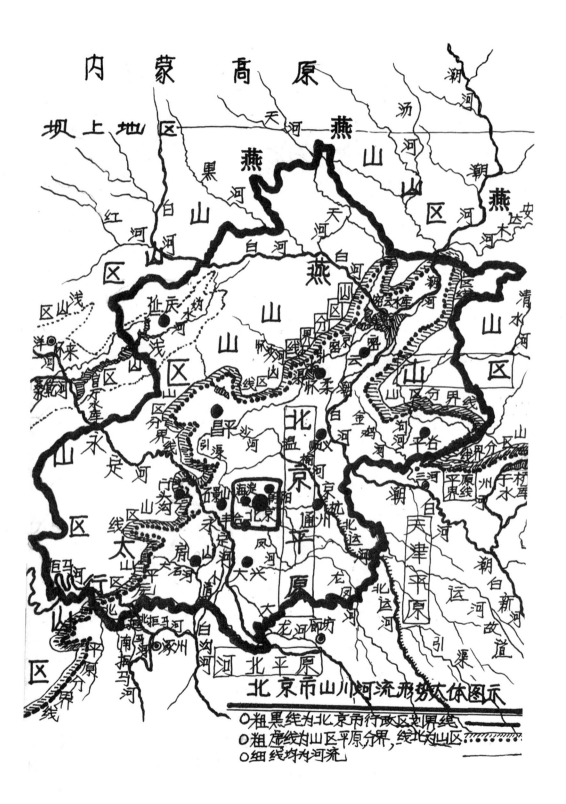

北京市山川河流形势大体图示

○粗黑线为北京市行政区划界线 ——————
○粗虚线为山区平原分界，线北为山区 ∷∷∷∷∷∷∷
○细线均为河流

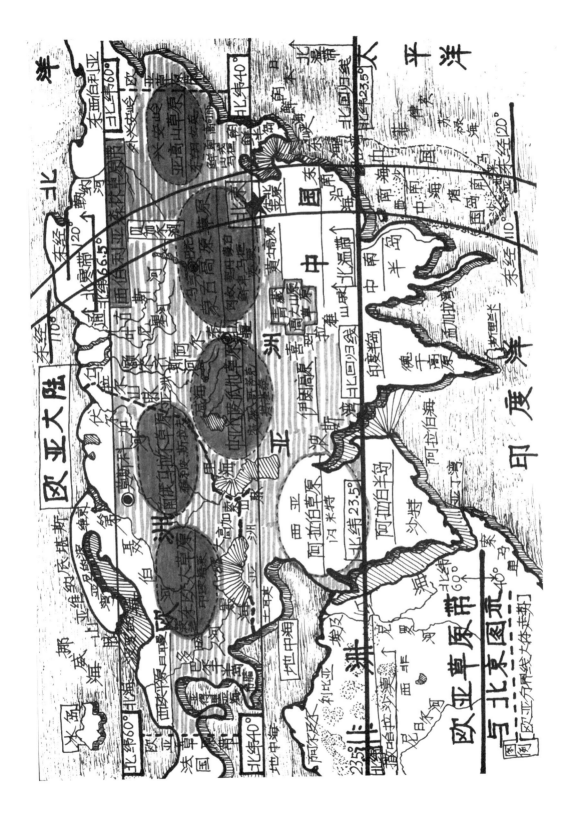

图 [欧亚大陆地形轮廓大体走势]

欧亚草原带与北亚冻原

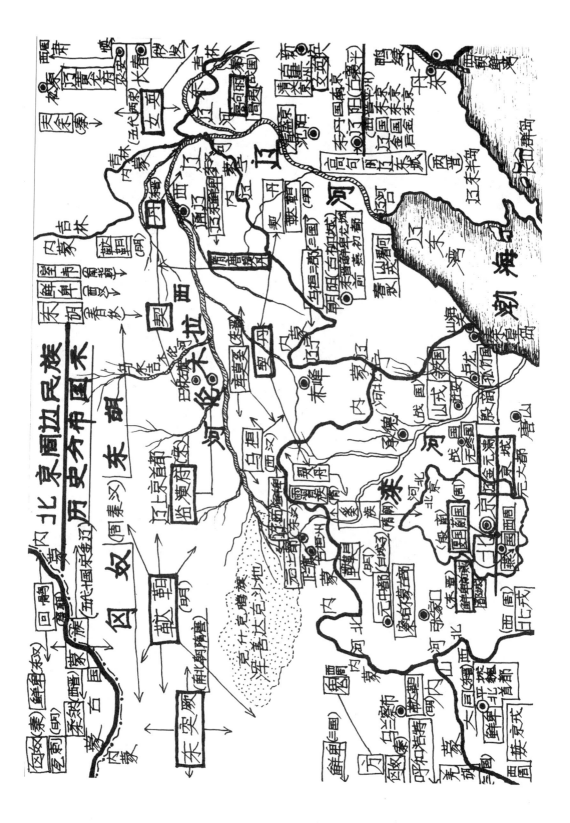

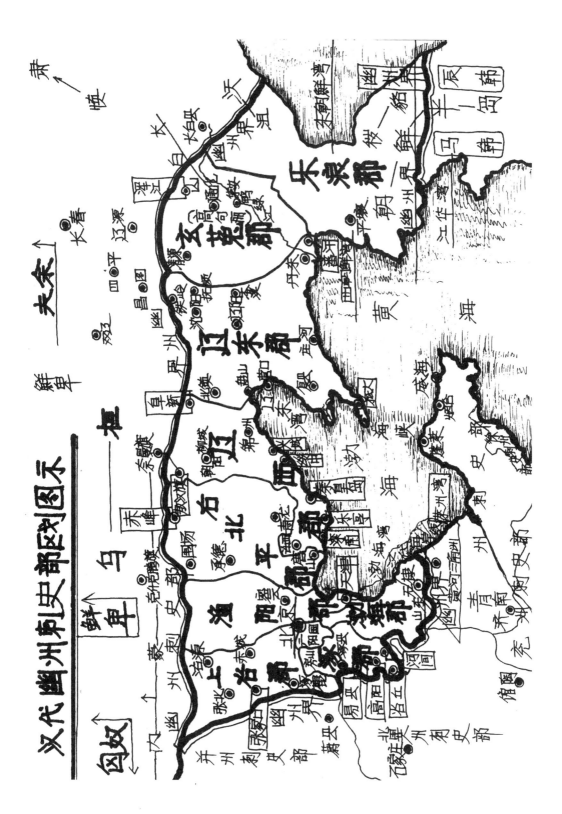

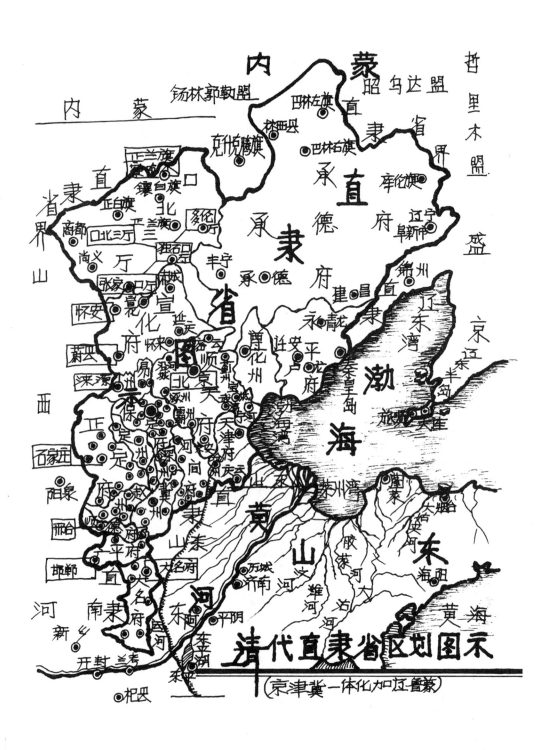

清代直隶省区划图示

(京津冀一体化加辽管蒙)

第一集 "象天法地"为老北京灌注的"神性"之伟美

——北京故宫建筑的"三垣"布局与天地之道大观

自初生民以来,世主曷尝不历日月星辰……仰则观象于天,俯则法类于地。

——[汉]司马迁《史记·天官书》

文曜丽乎天,其动者有七,日月五星是也。日者,阳精之宗;月者,阴精之宗;五星,五行之精。众星列布,体生于地,精成于天。……在野象物,在朝象官,在人象神。

——[东汉]张衡

中宫(紫微垣)北极五星、勾陈六星,皆在紫宫中。北极,北辰最尊者也;其纽星,天之枢也。天运无穷,三光迭耀,而极星不移,故曰"居其所而众星拱之"。紫微垣十五星,在北斗北。一曰紫微,大帝之坐也,天子之常居也。

太微(垣),天子庭也,五帝之座也,十二诸侯府也。其外藩,九卿也。黄帝座在太微中,含枢纽之神也。四帝星挟黄帝座,东方苍帝,灵威仰之神也;南方赤帝,赤熛怒之神也;西方白帝,白招矩之神也;北方黑帝,叶光纪之神也。天子动得天度,止得地意,则太微五帝座明以光。

天市垣二十二星,在房、心东北,主权衡,主聚众。一曰天旗庭,主斩戮之事也。帝座一星,在天市,在天市中星西,天庭也。

——《晋书·天文志上·中宫》

北斗环绕北极,犹卿士之周卫天子也;五星行于列宿,犹州牧之省察诸侯也;28宿布于四方,犹诸侯为天子守土也。天象皆有尊卑相正之法。

——［唐］孔颖达《书疏》

乾为天，坤为地。

黄帝、尧、舜垂衣裳而天下治，盖取诸《乾》《坤》。《乾》知太始，《坤》作成物。在天成象，在地成形。

——《易经》摘句

无极而太极。分阴分阳，两仪立焉。阳变阴合，而生水火木金土，五行顺布，四时行焉。太极本无极也。乾道成男，坤道成女。二气交感，生化万物。万物生生而变化无穷焉。唯人也得其秀而最灵。

——［宋］周敦颐《太极图说》摘句

古今中外由象天法地而得天地之大美的城市建筑，要属北京古城；古城中的建筑则首推故宫。

北京故宫驰名世界、享誉海内由来已久，是以无论国际、国内首入京都者，罕有不去看故宫的，至于专程来北京看故宫者更无法统计。据有关信息披露，观看故宫的合理日均人流量在 4 ～ 6 万人之间，但它的实际人均日流量为 10 万人是常事，曾高达 12 万人、16 万人，年度人流量达 1600 余万人。2018 年似有了人均日流量 8 万人的上限规定，更是人满为患了。人可以不怕热拥，故宫受得了吗？但凡世间之美，似乎无一是为冷藏、尘封而建树的。

北京的故宫，也是真美呀！而北京古城象天法地之美者又何止于故宫。

一、世界第一的古都中轴线之“崇高美”

法国的凡尔赛宫、卢浮宫，英国的白金汉宫，俄罗斯的克里姆林宫、冬宫，笔者都曾亲眼目睹，领略过那些欧式古建筑的美轮美奂，哪一座都让你叹为观止，但哪一座都无以与我们的故宫比肩而立，尽管它是那么的"中看不中用"。也许正是由此而有了它的雄伟壮丽、金碧辉煌，更彰显出它建筑艺术的美学和审美价值。

高啊！大呀！阔也！西方现代美学家康德所论的"崇高美"，不就是靠这几个要素构成的吗？一座皇宫便俨然一座古城。占地面积72万平方米，南北长960余米，东西宽750余米，宫墙长达3400米，高达12米。人一旦进入宫内两面大墙夹持的通道中，马上会产生一种压迫感。中国古代的城池周长3000米的，那就算是中等城池了。京西南宛平县城的古城城墙周长才接近2000米啊，所以故宫称为宫城是毫不夸张的。全国保存最好的大型古城平遥，那是够宏大完美的，据说也只有200多个院落；而故宫竟然有90多座大小院落，980多座房屋，共计实为8700余间（两楹为一间）。哪个国家有如此泱泱的皇城？但这仅仅是其一般建筑，而真正称得上宏伟的则是它的大殿与宫门、城楼，且如连珠般集合在一条南北中轴线上。

故宫整体建筑的崇峻之美，更在于由这条长达数里的中轴线串起来的门楼与宫殿构成，而且借助了南北宫垣外的皇城建筑衬托造势：南面是皇城门的正阳门楼、箭楼、天安门、金水桥。这本是古皇城的城区建筑了，但中轴线把它们与宫城门、端门、午门连在一起，成为宫城感观上的前出附属建筑；一条长安街横贯宫前东西，两面曾各有一座跨街的三座门（东西长安门）虎踞；中间一条南北大道两侧是皇城的各部门府衙，直达正阳门北，这一大块空间就是今日的天安门广场。

由前门箭楼、正阳门入皇城，再由这条"千步廊"（一步6尺，古尺小于今尺）大道入宫城，还要过天安门、端门、午门，这些门楼都高达30米上下；然后是太和殿、中和殿、保和殿"三大殿"，两侧又有文华、武英二殿与附属廊庑回环相抱。三大殿的台基便高达8米，由一道道雕龙刻凤卷云纹饰的汉白玉栏杆围起三层；而且三大殿的台基是连在一起的工字型须弥座，座檐处一排硕大的汉白玉石雕龙头外向探出，是大殿月台的排水口，逢雨如百龙戏水吐珠。三大殿中的太和殿最为宏伟壮观，高达34米。那些金丝楠木的大柱粗壮笔直有如擎天柱、紫金梁；只是屋脊上的一个兽吻便高达3余米，重达4余吨。这些便是宫城的南半部，是皇帝处理公务、礼宾、庆典之处，一般称治朝。太和门前有足以容纳万人的宏阔广场，一条白玉栏下的金水河，穿过五座玉桥，从广场的中南部蜿蜒流过。建筑物的月台、步廊、内殿一律"金砖铺地"。何止于豪华，更是一种气派。

在三大殿之北，便是皇帝理事与宫室起居的内庭燕朝了，由乾清宫（帝居）、交泰殿（储印处理公文会客）、坤宁宫（皇后寝宫）为主体建筑，与前三殿都压在中轴线上。两侧分为东西宫的殿舍、楼阁、亭台、花园，处处都按天地五行阴阳 12 时辰设计。后三殿之后便是御花园，然后便是北宫门。但这座宫城建筑物中绝不逊美于主体建筑的则是 4 座角楼，真正的鬼斧神工，足以让全世界的建筑师与能工巧匠倾倒止步。宽达 40 余米的护城河面，倒映蓝天白云，使皇宫宛如在天中央的天宫。而且它的木结构建筑铺面雕镂金装玉琢的工艺、红墙碧瓦五色琉璃、金砖丹墀白玉栏杆与彩绘沥金的色彩运用；直到今日仍令西方艺术家们神往不已，甚至对中国的留学生们讲道："你们为什么要到我们这里呢？把你们故宫的艺术、色彩研究明白，就够了。"

故宫至此，已臻达人间至美之极。但宽阔的护城河与 30 余米高的神武门，并不能挡住设计者与帝王们无边的欲望，他们还渴望故宫能兼收山海之美。于是中轴线继续延伸，在宫墙外面又堆起了一座土山园林，成为统治者生得赏心悦目怡情之乐，死得停柩栖灵安息之地——景山公园；中轴线西侧又大兴土木建成了北海御园。而且中轴线继续向北串起了钟鼓楼，而且一直延伸到金莲川大草原上的元上都，乃至贡格尔大草原上的北元王城——克旗达里诺尔湖西的鲁王城。元代的刘秉忠、郭守敬，真是一代奇人，天文、地理的科学水平如此之高，把直线能画到千里之外。而且何止于此？

那么，中轴线又有什么象征意义呢？

中轴线最根本的意义象征中央、中心、一统。中国自古便称"中"啊，中央之国，天下之中。而且象征与天道、地道并立的"人道"——孔孟的中庸之道据说就源于人居天地之中间，必得行中和之道。所以中国的古代建筑大小都讲"中轴线"。天坛三座主体建筑中，贯串的就是典型的中轴线;老百姓建房很简陋,搞不起一条轴线来,但也仍重一个"中"字,以一间三间五间为主,很少有二间四间六间的,找不到"中"啊。北京城这条中轴线南起永定门,北至钟鼓楼,有近8公里之长。而北京城的所有区间划分、建筑物的构建,都以这条中轴线为对称而展开,构成了老北京宏大美奂的布局。梁思成生前就讲过:北京城之美,因为有一根"长达8公里,全世界最长,也最伟大的南北中轴线穿过全城。北京独有的壮美秩序,就是由这条中轴线的建立而产生的;前后起伏、左右对称的体形或空间的分配,都是以这条中轴线为依据的;气魄之雄伟就在这个南北引伸、一贯到底的规模"。这条线也是元大都时代确立的。

二、紫禁城的布局与古星图的"三垣"之象

故宫在历史上,为什么会有紫禁城之称呢? 中国古代信奉的天帝称天皇大帝,并把他所在的天区称为紫微宫、紫宫、紫微垣;人间皇宫又是禁地不得随便出入,所以便称为紫禁城。

故宫这座古建筑虽为明清建筑,却是在元大都古城的基础上进行改建和扩建的,它并非只是借用紫微宫之名,设计者的确为这座宫殿处处灌输了诸多的传统文化元素,与太极两仪三垣四象五行八卦12天区28宿以及九五之数的"神性"相结合,称得上是象天法地了,且这种建筑理念直接变成了皇城乃至都城建设总体布局的指导思想。

首先全城的布局完全"象天",按古老的天区"三垣"布局。传统的天区分野法,在北方天区划出由星官群组成的紫微垣、太微垣、天市垣。紫微垣是天上最高的神主太一神的帝宫,太一神被称为天皇大帝或勾陈大帝。两厢则由相连的以宿卫官职命名的星官天体,组成了如藩篱如城墙的左垣、右垣。垣内以勾陈星与北极星为主星构成紫微宫。勾陈星座是天皇大帝的宫殿,主星被称为帝座星。而下面的北极星则是天皇的寝宫区,由太子星、帝星、庶子星、皇后星、天枢星组成。同时有诸内臣星官与五方天帝、九天玄女、六甲神丁等星神组成。这个星垣的构成,其实完全是利用古代天文、天象、天区的研究成果,按照世间皇宫内廷来划分

建构的。而太微垣则是按照皇宫治朝设定的星官,两垣的星官都是文武将相,垣内分为三公、九卿、诸侯、谒者、幸臣、侍从、禁卫等,完全是皇宫治朝那一套。天市垣则是都城的外城街市,有天帝的座位,有公侯、太监宗人府(皇族内务府)等府衙与伴驾的星官;环周以街市、市场星名为主。而且有意思的是,构成两厢左右垣的星体都以列国、河海冠名。它并不是城外的集市贸易场所,而是天都的构成部分,是官、商混居的。

这"三垣"既各自独立,又由象征天阶的三台星座与内阶星座连成一体。紫微垣坐北朝南,它的南天门阊阖门与南面的太微垣、天市垣的大门都是相通的,构成了一座典型的三重城或连城格局的天国帝都:宫城—皇城—外城。这个外城并不是城外,而是指皇城之外的城区。而紫微宫内又以勾陈星座为皇宫;以北极星座为寝宫内殿。明清都城与故宫的建设几乎完全采取了与紫微垣等三垣星象相对应的建筑结构。而且在宫区划分设计上有了内外三朝之别,就是端门与东西中华门,也都是星图中北天极三垣的宫门原名。就连天安门也是由紫微垣南门阊阖门划入的。自战国秦汉以降的古都正门多称阊阖,有"宫门名阊阖者,以象天门"之说。"象天",成为故宫建设的最高准则。而且古城建设也按星图三垣的品字三城,建成了由宫城、皇城、外城组成的三重城格局。

更有意思的是,在天安门至正阳门区间,本是皇朝的外朝"国务院",为五府六部的行政区。但为了效法"天市垣",竟然在正阳门内开设了一条江米巷——米市及其他商业街市。因为天市垣的宫府前便是米市。而太和、中和、保和三大殿,之所以建了一个三连搭的殿台,而且起了三层,因为星图中内外宫垣中有一个称为"三台"的星座,由三组双星次第构成,被称为"天阶"。

三、日晷嘉量为什么会三登紫禁城

故宫建筑在"象天法地"方面,更让人叹服的是,日晷与嘉量登上了金銮殿。而且嘉量设置于三处:午门前、太和殿前、乾清宫前。这是两件十分不起眼的小摆设,为什么会在故宫中屡现呢?日晷如今仍遍地都是，但故宫在太和殿前的月台上，为什么也要摆一个日晷呢？日晷不只是计时的意义，而是一个典型的天地人三才理念的集合体：那个像表盘似的圆石盘是地表，那个像时针似的晷针穿透石盘，有如地轴，上指北天极，下指南天极，象征天下一统啊。那根表针是日日月月年年岁岁测量日影的，而在紫微垣与太微垣两座天宫间有一颗星叫"太阳守"。而且向天下百姓"敬授天时"，自尧舜时代便是帝王的职责。所以在皇上执政的太和殿、乾清宫前，都设有这个小器物。

与日晷同处于二殿月台两角上的还有嘉量——自周朝、秦朝、汉朝一直流传下来的一件量具，用来称量谷物的量器，发明于周朝，集成于西汉末王莽时代，便命名为嘉量。

在故宫最重要的大殿前摆这样的东西，是为了表示对农业的重视吗？非也，它摆在农家院里，便是农具、器物；摆在金銮殿前便有了"称量天下"的意义。而且还不止于如此简单的象征，我们还是来看一下它的结构，这是一种"五合一"的器物。

古代的量谷之器共分五种：龠（yuè）、合（gě）、升、斗、斛（hú）。1200个谷粒为一龠，二龠为一合；后三种便是十进位了。而嘉量则是把这五种大小不一的量器组合在一起的一件象征性模型：上层是斛，下层是斗与升挂在左耳上，合与龠挂在右耳上，上层三件，下层两件，由此形成了上三下二、左一右二的结构，形体则有方有圆。这种结构便架构出了多种意义：①天圆地方；②上层三数为天，下层二数为地；③左一为阳，右二为阴。这些都是古人的释义，于是这架组合式量具便成了天地阴阳的象征。而把它放在皇宫中，更直接的"象天"意义则在于天市垣中帝座之右近，便有斗、斛二星官；左近则有帛度（量布尺）星官。显然这件小摆设又具有公平与平治天下的意义。

一个"平"字，则是天下安定的第一要义。中国人讲"物不平则鸣"，"镜平丑者不怒，水平邪者取法"；而亚里士多德则认为，人间的一切变乱与政变的发生都源起于"不平"二字；17世纪英国政治学家洛克的《政府论》，则认为全人类所有叛乱与革命发生的原因只有一个，"那就是压迫"。社会一旦出现不平等现象，那么对于统治者而言，"说他们神圣不可侵犯、受命于天"都没有用，人民会寻找一切机会来发动叛乱、革命，直到取而代之。而故宫中把一个农家器物嘉量分设于午门外、太和殿前和乾清宫门口，大有时时戒勉之意。而农家、市场在用这些器具称量谷物，用来找平的工具则是一块平直的木板，称为"概"。装满容器后，要用这块板子一刮，去高而补不足以找平。这也就是今日"一概"的由来，饱含了儒、道两家的"天道论"，后面再详谈。

四、故宫的大殿为什么都像大庙

故宫我去过几次，忽然发现那些大殿怎么都像一座大庙？

哈，难怪，老北京城两代总设计师都是主持大和尚。

中国古代的天文学、星象学，阴阳、五行、风水、地学与占星术都很发达，又有传统形而上的天人观、天命观的支撑，因而古代历朝都城的建设、构筑，无不循守着《河图》《洛书》太极两仪四象八卦五行乃至阴阳数术这些传统东西。须知元、明两朝首都的总设计师刘秉忠与姚广孝，都是两个披着僧衣的大学问家，天文、地理、数术、占卜、阴阳杂学无所不通；对于《周礼》关于皇都建设的礼规与中国传统的堪舆学更是烂熟于胸；儒、道、释三教皆兼本行。而且都是当朝的白衣、灰衣主教，得宠见信于忽必烈、朱棣两位君主的宰相类人物，但这两个大和尚都不弄权害人，且是故宫建筑的主持者，这也是故宫所有的主体建筑，都有寺庙味道的原因所在。何况蒙古人笃信长生天、萨满教、崇藏传佛教；朱棣则极端迷信玄武大帝，偏宠道教；而清兵入关后，也把萨满教的神场，设在了坤宁宫内。所以，北京古城的建筑，是最全面吸纳了中华民族先进的天文学与建筑文化的精华，同时也无所遗地继承了几千年封建迷信糟粕的混血儿，这一切被我们技艺高超聪明智慧的匠师与建设者们，件件雕琢成了艺术品，从而成为中华民族几千年建筑历史文化与建筑艺术集大成的代表作。而"象天法地"则是它的核心灵魂。

五、故宫建筑的数字美与《河图》《洛书》

　　故宫建筑除了搬挪天极区的"三垣"格局外，最重视的便是与天地人三才之道的对应合一。如天安门与地安门的南北对应；天坛与地坛则以方圆形态来象征天地；日坛与月坛的阴阳互动；乾清宫与坤宁宫的乾天坤地……《河图》《洛书》的两个数阵，便全是阴阳之数的两两对应。自南宋以来，在一代哲学家、象数家中大为滥觞，且把《太极图》的天地之意阐发得淋漓尽致，而元明皆为南宋之绍续，自然贯通无碍。就是那条金水河不但引入了首都，并从皇宫穿城而过，谁能说不是为了象征天上的银河；而在宫前的东西长安街，谁又能说不是为了象征天上的赤道呢？天上的"三垣"便都在赤道与天河附近啊。而当年皇上坐殿的金銮殿并不叫太和殿，而叫奉天殿、皇极殿；三大殿后来都有一个和字，不只是为了人和，而是有天地人相和之意吧。

　　故宫建筑中最普遍的现象是对"数"的运用。一个是"九五"之数；一个是"三五"之数，这两组数似乎在左右着故宫建筑物的结构与形态。

　　先说"九五"之数。这是一个天极之数，所谓的"九五之尊"就是指帝位，是皇帝的别名。它源起于太极生两仪，两仪生四象，四象生八卦，八卦生 64 卦中的第一卦乾卦。乾是天啊，"九五：飞龙在天，利见大人"，于是"九五"便成了皇上的代称。而从数的概念来讲，"天之终数九，地之终数十"。阳数最大的便是九了，十则是阴数了；而在九个数字内，五又是排序在正中之位；加之天帝所居的紫微垣内的北极星居天极之位，也由五颗星构成，所以九五之数便自然被人黄袍加身，升位为帝王之数了。因而九五之数在故宫建筑中得到了最为广泛的应用。天安门城楼的城台上开了五个门；台上的城楼东西面阔为九开间，南北进深则为五开间。故宫的主体建筑，除了太和殿外，多是这个模式，而且连大门上的包钉，都是横九竖九；层脊飞檐上的角兽多是九个。而任何人私宅都不敢用这个数，否则便有篡位之嫌，轻者被责问、纠弹，重者被问罪惩罚。而且九卿、九门提督等官位设置也非随心所欲。而九五之数的特殊意义，则多源于《河图》《洛书》的数阵布局。《洛书》则有"九宫图"九书之称。

这两图是太极八卦之祖啊。先秦典籍多有所载。时至今日，仍为数学爱好者的研究课题。

再讲"三五"之数。《史记·历书》上讲："为国者，必重三五。"《淮南子》则讲道："何为三五？仰取象于天，俯取象于地，中取法于人，乃澄列金木水火土之性。"这就告诉了我们：天地人三才之道与五行之性便是"三五"之数的内涵，也称"三五之道"。这又是个什么"道"呢？一生二，二生三，三生万物，天地之道也。庄子讲过："天地有大美而不言。"而孔子则讲："天何言哉？四时行焉，万物生焉。天何言哉？"就是说：天何须讲什么呢？天地运行四时不误，五行生克万物生息不已，这就是天的语言，还用再讲什么吗？

故宫建筑对三五之数最高级的运用，便是"三朝五门"。午门内的皇宫为内朝；天安门外的皇城千步廊区今日的天安门广场是清朝政权的五府六部所在地，是清朝的"国务院"，称为外朝，是办事机构处理政务之所；而内朝又分治、燕二朝：乾清宫门之南三殿为治朝，是朝会议政、决策，处理国政的地方；门北的北三殿为燕朝，燕通宴，是皇上宴请会晤宾客，处理一般事务与宫务治内的地方。这样外朝、治朝、宴朝便构成了三朝。而天安门、端门、午门、太和门、乾清门则合称五门。建了那么多门，哪里只是为了声势、好看，而是为了应数使然。自然也有功能性划分与《周礼》礼规的需要，在传统观念中，还有什么大于天的呢？

还有一个"五凤楼"——午门建筑群，同样的"三五"之数表现十分典型。

午门是故宫紫禁城的正门，进入此门才算踏进了皇宫。前面的端门相当于宫城的前卫门，那里是兵甲、仪杖库；而天安门则属皇城门。因而午门的建筑便不再只是一个城门楼了，而是一个建筑群的连脊式"三三五五"组合。

在南午门、北神武、东西中华四门之间，才是真正的皇家紫禁城；而在故宫百门中，只有午门是宫城的正门。因而，它是故宫中最高的门楼，高达 37.95 米，其中也含"九五"之数。午门建筑整体看是坐北朝南的一个凹字形，三面建筑环抱着一个大广场。事实上是由三组建筑五楼构成：主体为正面的大门楼，面阔九间之大，东西两侧各有一楼亭分掌钟鼓；

钟鼓楼两侧直接故宫的南城墙。主楼前东西两厢连体城台上各有一排十三开间的庑殿，南向雁翅排开，南端各拥一座楼亭，有"五凤楼"之称。小说中"推出午门外开斩"的地方，就是这里。但罪犯推出后，为了示众，大要犯都要押到菜市口刑场去鸣炮开斩；次要的犯人则随便在门前广场上打死了事。而有关状元及第的古戏文中"五凤楼前把名扬"也是在这里。各朝的新科状元从皇宫中出来，与榜眼、探花三人，特例从只有皇上可以使用的中门出来，然后乘马去"游街示众"——夸官。而午门前的广场则经常举行宣诏或庆典活动。

那么，这座五凤楼的"三五"之数都体现在哪里呢？整体建筑是三组却有五座楼亭；还有一个"明三暗五"的城门——正面城台上开有三门；在凹字形的转角处却开了两个"暗门"称左掖门、右掖门，凑足了"三五"之数。正门楼面阔九间，进深五间，而两侧钟鼓楼则是三开间。且名为午门象征中央子午阳位，实际上建成五凤楼形，则象征朱雀展翅，与北宫门、玄武门呼应合于天区四象的布局，可谓心机费尽、百变而不离象天法地。玄武门只是在乾隆年间，为避讳玄烨之玄，才改称为神武门的。

还有故宫西南侧的社稷坛，一般释为《周礼·考工记》中关于皇都"左祖右社"的规定：太社建在门右（西），以祭土地神、谷神合称社稷；太庙建于门左（东）以祭先祖。那么《周礼》此规又从何而来呢？太庙来自于天帝外朝太微垣南门端门右的明堂；社稷坛则来自北门内的五帝座，所以社稷坛用的是五色土：中央黄土，象征黄帝；东方用青土，象征青帝；南方用红土，象征赤帝；西方用白土，象征白帝；北方用黑土，象征黑帝（玄武）。同时与金、木、水、火、土五行之性相符。

以上所述只不过是笔者所见到的一点皮毛。都说北京水深，但北京古城在建筑艺术上的象天法地取人格物之"庭院深深深几许"，谁又能算得出来呢？

人类的发明、创造、制作奇迹的出现，似乎都离不开象天、法地、仿生、格物这几种天启物开。新中国建立后，人民大会堂的修建，也采取了星空模拟的办法来解决超大跨度的天棚设计中的难题。古都与故宫建筑中的天文学、星象学、地学成果的运用，足以成书，不是一篇文章所能尽述的。

诚然，其中有许多把天文学与占星术相混淆的、封建的、迷信的东西，但那都不过是甘蔗中的"渣"，而甜味则来自于其中的"糖"——我国的天文学、地学、建筑科学的许多发明创造，是不可以被"渣"所泯没的。而遗憾则在于流行下来的往往是那些"渣"仍在骗人，而"糖"却被遗弃了。而对天地人三才之道最有启示意义的，更在先哲们的"天地之道"诸说。

六、儒道两家"天地之道"十五观

故宫乃至古城建筑的象天法地取人，不只缘于天象学，更有深厚的素朴哲学底蕴。

人法地，地法天，天法道，道法自然。这是老子论道的经典推演。在道家这里，对天地之道的一言以蔽之，便只有两个字："自然"；自然的后面则是"一"：道生一，一生二，二生三，三生万物。而儒家对天地之道一言以蔽之的则同样是"一"："天地之道，可一言而尽也：其为物不贰，则其生物不测。""不二"就是一呀；"不测"就是万物。而两家"道论"的目的也是相同的：教人。而且两家的立足点也是相同的：教民以人德；教君以王道。但他们授人之道却是有所异同的。道家教人以自然，以无为；儒家则教人以"修齐治平"。但道家的"无为"常被误读、曲解。

儒家的"天地之道"主要见于《中庸》篇，全文收入《礼记》，后收编为《四书》之一。篇中讲道："天地之道：博也，厚也，高也，明也，悠也，久也。"六个字又分为三道："博厚，所以载物也；高明，所以覆物也；悠久，所以成物也。博厚配地，高明配天，悠久无疆。"然后又三道归一："天地之道，可一言而尽也：其为物不二，则其生物不测。"综之所述，《礼记》儒家的天地之道可见十端：

其一，本道。以天地之道为人道之本。《礼记第九》讲道："圣人作则，必以天地为本，以阴阳为端，以四时为柄，以日星为纪，月以为量……"因为人是天地所生："故人者，其天地之德，阴阳之交，鬼神之会，五行之秀气也。""故人者，天地之心也，五行之端也。"这也许是西周以降，肆行象天法地的理性源头。

其二，诚道。《中庸》讲："诚者，天之道也。"但这个诚字虽然也被称为"诚之者，人之道也"，但绝非今日诚信之狭义，而指"不二守一"之道，一为万物之始，"诚者物之终始，不诚无物"。而且只有至诚不息，才有天地的久远、博厚、高明之道；只有至诚，才能尽人性、物性，人才能与天地并立为三。

其三，博道。天地因其博大，才能"无不持载，无不覆帱"；"万物并育而不相害，道并行而不相悖"，才有四季分明、五行并行、日月轮回……"此天地所以为大也"。

其四，厚道。"博厚配地"，"所以载物也"，因其广厚，所以"载华岳而不重，振河海而不泄，万物载焉"。

其五，明道。"高明配天"，因其高，所以能覆物，"高明，所以覆物"。容得下万物成长的高度，能明察万物，能普照万物。

其六，久道。"悠久，所以成物也"，天地因其悠久、广远而不变，所以能孕育成物。而人道亦如此，朝三暮四、朝令夕改、朝秦暮楚、一曝十寒者，成得何事、何物、何器？是以儒家最重诚一不二、持久守恒。

其七，公道。物不平则鸣，唯公道所以能平物。孔子论天地之公道有"三无私"之论："天无私覆，地无私载，日月无私照"，人有此三无私，则可与天地为三。

其八，恒道。鲁哀公问孔子：君子为何以天道为重呢？孔子答道："贵其不已。"就是说天道有恒而不轻绝易变，"如日月东西相从而不已也，是天道也；不闭其久，是天道也；天为而物成，是天道也；已成而明，是天道也。"

其九，树道。孔子讲："人道敏政，地道敏树。""故天生之物，必因其材而笃焉。故栽者培之，倾者覆之。"是在讲随物性之自然，生死自取之。树木自身根本牢固的，长得势盛的，就满足它的生长需要，让它成材；已失根本的，东倒西歪的，就顺势把它埋掉，听其自生自灭。

其十，扩道。天地由博大而高明久远；那么怎样才能致博大呢？因"并"而广，有"容"乃大。"万物并育而不相害，道并行而不相悖，小德川流，大德敦化，此天地之所以为大也。"（《中庸第三十章》）但这还只是它由"并、容"而至广大之由；而成其广大者，更在于它的扩充之道。对此《中庸》有一段很精彩的论述：

> 今夫天，斯昭昭之多，及其无穷也，日月星辰系焉，万物覆焉。
> 今夫也，一撮土之多，及其广厚，载华岳而不重，振河海而不泄，万物载焉。
> 今夫山，一卷石之多，及其广大，草木生之，禽兽居之，宝藏兴焉。
> 今夫水，一勺之多，及其不测，鼋鼍、蛟龙、鱼鳖生焉，货财殖焉。
> 《诗》云："维天之命，于穆不已！"盖曰天之所以为天下。

这里所说的是：天地山川当初都不过只是一点点大、一撮土、一勺水、一块石头之大而已，但由于不断地积累扩展，才成其为天高地广、山高水深，才能容得下天下万物。笔者所读儒家天地之道论，仅识于此，那么道家怎么说呢？

其一，玄妙之道。老子道德经五千言开宗名义第一章便讲："无，名天地之始；有，名万物之母"，"此两者，同出而异名，同谓之玄，玄之又玄，众妙之门"。大概是在讲天地之道是一种高深（玄）而变化莫测（妙）的非常之道。玄妙之玄，在天地初分是什么都没有的；妙在天地的变化交合，则又产生了万物。是否在讲天地之道始于生化万物呢？

其二，无为之道。天地之道在一切顺其自然。天地虽有好生之德，但不假手于万物生死之间。老子讲"天地不仁，以万物为刍狗"，天地是没有什么人世间仁与不仁的那些说法的。人世间，讲救死扶伤、泽及草木、仁及鸟兽，而天地对万物的生死是顺其自然的，就像祭祀时手扎的草狗一样用时随手扎成，用后随手扔掉。这是老子的观点。而庄子则称"天不产而万物化，地不长而万物育，帝王无为而天下功"。"无为而尊者，天道也；有为而累者，人道也；主者，天道也；臣者人道也。天道与人道也相去甚远，不可不察也。"

其三，天为之道。道家的无为之道，并非什么也不作才是无为，只是强调顺其自然。天地之道也非不作为的只是高高在上的逍遥游。所以庄子讲"神而不可不为者，天也"；"无为为之之谓天"；"天地无为也而无不为也。"那么道家的天地之"为"都"为"些什么呢？"天地有大美而不言，四时有明法而不议，万物有成理而不说"，这是庄子讲的，天是管大事的，是大造物主，它是创造大美的，它是管四时有序的；它是化生万物的。而所谓的不言、不议、不说绝非不作为，而是不张扬、不争议而已。天地的语言是它们的行动，显然庄子是在嘲讽人世间那些唱高调、讲空话而大言不惭的劣行、而这恰恰是春秋战国时代的术士、说客、辩者的流行风气，其中不乏对儒、墨与诸家之词的讽刺。

其四，无我之道。老子讲"人之道，损不足而补有余"，"天之道，损有余而补不足"；"天之道，其犹张弓欤？高者抑之，下者举之"；"天道无亲，常与善人"。只这几条，怎么能把道家的无为而治说成无所作为呢？而庄子则讲"天地虽大，其化均也；万物虽多，其治一也"，并称不私不偏为"天德"。"明白于天地之德者，此之谓大本大宗"，"天地之本而道德之至也"。而老子则更讲道："天长地久"。天地所以能长且久者，以其不自生，故能长久。"不自生"就是不为自己而运作。而庄子也讲："忘己之人，是之谓入于天。"这句话虽非公而忘私之义，而在讲物我两忘，也足见天地之道的无我之义。

其五，成物之道。庄子言："今夫百昌皆生于土而反于土。""夫有土者，有大物也。""天地者万物之父母也。""天道运而无所积，故万物成。"就是讲天下万物能够生成，而在于天道从不停止它的运行，及时满足万物生成的需要，而绝无一曝十寒。

抱歉，"书袋"掉得长了些。通俗读物行文中的"掉书袋"虽不得人心，只是不以"少焉"为月便好。许多书袋你若不摇摆几下，便泯没了光彩。今人的话有几句能超过古人的呢？老祖宗的"文"，有许多都是虎豹之纹，美呀！先哲们的"理"，多为凤鸣龙吟，虽无今日画（话）图中的肌理那般花里胡哨，但剖切明白，有很多真理。通过前面对"天地之道"的书袋小掉，也许会让我们进一步加深对老北京、故宫建设中"象天法地"的理解；以及"象天法地"为什么流延了几千年，至今仍光彩不泯的深厚历史文化底蕴。

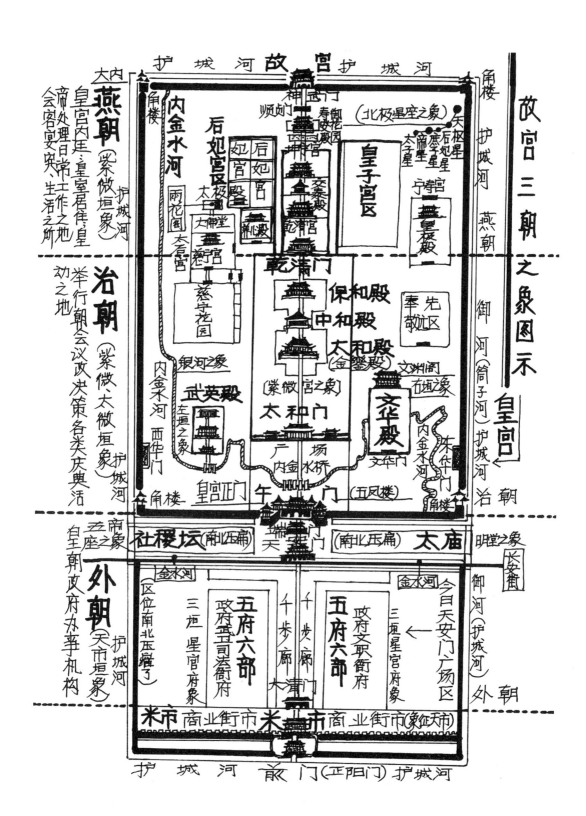

故宫三朝之象图示

护城河 故宫 护城河

内
金
水
河

燕朝（紫微垣象）
皇宫内廷，皇室君侯、皇帝处理日常工作之地，皇室会客宴寝生活之所

治朝（紫微、太微垣象）
举行朝会议政决策各类庆典活动之地

外朝（天市垣象）
皇朝政府办事机构

角楼　角楼

后妃宫区
后妃宫殿　后妃宫殿

（北极星座之象）

皇子宫区

皇极殿

乾清门

保和殿
中和殿
太和殿
（金銮殿）

武英殿

太和门

（紫微宫之象）

文华殿

太庙（明堂之象）

社稷坛（南北压扁）

五府六部
政府武司法衙府

五府六部
政府文职官府

（三垣星官府象）

今日天安门广场区

米市 商业街市 米市 商业街市（象征天市）

护城河　前门（正阳门）护城河

河图洛书象数示意图

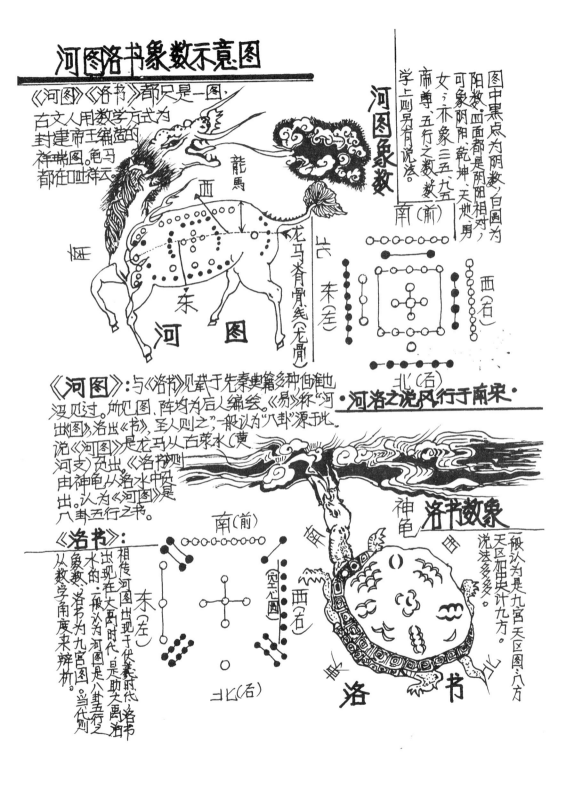

《河图》《洛书》都只是一图，古文人用数学方式为封建帝王编造的祥瑞图。龟马都在此祥云。

龙马

西

北

东

河图

河图象数

图中黑点为阴数，白圆为阳数，四面都是阴阳相对，可象阴阳、乾坤、天地、男女，不象三五、九五帝尊，五行之数数。学上四另有说法。

南(前)

西(右)

北(右)

龙马脊骨纹(龙骨)

《河图》:与《洛书》见载于先秦典籍多种但世没见过。所见图、阵均为后人编绘。《易》称"河出图》,洛出《书》,至人则之"一般认为八卦源于此，说《河图》是龙马从古泰水(黄河支)跃出，《洛书则由神龟从洛水中跃出，认为《河图》是八卦五行之书。

《洛书》:相传河图出现在大西时代,洛书为水的。一般认为河图是八卦五行象数,洛书为九宫图。当代则从数学角度来辩析。

· 河洛之说风行于南宋 ·

神龟

洛书数象

南(前)

东(左)

空心圆

西(右)

北(右)

洛   书

一般认为是九宫天区图,八方天区加中央计九方。说法多多。

古太极图四幅图绘

古人所绘太极图极简，却足可见天地泰始之气象，如处大野观天，而今所绘则置于如北京夜光冲，无以观星空真象。

太极图

道生一一生二二生三三生万物

人法地地法天天法道道法自然

无极生太极太极生两仪两仪生四象

四象生八卦八卦化万物

乾

兑　　　　　巽

离　　　　　坎

震　　　　　艮

坤

上：《古太极图》▲

无极太极
乾天坤地
阴阳男女

（宋）周敦颐《太极图说》▽

（宋）周氏太极图

太极而无极

阴静
阳动

火　　水

阳动
阴劲

水　　金

乾道成男　坤道成女

万物

化生

周氏太极图二

先天图

乾兑离震巽坎艮坤
正东南　　正南　　正西南
正东　　　　　　　正西
正东北　　正北　　正西北
坤

（明）来知德太极图

来瞿唐先生圆图

对待者数
流行者气
者理
者气

▲古太极图（来）

《天地自然河图》，伏羲氏龙马及之出于荥河，八卦则由以画地。

——《六书本义》

亦称《陈抟先天图》

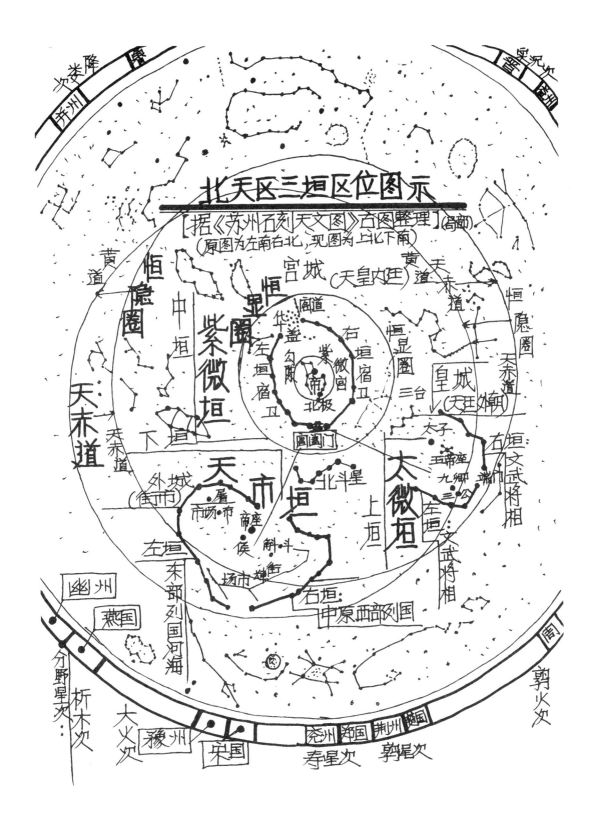

北天区三垣区位图示

［据《苏州石刻天文图》古图整理］

（原图为左南右北，现图为上北下南）

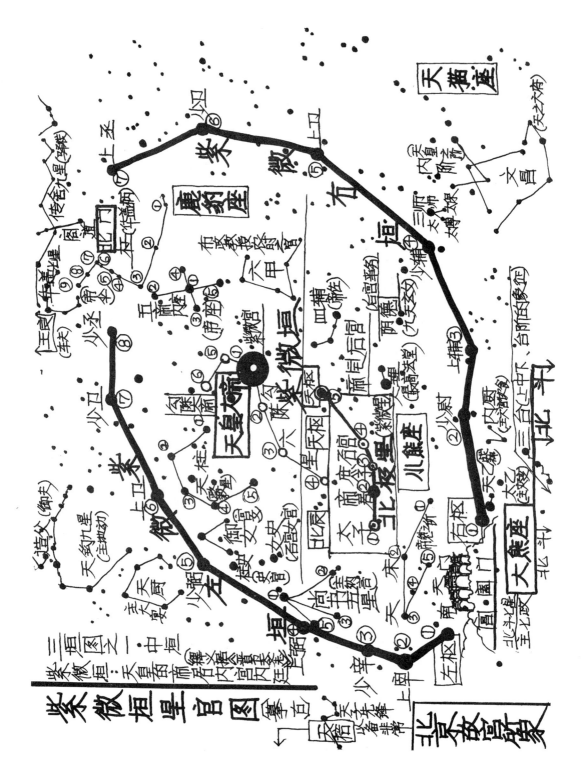

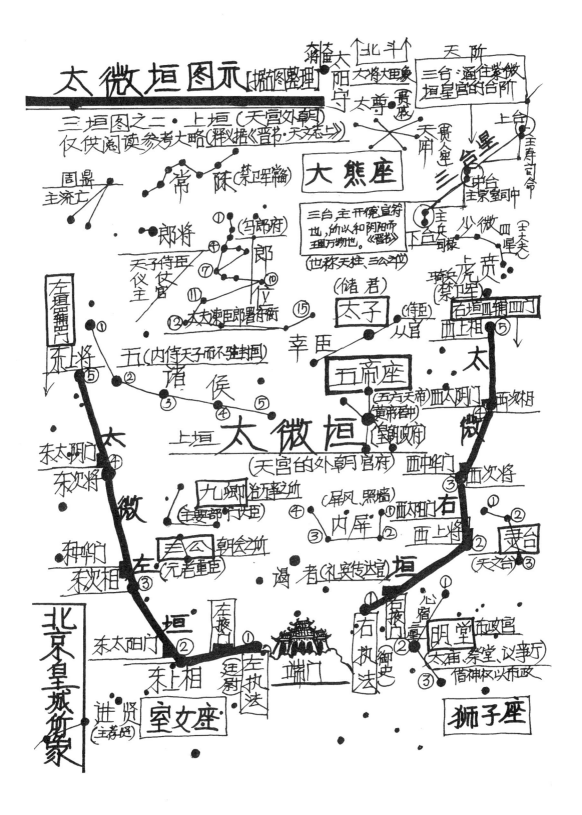

太微垣图示 [据图整理]

三垣图之二·上垣（天宫外朝）
仅供阅读参考大略（释据《晋书·天文志》）

大熊座

三台主开德宣符也，所以和阴阳而理万物也。《晋书》
（世称天阶、三公）

天阶
三台·通住紫微垣星宫的台阶

上台（主寿山司命）

中台（主宗室同）

下台（主兵司禄）

少微（主士夫）

北斗
大将大理象
太尊
贾臣
天厨
贾仓

周鼎主流亡
常陈（禁卫军编）

郎将
郎府
郎位
天子侍臣仪仗主官
太大速臣郎署百衙

太子（储君）
幸臣
从官
侍臣

虎贲
郎头虎贲（禁卫军）

左垣垣辖四门
左上将⑤
一
五（内侍天子而不生封画）
二
甫侯
③④⑤

右垣辖四门
上相⑤
次相④

五帝座
（五方天帝黄帝含中）
太阴门
中门
屏风照墙
内屏
太阳门
上将

九卿治万事衙
主要部下众臣

三公朝会之衙（元君重臣）

过者（礼宾传达官）

太微垣
（天宫的外朝官府）

次将③
①②
灵台（天文台）③
心窗

左垣
东上相
左掖门
廷尉
左执法
端门
右执法
②③

明堂布政官（太庙祭堂、议事厅）
借神权以布政

室女座

进贤（主荐贤）

北京皇城布象

东太阳门
东上相

狮子座

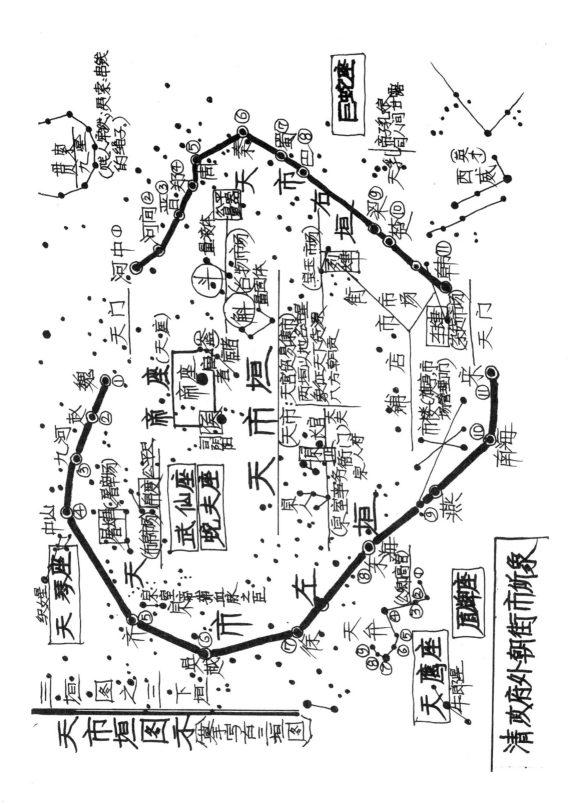

第二集　中华民族古代的"天"与"帝"

—— 观瞻北京天坛感言古人的昊天崇拜与祭天的终结者

所谓昊天上帝者，盖元气广大则称昊天，远视苍苍即称苍天。人之所尊，莫过于帝；讬之于天，故称上帝。

——《通典·礼典》

元气昊大，则称昊天。远视苍苍，则称苍天。此则天以苍昊为体，不入星辰之列。

——《毛诗传》

五时迎气，皆是祭五行之人帝太皞之属，非祭天也。天称皇天，亦称上帝，亦直称帝。五行人帝亦得称上帝，但不得称天。

——《隋书·礼仪》

天聪明，自我民聪明；天明畏自我民明威。达于上下，敬哉有土。

——《尚书·皋陶谟》

在中华民族的历史上，从来就不缺少明智之士与英雄俊杰，但犹如天上的七曜28宿，虽既高又明运行不已，仍无法照彻芸芸众生黑暗苦痛的天宇。智者与英雄难为主宰，主宰者多非智者与英雄，这也许就是这个世界的生存定理；也许这就是已往五千年天下芸芸众生的宿命，而无论他们怎样一代代地辛苦劳作、敬天祭祖、奋起抗争。"俱往矣，数风流人物还看今朝"，还好，"中国出了个毛泽东"，于是，人民第一次成了"万岁"；于是，天安门广场上竖起了浩气干云的人民英雄纪念碑；于是，纪念碑前又有了一座萦系民心的纪念堂。

曾子说："慎终追远，民德归厚矣"。纪念先人，自是中华民族几千年来薪火相传的一种传统美德吧，而民德之薄厚则另当别论，月亮随地球转，地球随太阳转，太阳随宇宙银河转。

自明清以来，老北京留下来敬天祭祖的古建筑有著名的"九坛八庙"。

"九坛八庙"中，最大的莫过于天坛了。就占地面积而言，据说有270万平方米，有四个故宫那么大。不足为奇，故宫是皇上居所，皇上是天子，所以"天"大于"帝"很正常，而且也是世界上最大的祭天场所，一个庞大的建筑群。这也不足为奇，中国本来就大呀！

早些年去天坛，只是走马观花，看看建筑、风景、古木；手心上至今还留有学生时代被古木戳破的小痕迹，所以时时记起天坛。但对祭祀文化并不感兴趣，感兴趣的是它的美轮美奂。

以往去天坛只是把那里的标志性建筑祈年殿当成了天坛，其他建筑都忽略不计了。哪里会想到，真正的天坛乃是公园最南面的圜丘坛，而祈年殿只是个祈谷坛，虽也敬天地，只是祈祷一年五谷丰登的场所，固称祈年殿、祈谷坛。真正祭天处，却在南区，一称皇穹宇，一为圜丘。圜丘才是真正的天坛。

天坛建筑群设有两道围墙，四面都设有"天门"。主体建筑都在第二道围墙内一条贯通南北的中轴线上。这也是皇家建筑不可偏离的，人道啊！《逸周书》上讲："天道尚右，日月西移；地道尚左，水道东流；人道尚中，耳目逸心。"人立天地中间，所以得中庸才行，不偏不倚。天坛最北面那座三层圆塔形建筑称为祈年殿，明代初称为祈谷坛，是每年春天皇家祭天祈谷处，自成一个建筑群，主体建筑有二：一为祈年殿；一为皇乾殿，在祈年殿台下北部，是一座皇宫式大殿，是日常供奉皇天与皇家列祖列宗的地方，每个月初一、十五都要上香进贡。而祈年殿只是每年春天举行大典之处，皇上先到此殿祭拜，然后通过祭坛高大的北台阶登上祭坛，祭拜昊天大帝与谷神。

祭坛南便是中轴线大道，称"海墁大道"，也称"丹陛桥"，以象征这里是天上的碧海银河，路面高出平地数米，宽近30米，长近360米，象征一年与周天之数吧。沿路南行大半便是皇穹宇。这是一处十分奇特的建筑，独立的院中坐北朝南的圆形大殿，高高地坐落在白玉栏杆围定的台基之上。东西两厢各建配殿。殿内斗拱与藻井建筑的富丽堂皇堪称

"独一无二"。这是一处纯粹的象天殿，穹顶如天，龛台供奉天帝。东配殿龛台供奉大明神太阳、北斗七星、金木水火土五星、周天星官；西面配殿供奉夜明神月亮与云神雨师风伯雷公诸神。小院围墙为圆形回音壁；另有"三音石"在殿前甬路的前三块石板间。这里是合祭昊天大帝与诸天星神的场所。出了皇穹宇殿院的南门，就是真正的天坛——圜丘坛了。虽然也只是个三层栏阶的大圆台，却处处体现了天数的九字。每层台阶为九级；台面第一周石板为九块，以九的倍数扩展到边；连栏板、望柱都要以九数为计，九是阳数的最大数。台面直径为 23.65 米；台基直径为 54.92 米；三层总高不过 5.17 米。视感高大，但实际并不高大，符合古制古训。

祈谷殿、皇穹宇都是明清的创树，唯圜丘坛是自古而来一以贯之的传统承绪。

有史记载最早的祭天活动始于黄帝时代，但并非郊祀坛祭，而是以泰山为祭天处，在泰山顶上设坛祭天，由此而开泰山祭天祀地的先河。舜帝时代也有祭上帝、六宗、山川的记载。到了秦汉年间，则发展为到泰山封禅：在泰山顶设坛祭天，称之为"封"；在山下小丘梁父山扫地祀地，称之为"禅"，合称"封禅"。这些都是传统，自古有封土为坛以祭天，除地为埠以祭地，掘地为坎以祭月的传统。"封"便是堆土石为坛；"除"便是扫除，"埠"便是一块干净的地方；"坎"便是一块浅坑上的土坎儿。很简单，是以古人有"至敬不坛，扫地而祭"之说。

古人以山祭天并不限于泰山。汉代霍去病北入大漠 2000 里扫灭匈奴左右贤王 7 万人马后，便在乌兰巴托东部的狼居胥山祭天；又在乌兰巴托东北肯特山北的姑衍山祭地；明成祖朱棣五征大漠时，也到过狼居胥山祭天，因而"封狼居胥"成为祭天的代词。

在祭天地山川的活动中，历代皇家还是以周朝礼制为正统。周朝开始在城南筑圜丘坛祭天；而且明确祭主为"昊天大帝"。笔者所见，一是辽代在现北京良乡建有昊天塔；一是天坛主体建筑中都设有皇天大帝的神位。

后汉年间则筑双层坛，上层祭天，下层祭五帝；祭坛始设两重围墙。

祭坛的围墙不称围,而称壝。到了宋代则以圜丘合祭天地,以符"皇天后土"之合称吧。

在远古时代的祭祀天地很简单,三年轮祭,一年祭天,一年祭地,一年祭五帝,三年一个周期,到了明清年间则大有滥觞之虞,不但大兴土木,而是诸神遍祭,最后弄得皇上祭不过来,就由大臣代祭。

那么,祭天活动怎么会有如此强大的生命力,一直绵延了几千年呢?这与意识形态有关。尤其与宗教信仰形态有关。中国古代也有上帝之称,但绝非西方基督教之上帝。中国有上帝之称谓时,西方基督教尚未产生。中国的上帝便是昊天人格化的一种寓托。中国人独崇天,连蒙古族也最崇长生天。中国人信奉的天就是大自然的天空。《诗经》有言:"藐藐昊天,无不克固",就是说天老爷是攻无不克、战无不胜的,有最高的神力。汉代的董仲舒则明言:"天为君父,君为天子",皇上是天的儿子,是以称天子。而在古代凡攻战毁灭人国的称天罚、天谴、替天行道;自己兴盛取替前朝则是承受天命。而《礼记》则称:"地载万物,天垂象,取材于地,取法于天,是以尊天而亲地也。故教民美报矣。"

中国民间崇拜的天帝称为玉皇大帝,不过是道教家所言。正统的天帝称"玉皇大帝",历代正史天文志所载无异,在紫微垣中,在勾陈六星斗口中有一颗最亮的星称为天皇大帝;那个斗形便称为紫微宫,是天帝的宫殿。而在勾陈星南近,还有一个北极星座。这个北极星座由五颗星组成,第一星称太子星,依次称帝星、庶子星、后星,第五颗尾星最大,星图上称为天枢星,与北斗的天枢重名。那么到底哪个是天枢呢?北极座的。北斗星一年四季是围着北极星转的,而北极天枢是不动的占位恒星。星象家认为它所处之天区,是与地球北极地轴对应的,是北天顶,也称天极,固称其为北极星。北极座中最亮的"天枢",也被称为勾陈抑或北辰,单称北极星大概便指此星。除此星外,其他四星都不亮,虽然北斗是围着它转的,但远比它更抢眼,所以人们多知北斗而无意北极。但它在北天区的位置被认为是最高的天顶,所以象征皇权。周武王灭纣,向商纣臣箕子问政,箕子讲了九条,就是历史上著名的"洪范九畴"——九条治国大政。其中第四条讲"五纪":岁、月、日、星辰、历数;第五条便讲"皇极"——建立帝王最高权威，以大中之道教民以五福为求，天下自可大治。无极、太极、天极、北极、皇极，"极"是一种至高无上，不可超越吧。是以明清故宫中尚有皇极殿、太极殿，前者为乾隆当太上皇时的朝拜处；后者为嘉靖帝生父出生地。而许多古代皇宫的正殿则称为太极殿。

还有一个五帝。远古人祖有三皇五帝，但都是人间的统治者。古代天官星象则另有其说。在象征天宫的紫微垣与太微垣中都有一个"五帝座"，这个五帝又是一个什么概念呢？是各掌一方的五方天帝，而非人间的五帝。中间一星称黄帝，其他四星为东方青帝，南方赤帝，西方白帝，北方黑帝。这五帝都可称帝，但不可代天，它们都是一方之帝，有如世间天子手下的东、西、南、北四位伯侯，各长一方。

在中国古代的天、帝之概念大体如此，其实很简单。大多以天地人祖、山川诸神一体奉祭，只是代代加花加点，到了明清年间，弄得越来越复杂。在远古、上古、中世纪时代，祭天都是露天而祭。直到元代初年，祭天地在漠北的日月山祭；忽必烈也只在城南建了一座祭天台；元成宗时代，在南郊也只建了一座圜丘坛。到了朱元璋灭元建明时，真是土豹子开花，大兴土木建造了与今日北京所存诸坛相近的坛庙群，而是建了一座天地合祀的大祀殿，并罩上了一个圆形的大天顶。1420年，朱棣迁都北京后，照搬南京那一套，在南郊建了一座天地坛。今日所见的祈年殿便是当年合祀天地的大祀殿。130年后的嘉靖年间，才天地二坛分设。今日所见之形制、规模都是此时重新设计所建，南面建了圜丘坛，原大祀殿拆除，后建了一座近于今日所见祈年殿形制的大享殿，三层屋顶分别为蓝、黄、绿三种颜色，形成了一个祈谷殿，而里面供奉的神主却是嘉靖帝的老爹兴王的牌位。到了清代才改建成今日祈年殿模样。而天坛公园内今日之建筑格局都是在乾隆年间大改造后形成的。而这次大改造则完全采取了象天法地的重建形制规模。

在这次大改造中，大享殿的三层屋顶外色统一为蓝色，以象天；大柱子36根，象征36天罡星。中心四根大柱称"龙井柱"，高近20米，通天达第三层，象征一年四节；堂内第二围柱子称金柱，12根象征一年12个月，支撑第二层屋顶；外围12根柱子是檐柱，支撑最底层，象征每天的 12 个时辰。而一二层的 24 根柱子则合起来象征一年的 24 个节气。改建后的祈谷殿正式改名为祈年殿。在祈年殿东侧的长廊为 72 开间，象征 72 地煞星与 72 候，与祈年殿象征天罡星的 36 柱，合计为 108 之数，象征包罗万象。天罡地煞是道教中北方天帝手下 108 位神将的合称，各有专长职司。圜丘坛也进行了扩建，尽按九九之数改建。皇穹宇也改建为今日模样，主奉皇天之帝，同时把八代皇祖的牌位也塞了进去。这也不违古制，自古便有天地人祖同祭的先例。而且这次改建把土围子全变成了高大的砖墙，南方北圆，象征天圆地方。园内的附属建筑也多进行了改造，增建了不少富丽堂皇的楼台亭阁。

中国古代天文地理学的发达，最高成果便是对农业生产发展的贡献；其次便是对建筑艺术的开启与应用。也许正由此而决定了我国古代民族建筑艺术的主体风格。同时也成为封建统治者用来愚民的工具，从而形成许多迷信的神化邪说数术乃至会道的衍生，对人进行着精神的奴役。敬畏天是应该的，大自然养育了人啊！遵循守护大自然规律的天道，是聪明的，"天聪明，自我民聪明"啊。而迷信天命天神则是愚蠢的，可悲的。而人们从图腾蒙昧中走出，发现了科学；又从科学进入更深的蒙昧乃至沉沦不能自拔，则是不可思议的。佛祖在舍卫国祇树给孤独园，与一众大弟子、信徒说法阿弥陀时，已明确告诉众生：佛土极乐世界有"七重罗网"，10 万亿佛都要由"其土众生"供养；而且念一辈子佛，也得死了才能进入此界，但众生仍然痴迷笃信呐？所以佛连着讲了九个"不可思议"；而且明言佛"为诸众生"所说的，都是"一切世间难信之法"，但他还信呐！？

花不迷人人自迷，酒不醉人人自醉。所有迷信邪说本与天文地理之科学无关，神都是人造的，反过来又统治人。仔细想来，也合于逻辑：这世界从来就是人统治人的世界，哪来的什么天命神佛啊？哪一个天官不是人来任命的呢？中国的最后一个皇帝溥仪也是"天子"啊，还不是被袁世凯赶出了皇宫？紧接着袁世凯不也穿着十二纹章衮龙袍，戴着天子的朝天冠，来到了天坛祭天，只当了 83 天"洪宪皇帝"就死掉了，成为中国历史上最后上演了一把祭天大典的终结者。什么是天命啊？

这个世界上，丑陋的人要多丑陋就有多丑陋，不可思议的丑陋；美丽的大自然要多美好就有多美好，不可思议的美好。按照天地规制所建树的天坛建筑群就是实证，老北京所幸存的那些无价之宝就是实证。天地人三才之道，才是这个世界上最高的、不倒的统治者。而在天地人三者中，人是最脆弱的，无论平头百姓，还是九五之尊、国家元首，都是凡人一枚，做什么都不能过分、过度，否则都无好下场。作死之说就是讲作者是死门，自作孽不可活啊！天道无私，地道无我，这才是为官之道，得为老百姓办好事，想着民威民福，而不可作威作福。老想着给自己黄袍加身，不断给自己上封号，不断地金屋藏娇，刮民骗党，会有什么好下场呢？贪官就是明鉴；而袁世凯则殷鉴不远，他祭天又有什么用呢？

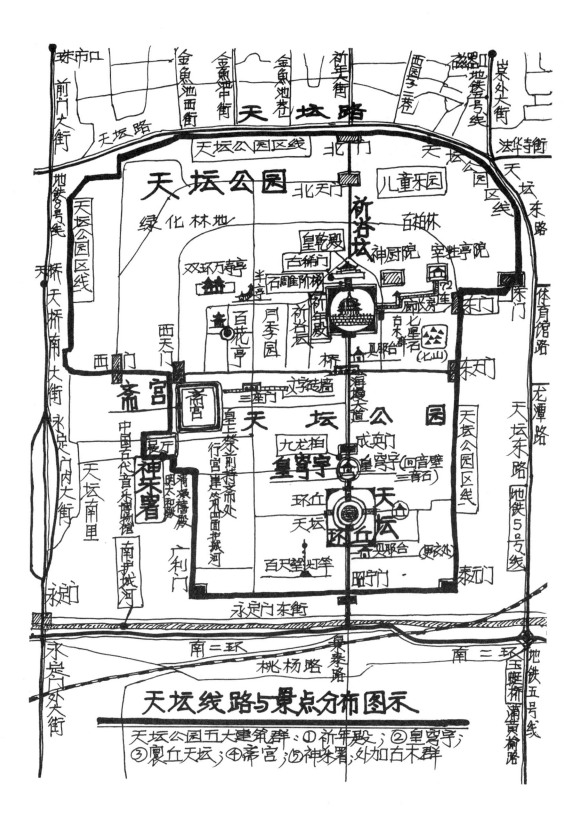

天坛线路与景点分布图示

天坛公园五大建筑群：①祈年殿；②皇穹宇；
③圜丘天坛；④斋宫；⑤神乐署；外加古木群

本图为清代手抄本古民天文星象图集

紫微垣图 〔原图文字〕

按亥为紫微垣

按天床中间为间

阖门即今皇上

禁守门也

按相星在北斗枢

衡前为天福上相

即汉诸葛孔明之王

星也说本陈寿志

（此图最优处在标出了紫微垣在天球上的邻界星区）

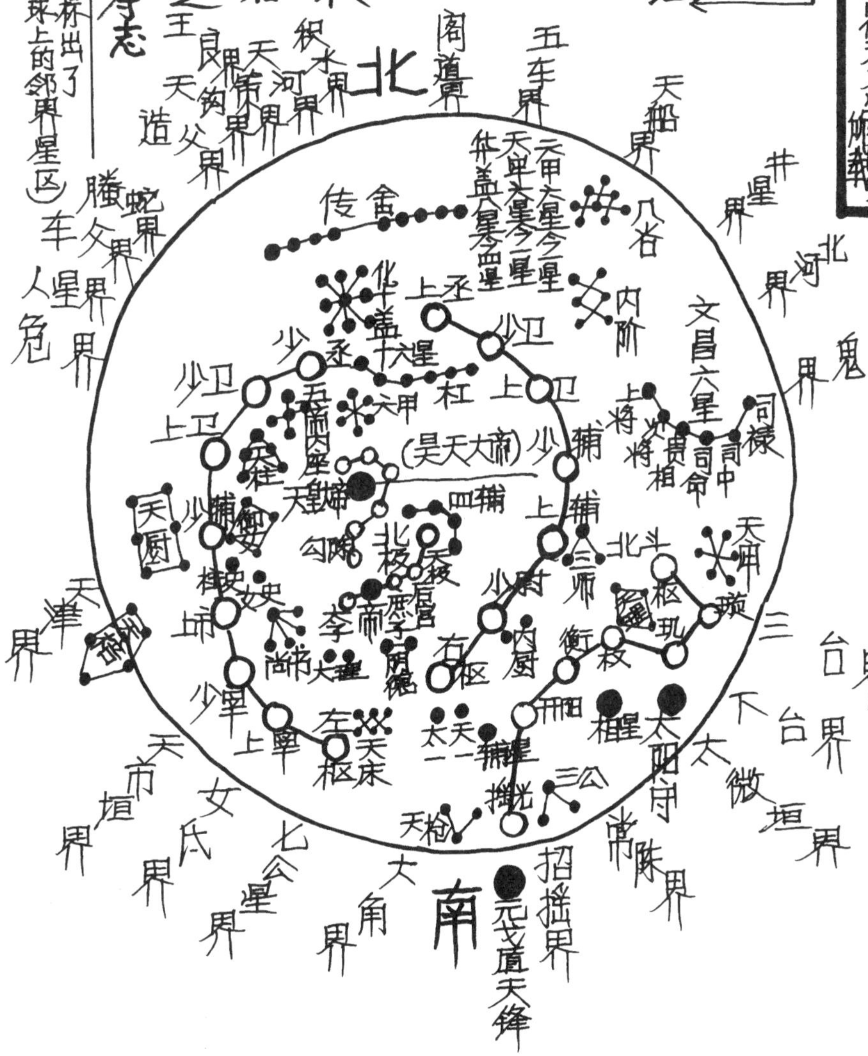

昊天即苍天，图中天皇大帝即昊天大帝，道教奉为玉皇者，图中五帝为五方天帝。

北

南

传舍　华盖十六星　上丞　少卫　内阶　八谷　文昌六星　司禄　五车　北河界　井星界　鬼界

天枢　天帝　（昊天大帝）　少辅　四辅　上辅　北斗　三师　左枢　右枢　少尉　勾陈　六甲　杠

天牢　天厨　尚书　大理　帝　少丞　阴德　左区　右区　天棓　太阳守　天床　三公

招摇　元文直天锋　大角　七公星　氏界　女界　天市垣界　太微垣界　三台界　下台界　上台界

腾蛇界　车界　人界　危　天造　天父界　积水界　天河界　良钩界

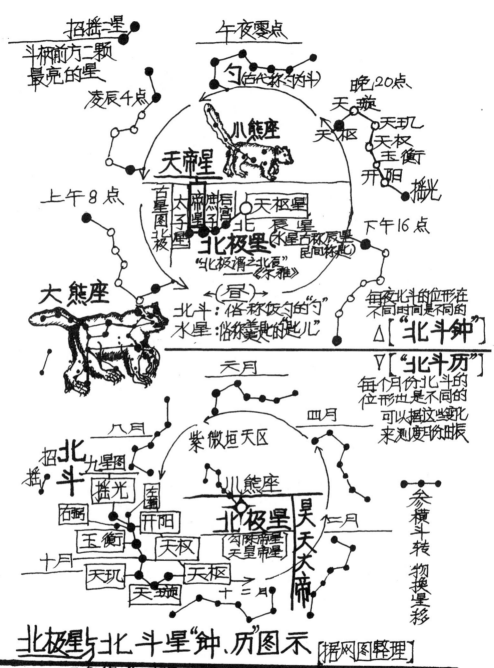

招摇二星
斗柄前方二颗
最亮的星

凌辰4点

午夜零点

勺(古代称勺内斗)

晚,20点
天璇
天玑
天枢
天权
玉衡
开阳
摇光

小熊座

天帝星

上午8点

百星图北极

太微
太子星

后宫

天枢星

北 辰 星
水星古称辰星
民间称足

北极星

"北极谓之北辰"
《尔雅》

下午16点

大熊座

(昼)

北斗:俗称饭勺的"勺"
水星:恰你美貌的"辰儿"

每夜北斗的位形在
不同时间是不同的

△〔"北斗钟"〕

▽〔"北斗历"〕
每个月份北斗的
位形也是不同的
可以据这些变化
来测度月份时辰

天月

八月

紫微垣天区

四月

招
摇

北
斗

九星图

摇光

左辅

右弼

开阳

玉衡

天权

十月

天玑

天枢

天璇

小熊座

北极星

勾陈帝星
天皇帝星

昊
天
大
帝

一月

十二月

参横斗转 物换星移

北极星与北斗星"钟、历"图示 〔据网图整理〕

《观象汤称:"北极星一曰北辰,天之最尊星也.其纽星天之枢也.
天运无穷,而极星不移,故曰居其所而众星拱之."事实上它是一颗
占位星,哪颗星运行到这个天极处便成了北极星,但更替周期太长看不到.

第三集　方泽坛上坐拥天下王土的"皇地祇"

——北京地坛皇祇室社树花国与祭祀故事

> 五行之官，是谓五官。木正曰句芒，火正曰祝融，金正曰蓐
> 收，水正曰玄冥，土正曰后土。……共工氏有子曰勾龙，为后土。
> 后土为社。
>
> ——《左传》
>
> 共工氏之霸九州也，其子曰后土，能平九州，故祀以为社。
>
> ——《礼记》
>
> 大荒之中，有山名曰成都载天。有人珥两黄蛇，把两黄蛇，
> 名曰夸父。后土生信，信生夸父。
>
> ——《山海经》
>
> 中央土也，其帝黄帝，其佐后土。
>
> ——《淮南子》

　　象天法地乾坤之数术，在老京所有古建筑中都占有某种支配地位，而作为地坛就自然概莫能外了。

　　地坛是老北京九坛中的第二大坛，虽然五脏俱全，但于今开放的古建筑似乎只有方泽坛与皇祇室了。

　　明初的北京城是没有地坛的，只在祈年殿那个地方进行天地合祭。到了嘉靖九年（1530），在朝臣的建议下，才开始实行天地分祭。那么在哪里建坛呢？"天南地北"呀，只能建在与天坛对应的安定门外了；建个什么样的坛呢？"天圆地方"啊，所以建个方泽坛，台面由8个正方形组成：正中4个方块，四角4个方块；石头要用方形，而且要用双数；台阶也要用8级，也用了不少的六数。就是步行道一段段都以8的倍数

32块砖来分布；祭台所用材料数都要合于6或8的倍数。为什么呢？"天阳地阴"乾坤八卦呀，天是乾阳，地是坤阴，双数都是阴数，6是天下六合，8是阴极之数，9则是阳极之数了。而且这种四、六、八数的混合运用，也许象征四面八方、八纮一宇、六合天下的"普天之下，莫非王土"的大一统吧。那么用什么颜色的材料呢？黄色，"天青地黄"啊，地神也是黄土之神，是黄帝的佐神啊。所以红墙上面的墙帽码的是黄琉璃瓦；白栏杆围定的台面用黄琉璃砖（清朝改了）；就是豆、樽、爵、盘等祭器都要用官窑的黄釉制品才行。而且在造势上也完全与天坛不同，天坛是天高高在上，越高越好。而地坛便不同了，要突出"天子"的地位，让人主高高在上，所以不但在坛面要摆上天子祖宗的牌位，而且要在各方面造成一个势，让人越向前走越觉得视野开阔，能产生高高在上、唯我独尊的感觉才行。设计者真是匠心独运、机心独具、苦心独费啊，本来就是"天高地平"啊，天子虽是"天子"，也是"天"啊。

至此，地坛把地性、地象、地数已运用得淋漓尽致了。但那些设计感觉也许只有天子登临才会找到吧。

地坛公园中除了这个方泽坛，开放可观的古建筑，便是公园南部的"皇祇室"了。什么皇祇室啊？这里就是所谓皇天后土的"后土庙"，普天之下土地庙的总堂口。后土就是所有地方土地神祇的总堂主。古代的土地神有多少种呢？大体三级：一是国家级的；二是诸侯级的；三是乡里级的。哪级的都称"社"。这三级中又分七种：①为普天下所立的总社称大社；②为天子自己所立的称五社；③诸侯国所立的称国社；④为诸侯自己所立的称侯社；⑤乡村所立的称里社；⑥个人家自立的称宅社；⑦为坟地所立的后土牌称坟社。还有花园社、青苗社等，统称土地。乡村的社神南方称土地爷、土地公，北方称土地佬，或简称土地。乡村的祭祀场所称土地庙；全国级的就称坛了，虽然都是社神，但级别地位却大大不同了。社神与稷神合起来便是社稷神了。

土地神为什么称社呢？《左传通俗篇》称："凡有社里，必有土地神。土地神为守护社里之主，谓之上公。"社在古代大概有两重含义：一为社会之社；一为土地庙。先秦两汉有群集百家或25家可立社之说。《汉书·五行志》称："旧制，25 家为一社"，"封土为社而祀之，以报功也"。这里所指的社，一是作为社会最基层的结构，与里合称"社里"；一是可以一社立一土地庙。古代亦有土地神庙遍地而无以遍祀，便"封土为社"来集中分村社地方来祭祀的说法，所以便有了社的概念。土地神在乡村是最普遍又最不受重视的，只要有个小土台，或几尺高的小庙，便可祭祀，而且对联上有许多调侃之语。如"黄酒白酒都不论,公鸡母鸡都要肥"——横批是"尽管端来"；又有联称："莫笑我老朽无能，许个愿试试；哪怕你多财善贾，不烧香瞧瞧"。而出现在各种画面上的土地形象都是一个白胡子老人，称土地公公时，又常附带一个土地婆婆；挂个龙头拐杖永远笑容可掬神态和气，被奉为尽干好事保佑一村一社一乡一里的福镇之神，因有联称："乡里鼓儿乡里打，当坊土地当坊灵"；"土产无多，生一物栽培一物；地方不大，住几家保佑几家"。

还有"五行土地厚，三方地道深"，一方面点明土地为五行之一；一方面揭示了土地以深厚载物的地性；同时说明土地神居于地下，虽然"原本天上人"，但职司所在守土有责啊！土地神是所有神祇中最接地气的，所以在民间最受崇拜。生孩子、死人都要到村头庙台去"登记户口"与"报庙"，头疼脑热便去庙台上炷香。有什么三灾八难都去求土地。即使在皇城京畿，新中国成立前的统计数字，也高于玉皇大帝庙几十倍，大概列于诸神庙宇之首。当官的一定要为老百姓办事才行，我写过一篇小文章《神仙不灵也没人上供》，而"封土为社"立庙祭祀原本为报土地生养之恩的，但拜来拜去便走味了！

那么地坛偏南的这个"皇祇室"是什么意思呢？简陋得很：一个独立小院，大门很古典，室内一个厅室，摆着的神主是：皇地祇神；五岳五镇；四海四渎；五陵山神。五岳五镇五陵都是山神：五岳是以泰山为首五方名山；五镇为五方镇山，北方的镇山是辽宁的医巫闾山；五陵山是一座云山，有五峰，传说这里是普天之云 200 年一大会之处。这"三五"都应五行之数。四海四渎指渤、黄、东、南四海与长江、黄河、淮水、济水。那么，皇地祇神又是什么意思呢？就是国家级的社神，普天下土地神的总社社长。汉武帝时代封为总司土地最高神"后土皇地祇"；宋代真宗、徽宗也有此封，明清因袭而已，但不知为什么压缩成了"皇祇室"。这里的神位在祭祀大典时要摆在祭坛上的，平时便在此处供奉。

而既称"皇地祇"，就是与天皇相对应的地皇了，古代亦有天皇、地皇、人皇的三皇之称，汉、宋之封自有此意，明清因袭自有其理依据。那么"后土"又是怎么回事呢？一回事，也是地皇之意，上古五帝三王时代的"后"字，就是帝王之意，而非母后、皇后的意思，把后土称为地母完全是老道们的胡扯。而与这个"后土"真正有联系的是那个"怒触不周山"弄得天翻地覆的共工——"共工之子为后土，能平九土"，而且说那个逐日的夸父也是后土的子孙。正因为这个后土"能平九土"，"故祀以为社"。（《礼记》语）。而《左传》也认为社神后土是共工的后人；而道教中人则以为地母。中国神系之超级混乱亦由典出的多源化，胡编滥造。

对于土地之神的祭祀自上古时代便已出现，后稷是谷神，后土是社神，而地皇则是后土的前身。西汉封后土为皇，东汉则有在皇城北郊祭后土的记载。但最为泛滥的民间祭祀土地大概始于明代，据说因为朱元璋生于土地庙，事实上古代生孩子都要到土地庙去报告，以当地的土地庙为出生地记载。但这一传闻传开，民间便更是大修土地庙了，基本上村村都有个小庙台祭土地。而到了嘉靖年间，便在安定门外专修了这个祭坛，而且与天坛同列为皇上要亲祭的神祇。但祭礼越来越复杂，到了清代，祭地大典各个程序都走完要两个小时，皇上要不断地三拜九叩；而且祭前要提前进入斋宫吃斋三日。大典由始至终，奏乐迎神、飨神、送神等先后要叩拜 70 余次，磕 200 多个头，这对于任何人都是一种极大的摧残，因而哪个皇上都不愿去祭祀，便开始由大臣代祭成为普遍现象。甚至有的皇上受不了斋戒、祭拜之苦，便在祭日于皇宫设坛祭祀了事。康熙在位 61 年，前 40 年来地坛祭拜 26 次；后 20 年便全由大臣代祭了。

但大臣代祭也受不了啊，常常磕头磕懵了开始转向，把叩拜的次序弄颠倒了。嘉庆年间就发生过这样的事：一次由成亲王代皇帝来地坛祭祀，磕头叩拜神主的东西次序弄颠倒了，嘉庆帝大怒，马上下令革职回家闭门思过，而且罚俸 10 年，每年的俸禄减半。

地坛的附属建筑斋宫、神库、马神殿、宰牲亭一样不少，但不开放。

笔者在地坛北侧的时代书局工作数年，每天中午都可以去散步，但也只看到这两个地方。但是可观处一是西面正门大牌楼真够气魄；一是社树——古柏苍苍，300年之上的古柏有80株；百年以上的有168株；十几年几十年的则遍布南区，真是有"丞相祠堂柏森森"的肃穆庄严气象，不逊于社稷坛、太庙、孔庙的古柏群落，古柏全围在祭坛环周密集成林是真美呀。

这里的古柏有一种寄生的绞杀现象：橘红色的凌霄花附在柏树干上，缠绕成一座座树塔，一种残忍而美丽的壮观。刘三姐唱过世间只见藤缠树，哪见大树缠青藤？一旦缠上，左拥右抱的藤树交加出一道零距离的亮丽风景，美足美矣，但青枝绿叶下一朵朵美艳如血的温柔红唇，给予寄主的却是死亡之吻。有担当弱小生命的体量，何妨就做一次菩萨，但若遇了夺命的绞杀者便不能自救了。热带雨林中的藤本植物，都有极强的攀爬本能，借助寄主的生命能量把自己喂饲得遮天盖地，那些气概干云体量庞大的原生树，却被那纤细如柳如竹的小女子吸榨得腐朽糜烂，自己的生命体全化作了小女子枝叶摇曳红花招展的养料。学学北斗星，身边的招摇二星那么亮，成天在眼皮子底下招啊摇的，但北斗星不受这个红袖招、珥步摇的诱惑，永远保持原始距离，尽管一年365天的参横斗转，但怎么转都只走自己的路，所以从未失却自我。好在坛周古柏多多，缠死几棵也不算焚琴煮鹤，反倒为地皇诸神大清列祖多增了一道赏心悦目的风景，而他们是从来无忌于夺命之血腥的啊。

地坛公园在新中国成立后的复修、养护、建设规划与管理都是一流的。一条东西道把地坛公园切分成南半球与北半球，南区为祭祀区，北区则是一个大花园。或者说整体上就是一乔灌草结合的立体大花园。松、柏、榆、槐、桐古木参天气象森森；春日里白杨起东风，碧柳摇春晖；春夏间的七叶树、花揪、元宝枫、白玉兰、海棠、蝴蝶槐株株花枝招展；尤其是西北隅处的栾树古木林枝冠相连，巨大的花序，在晴空下堆起了一座"北京的金山上"，秋日里则结出一树树褐色蒴果不让枫叶流丹；北二道门内的几株古棠与梨树繁花如雪；秋日里的银杏树奉献出葡萄串般的果实，俄尔为游人铺出一条条黄金大道；西门古广厚街两侧高大的紫叶李，花娇叶美美不胜收……这些高大树种垄断了地坛公园的天空。而更为美艳的则是那些占据了第二层空间的亚乔木与花灌木树种。

西门内路北的碧桃花初春开得如红云烧天；有无穷花之称的藕荷色白色的木槿花如蝴蝶翻飞，一直绽放到晚秋还开不尽；四五月间的牡丹园姹紫嫣红开遍，虽规模不及景山、颐和园，但花色不让、品种齐全；流苏、女贞、珍珠梅等细碎的花果别是一种神韵；最美艳的则是北区那些高大树种下悄然绽放的紫叶晚樱，花红似火花繁叠垒无间先叶而开，构成了地坛春日画卷中最为浓艳的色块。而这片土地的真正地主则是那些数不清的各色草本花卉与草坪，创造了真正的"地之美"。尤其是东北角上养生园内的那些中草药花卉，开得是那么奇特。山雀、斑鸠、鸽子、蜡嘴鸟、花灰喜鹊，翻飞于巨树与草坪之间的净土乐园中。

地坛，北京的一座植物园，据说花木品种多达百余种，但最让我情有独钟的，却是北区偏北部几株高大元宝枫前那棵矮小的重瓣樱花。虽几如地坛花园中的一介侏儒，但春日里却盛开出千朵万朵压枝低的花儿来。重瓣大花洁白如雪，颜面上一抹淡淡的绯红，谈不上色，也无艳可陈，但开出了一种丰神雅韵。清雅，也许是阴柔之美的最高境界了吧。18 世纪普鲁士那位一生没谈过恋爱，却大名鼎鼎的哲学家、美学家康德就讲过，"崇高必定总是伟大的，而优美却也可以是渺小的"，崇高美会给人"一种惊愕的感受"，而优美则会让人"有一种战栗的感受"，并由此而"激发人们的爱慕"，"也不仅是使他迷恋，而且同时还引起他的惊奇，从而使他感动"。这株渺小的樱花让我"爱慕"了、"迷恋"了、"战栗"了、"感动"了，于是几年间年年来看它春日里的绽放，夏日里的花飘，秋日里的叶落，冬日里寒风中的瑟瑟……不知它今日是否还在，是否已经长大，地坛中的那棵白樱花，地坛花国中的藐姑射，永远的忆念。

感谢地坛，让我们得以领略这么多的美。席勒曾讲过："美是我们的第二造物。"人之所以没有像猪狗禽兽一样地生存，得以独秀于天地五行之间，就在于大地不仅为我们创造了以人的方式生存的物质条件，而且为我们创造了美的存在。正是美，才使人得以称其为人。还是感恩地球吧，为我们准备了那么多的水，海洋面积占了地表面积的 70％；又为我们准备了那么多的草原、森林，占据了陆地的50％。迄今为止，在人类已知范围内，有哪个星球有如此丰赡的天赐呢？人心苦不足，已把地球败坏得千疮百孔，还是在不止不歇地索取；还要到那些根本没有生存条件与可能的星球上去掠夺、去迁居。克里希那穆提被吹捧为人类的心灵导师，但在他所有演讲中，有用的只有一句话："重新认识你自己"。人类也许更需要重新认识地球，真正把它当成自己的家园。

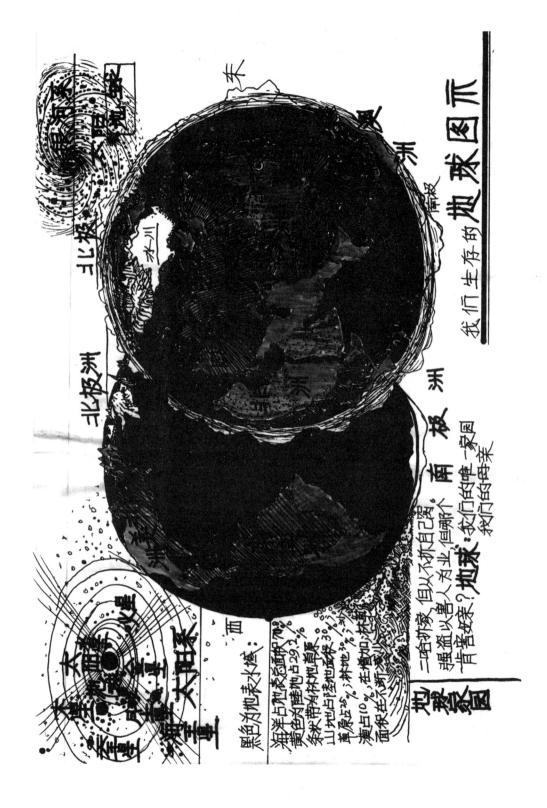

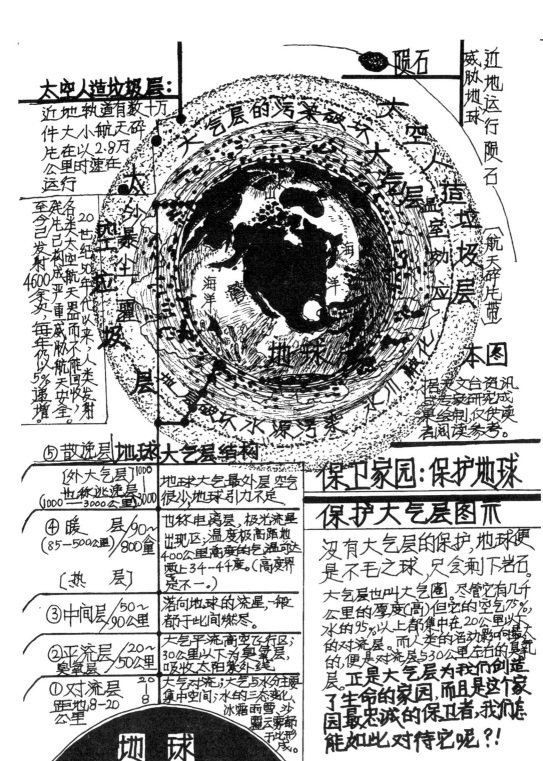

陨石 威胁地球 近地运行陨石

太空人造垃圾层：

近地轨道有数十万件大小航天碎片在以2.8万公里时速在运行

至今已发射4600余次，每年仍以5%递增

20世纪50年代以来，人类发射各类大型航天器构成严重威胁航天安全。

太空人造垃圾层

大气层的污染破坏

太空人造垃圾层

大气层温室效应

〔航天碎片带〕

本图据天文台资讯及专家研究成果绘制，仅使读者阅读参考。

地球

海洋

破坏水源污染 冰川融化

⑤散逸层 地球大气层结构

⑤散逸层 〔外大气层〕1000 也称逃逸层 3000 (1000—3000公里)	地球大气最外层，空气很少地球引力不足。	
④暖 层/90~ (85-500公里)/800童 〔热 层〕	也称电离层，极光流星出现区，温度极高距地400公里高度的气温可达零上34-44度。(高度界定不一。)	
③中间层/50~ 90公里	落向地球的流星，一般都于此间燃尽。	
②平流层/20~ 臭氧层/50公里	大气平流高空飞行区；30公里以下为臭氧层，吸收太阳紫外线。	
①对流层 20~ 距地8-20 8 公里	大气对流；大气与水分主要集中空间；水的三态变化，冰雹雨雪沙覆云雾都于此形成。	

地球

保卫家园：保护地球

保护大气层图示

没有大气层的保护，地球便是不毛之球，只会剩下岩石。

大气层也叫大气圈。尽管它有几千公里的厚度(高)但它的空气75%，水的95%以上都集中在20公里以下的对流层。而人类的活动影响最大的，便是对流层与30公里左右的臭氧层。正是大气层为我们创造了生命的家园，而且是这个家园最忠诚的保卫者，我们怎能如此对待它呢？！

第四集　月亮：照彻人间悲欢离合爱恨生死的伟大诗篇

——京城观超月全食寻访夕月坛泛谈中外"月神话"故事

猗欤太阳兮御望舒，式遵九道兮游清虚。
驾冰轮兮行西陆，今之夕兮来飨予。

彩驾霞兮骖景星，御和风兮蹑庆云。
神欲起兮不再停，瞻天衢兮拜云程。

影遍埏兮光澄清，飨予诚兮意殷勤。
予所祝兮世太平，偃武修文兮万世长春。

——[清]效庙祭乐《夕月七章》选三

月球，太阳系173颗卫星中的第五颗，在卫族诸神中的位次比较靠前了。但卫星这个诸子百家，在拥有八大行星几十亿天体的庞大家庭中又算什么？而且卫星不过是行星的跟班、仆从、婢女，至高也就是星族中的第三等级吧。但月球例外。

——题记

一、天上的婢女，人间的美神传奇仙娥

在与月球远离30余万公里的人世间，它不但一点儿都不卑微，且被尊奉为天界神祇位列仙班。在中国连九五之尊的君主帝王，都要年年请她吃饭——"今之夕兮，来飨予"。这是自西周以来留下的一个民族传统，皇家在春天祭朝日，秋天敬夕月。就是说早晨祭日，晚上祭月，所

以月坛也称夕月坛。直到明清之际，北京城中的夕月坛，仍与天坛、地坛、日坛、先农坛并列为皇家郊祀的五大神坛。天坛最为辉煌，地坛次之，日坛尚有坛可寻。先农坛已变为北京古建筑博物馆，但明清殿台祭所最为完整大大可观，只是巷子太深，左拐右拐的宣武区南部的东经路21号。至于月坛便惨了，只剩下封闭占用的坛址，外侧变成了公园。即使如此也尚有可观者，毕竟是天地日月不可或缺处，是皇家祭月之处，建在今日西城区阜成门外的月坛街6号。月神在皇家的地位还是很高的。而在民间不仅几千年前便有拜月的传统，更不知为她众口相传出多少美丽的神话故事传说。不知在这世上留下了多少传奇诗篇。

其实，月亮本身就是一部传奇，一种诗篇，一曲余音绵绵了几千年的檀板雅歌官民两倡。而且更是一个古今未解的弥天大谜。自公元前350年间，屈原就发出了"日月安属，列星安陈"的"天问"。2000多年来的所有天文学家对它从哪里来，仍没有给出一个明确的答案。时至科学昌明的今天，所有的七嘴八"说"，说的都是"假说"，都是比迷离的月光更为扑朔的种种天然、非天然间的或然。

不管怎么说，月亮是很了不起的。太阳直径是它的400倍，体积是它的6500万倍，但在世人眼中，月亮和太阳的主神是一样大的，并把它们看成"月恒日升"的兄妹，西方人则把它们视为同母孪生兄妹相看——太阳神阿波罗、月神狄安娜——诸神中的两个亲兄妹神射手。

太阳对它的引力虽然比地球对它的引力大两倍，但它只跟着地球走。尽管是一种绑定，但也悄悄地一点点向太阳靠近，说不上是何年何月的哪一天，它也许会不顾一切地扑入太阳的怀抱。地球，被闪了；人世间也就惨了。而月球既没被太阳吸附，也没被地球所俘获，大概缘于一种合适的距离吧。看来，距离不但是独立的先决条件，也是自己不受伤害亦不伤害他人的一道双保藩篱。时髦的零距离已被扫进垃圾箱也是必然。人际无须走得太近，就像日、月、地三体那样不离不即地恒久守望，不也很好吗？

在世人眼中，月亮是如此美奂，但在20世纪之前，谁会想到它只是一片遍布环形山与寸草不生的月海平原呢？尽管它自身很贫瘠，但从不吝惜为他人作嫁衣裳。它没有光能，只有靠太阳哥哥的爱惜把余光给它照亮夜路，但它借得的光却不是为了照亮自己，而是毫无保留地洒向人间。为30余万公里之外的人们照亮夜空，有如天上的灯塔，为人世间错过宿头的旅人照亮道路、指引方向。并用这天光的经纬，在天地间织就一幅淡如霭雾、清似烟霞般的光纱，在暗夜中为世间铺设了无边的、如梦如幻的清虚美景，装点着夜空下的山川畴野乡邑村舍……不知为遍布苦难的人间，平添了多少美奂和希望。

二、逃不脱宿命锁定的天体与人间想吃月亮的"疯狗"

宇宙间也许有一种不易的制造定理：创造美的，也会同时使自己变美——于是，这片不毛之地成为世人心中的天堂；连满脸的环形伤疤与一身的撞痕陨坑，也在美的光雾中，幻化为皎洁的冰轮玉盘，渲染出一副美女仙葩的面庞。世人不知为它创作了多少赞美的华章。而现代科学告诉我们，的确不只是审美的范畴，而是石破天惊的生存定理：

没有月球的伴生，地球上便不可能有人类的存在。而且这不再是那种或然的"假说"。

是的，月球不过是地球的卫星，但它既不是跟班，更不是奴婢，而是造物把它锁定为同行的伙伴。尽管30余万公里的跨度在无限大的天球中并不算遥远，但谁能想到一行一卫的两星却锁定在同一个运行中心点上。不管哪一个如何长袖善舞，但脚跟却从不离开这个"点"。

天体，也逃不脱宿命的锁定。

尽管月球的引力只及地球引力的1/6，但这1/6却对人类的生存具有非凡的意义。魅力也许并不全然取决于体力，这1/6主宰着地球上海洋洋流与种种潮汐。地球上的海洋火山与地震竟然与月球的这1/6引力有着莫大干系，且地球上的潮汐与洋流不知为亿千万年前海洋生物的登陆加助了多少推力，才有了人类登上历史舞台繁衍生息。

更伟大的是，最早的地球转速高得根本不适于生命的生存。正因有了月球的1/6引力，才使地球的转速变慢，渐渐地创造出适于人类生存的条件。而且正由于这1/6的引力拉偏了地球的地轴，才使地球四季分明万物生长；正由于这1/6的引力形成的地球潮汐，才使地球形成了超巨磁场的"保护盾"，使地球上的生物免受球外宇宙射线对生物的灭绝，否则只需一阵太阳风便会瞬间毁灭一切。

可是在现代科学昌明的时代，却出现了一种"摧毁月球"的狂妄计划：一是，俄罗斯的一位天体物理学家克鲁因斯基，他认为月球是地球的枷锁，是地球的寄生虫，是地球灾难的制造者，摧毁月球，才能使地球成为人类生存的天堂。他认为由于月球的引力把地轴拉歪才有了四季中的寒冷。消灭了月球，便消灭了饥饿与灾难，沙漠会变成绿洲，地球便会有永恒的春天。理由有两个：其一因为有四季，让俄罗斯太寒冷了；其二，俄罗斯那么多核武器留着也没用，不如放到月球上引爆，把它摧毁。

二是，美国某州的大学数学教授阿比安。他认为摧毁月球是不可避免的，而方法同样是在月球上引爆原子弹。

传统世界中，只有"天狗食月"之说，但在现代社会却出现了两条"疯狗吃月亮"的计划。在现代世界中最该死的首先是这一类疯狂的科学家，现当代所有对人类危害最大的项目、事件，哪一个不是出自"科学"之手呢？于今的"科学"已成为危害人类、破坏自然的罪魁祸首。这些"疯狗"比贪官更可恨，比流氓更卑鄙，比商人更无耻无德。

三、2018的"超红蓝"血月天文大餐

2018年1月31日夜，一场月全食的天文大餐，引发了各类媒体的关注，真如天女散花、大雨瓢泼，且快如八百里驿马红旗报捷，一场名副其实的彩云追月、流星赶月、长枪短炮射月的天象大传播。

也是天公作美。

是夜，北京的上空一反常态，以往灯晖下那袭尘浮霾重的《皂罗袍》，翻作了碧海青天万里《天净沙》，无一缕风丝云片。且一场天文盛宴从乌宿河边树人约黄昏后开宴的始食，流水席一直摆到了入夜22点，直到老

兔寒蟾伴嫦娥玉面步摇月满中天复圆。使普天之下人人皆可看一次日全食的全过程，而丝毫不影响睡眠。有道是"春打六九头"，还有三天便立春了。虽然离京师二月兰盛开还大有时日，但腊七腊八，三九四九都已成为历史，天气明显转暖，就是在室外站两个小时也无大碍了。何况这次日全食又是"三美俱全"：

其一，"超级月亮"。因其全食时离地球最近，便显得最大于平常。肉眼虽然很难感受到35.7万公里之外月体视大小的变化，但视差是存在的。人对物体的目测是受距离远近影响的。但所谓"超级月亮"也还是原大。其实，世事的表象也多只是在人眼中而已。

其二，"蓝月亮"。并非说此时的月体颜色是蓝的，所谓"蓝月亮"，只是天文学家对由阴阳历计算与月球周行的月差倒挤出来那次月圆日发生全食，所给予的一个美丽的非色彩性命名。而今天的圆月恰恰是"今夜月色"。有人很搞笑地调了个蓝色月亮，也是一种浪漫吧，算不得伪美欺骗。

其三，红月亮。月食的月球进入阴影后，由于太阳光谱中，红色光波很长，具有很强的折射与散射能力，这种红色光波的余波散射与空气折射光，洒在处于地球阴影中被遮光了的月体上，便使月体变成了橘黄渐至铁锈红色，而非正红、大红色，与血红更不搭。也有依传统迷信凶兆说法为"血月"的。

不管怎么说，"超、蓝、红"三俱一体联袂现身还是难得一见的。有人说第一次三俱一体现身于1866年3月31日，至今已有150年之久。虽然这并不是规律性周期，却无疑大大增加了它的神秘色彩。

一家人在晚饭后八点前下楼去看这次月食。刚好仍在初亏阶段，月亮像是被咬了第一口的月饼；不久便在夜空中只剩下极细极亮的一弯下弦小月牙边儿，被吞侵部分则显现出橘黄色、古铜色。八点前后便完成了全食，镜头中的月亮则完全呈现出一团铁锈色，红中透出一片片黑色的云翳，色彩越来越重，越来越暗。但月亮很快走出了阴影，一点点生光、复圆。十点钟以后再拍的图像便是"十五的月亮"了，圆圆的，亮亮的，轮廓内一片片云翳状的环山月海影像，随着渐行渐远而越来越淡了。

四、苍生对月的审美幻想与献愁供恨寓言人生

　　口食、月食本是十分正常的天文现象，也是全球性的，但由于它的罕见性、奇特性与古代人认识能力的局限性，因而在世界各地都产生了各有民族特色的"天狗""天狼"吃月亮的神话，而且形成了许多美丽的传说，以致在人类的社会生活中出现了月神崇拜、月神迫害、月亮文学等众多人文现象，而且这些现象又多是由月亮自身的天文现象所引发的。

　　而我们所见的月食现象仅仅是这曲大合唱中的一个小插曲。月球，这种宇宙天体的存在，对人类生活的诸多领域都产生了很大的影响，随着社会文明的进步，月亮由原始的自然神崇拜一步步演进，成了人们生活中的一个重要审美对象，更由远古时代的民间口头文学神话传说，进入了正统的文学创作领域。

　　唐代罗隐诗中的"嫦娥老大应惆怅，倚泣苍苍桂一轮"与李贺的"老兔寒蟾泣天色"，似乎讲的都是一回事：嫦娥想念凡间的家了，落泪了。蟾蜍成为月亮的代表符号和标志，与嫦娥密切相关。传说嫦娥偷药升天后被罚变为蟾蜍，甚至有蟾蜍与玉兔都是前后嬗变的一回事之说，它们的职责都是为西王母捣药。

　　而辛弃疾诗中的"斫桂"句，讲的则是汉代吴刚学道故事。此人很懒惰，又不专心修仙。天帝很恼怒，便罚他去广寒宫中伐月桂树，树倒才让他自由。没想到那棵桂树不但五百丈高，而且随砍随合。这个吴刚也只能成为中国的西西弗了。

　　关于月亮的种种传说，不但成为古代诗文中经常引用的典故，而且被一步步引申为生存哲学意义上的"寓言"。如曹操的"月明星稀，乌鹊南飞。绕树三匝，无枝可依"；宋代吴潜《瑞鹤仙》词中的"身世事，但难准。况禁他，东兔西乌相逐，古古今今不问"——一个是日暮无巢可归，像是错过了宿头的天涯游子，独自悽悽惶惶在山林中寻寻觅觅；一个是古今不问地只顾向前走，人的命途归宿却不知在何处。都是蹭蹬命途同样的怅惘悲凉客。在这里，月亮都不可或缺地成为背景天幕。"月明"，

天高；"星稀"，孤寂；东兔，月升；西乌，日落。

在这里，月亮都只是一种心情的象征与陪衬。下面的两首《咏月》诗却是一种人生的"寓言"：

> 昨夜圆非今夜圆，却疑圆处减婵娟。
> 一年十二度圆缺，能得几多时少年。

——［唐］李建枢

> 月轮端似古人心，皎洁高深处处临。
> 纵在波涛圆缺定，照尘尘亦不能侵。

——［宋］释樟不

如月亮这般美好的自然存在，一遇到人生话题，就变得沉重、伤感起来。军爷出身的韩世忠就呐喊着"把唾壶敲碎问蟾宫，圆何缺？"而屈原则问天说"夜光何德，死则又育？"把月亮的圆缺看作死而复苏，每个月都有一次生死循环。一种美丽的存在，常常就这样成为世间人献愁供恨的对象。

想起了初入职场时我的业务老师，早已做古的张姓讳名俊禄老先生。至今还记得听过他背诵的"秋月如镜，普照万方。佳人喜其玩赏，盗贼厌其光辉。天尚且不尽如人意，何况人乎？"人啊，据说原来有三只眼睛，第一只审美，第二只审丑，第三只是慧眼，是主宰眼。后来人丢了第三只眼睛，让马王爷拣去了，所以有"马王爷三只眼"之称。

人丢了慧眼，尽管眼球仍是黑白分明的，但常常把是非混淆，而心情便成了眼睛的主宰。（姑妄说之）滟滟随波千万里，何处春江无月明！月照花林皆似霰，皎皎空中孤月轮。张若虚一首《春江花月夜》，摹尽了月下春江花林的人间仙境；而李煜的一句"春花秋月何时了"，却会把人一棍子打入十八层地狱。何也？心境不同。同是牡丹亭前，同是一个杜丽娘，做了个好梦心情高兴时，便满眼都是"最撩人春色是今年，少什么低就高来粉画垣，原来春心无处不飞悬。睡荼蘼抓住裙衩线，恰便是花似人心好处牵。"心情不好时，眼中的粉画垣顿时变成了"断井颓垣"；

虽然同样地"姹紫嫣红开遍",心里头却溢满了"锦屏人忒看的这韶光贱"与酸酸楚楚的"啼红怨"。而在游园前梳洗打扮后又顾影自怜道:"可知我一生儿爱好是天然,恰三春好处无人见。不提防沉鱼落雁鸟惊喧,则怕的羞花闭月花愁颤。"

这沉鱼、落雁、羞花、闭月,却讲的是古代四大美女的典故:"沉鱼"讲的是西施的故事,说是西施去溪边洗纱,鱼儿看见她的美貌而自惭形秽便沉入水底;"落雁"讲的是昭君出塞的故事,说是天上的大雁看见盛妆骑行的王昭君之美貌,只顾伸长脖子傻看却忘记了振翅,结果都从空中掉到林子里去了;"闭月"讲的是貂蝉的故事,月亮觉得比不上貂蝉的脸蛋儿,便躲到云彩里去了;"羞花"讲的是杨玉环触摸花朵时,花见了她的美貌都自叹不如,便害羞地把花瓣合上了。其实,西施浣纱,肯定是人把鱼吓跑了;昭君出塞走到落雁的那个地方,肯定是大雁迁徙途中的落脚点儿;貂蝉拜月那天是阴天;杨玉环恰好摸的是含羞草的花。而貂蝉拜月至少说明中国人不管心情怎样,总还是以月为美的。而且常常成为人们许多美好情愫的寄托。

五、"最美的月光诗"与"千里姻缘一线牵"

伟大的诗人歌德在他 65 岁时(1814),际遇了最后一位情人法兰克福的舞蹈演员爱诗的苏莱卡(玛丽安涅·封·维勒玛)。歌德迁居海德堡后,苏莱卡突然来看他,两个人在 1815 年告别时立下一个十分浪漫的约定:每次月圆时,两个人都同时去望天上的月亮,那样就等于一次晤面。在1828 年,他写给苏莱卡的那首诗就冠名为《给上升的满月》。诗中后半却写道:"请露出边缘 / 像星星窥望 / 证明我是被人爱着 / 即使爱人远在他乡 / 升上来吧 / 更亮地照耀 / 倾泻下壮丽无比的清光 / 不管我的心痛苦地乱跳 / 我觉得今夜幸福非常。"写这首诗的日期是 8 月 25 日。今年的 8月 25 日恰恰是农历七月十五月圆日中元节。看来,至少已 79 岁的歌德还在信守着 1815 年的约定。歌德还有一首著名的《对月》诗,前四节如下:

你又把幽谷密林注满了雾光，
你又把我的心灵再一次解放！
你用慰藉的目光照我的园邸，
就像知友的眼光怜我的遭际。
哀乐年华的余响在心头萦绕。
我在忧喜中彷徨，深感到寂寥。
流吧，可爱的小溪！我永无欢欣，
嬉戏亲吻都消逝，更何况真情。

后面还有两小节，略去。

这首诗被称为"最美的月光诗"，"抒情诗中最高的杰作"。该诗是作者写于1777年夏季，歌德当年还是一个有过两次失败的恋爱已28岁尚未成婚的青年。但由于诗人已在两年前被聘入魏玛公国宫廷任高官。在这里他爱上了比他大七岁已有七个孩子的太后宫中女官斯坦因夫人。虽然两人之间只柏拉图了数年，但歌德是真爱上了斯坦因夫人。不但为她写下了这首《对月》诗，而且反复修改了10年到1787年才定稿，并由舒伯特等一批名家为该诗作曲、演出。直到他40岁结婚时，仍为斯坦因夫人写了一首《泪中的安慰》：

人们不想摘下星辰，只要欣赏星光。
每逢遇到晴天夜晚，总要欣然仰望。
我也这样欣然仰望，不知多少白日。
让我每夜哭个痛快，只要我能哭泣。

这轮只有苍凉的照耀而无温暖的宇宙天体，千百年来不知唤起人间多少诗情画意，被世人寄托了多少不了的情肠。也许因它的高高在上，也许因它被界定了女人的属性，也许因它清柔神秘的目光在投向人间时，化为丘比特的神箭，成为美的使者。在中国民间，这个使者便是著名的"月老"，称月下老人，也称月合老人。"天上无云不下雨，地上无媒不成亲"，这个月老便是普天下牵红线的公众大媒。据说唐代有个名为韦固的书生，婚姻屡屡不顺。一次从老家杜陵跑到宋城去与潘家小姐议婚。约定见中介人那天怕误卯，在天没亮时便顶着月光来到与中介人会面的一座寺前。却看见一个老人在月光下看书。这位书生凑近看那书上的字一个也不认识，便询问老人这是什么书啊，怎么一个字都不认识？老人笑了，这不是人间的书，只有我们冥界的人才能看懂。书生吓了一跳但不相信，便问冥界中人怎么能跑到这儿来呢？老人答道，我们管人间事各有职司，怎能不到人间来？夜间在这路上行走的一半是夜行人，一半是鬼，只是你认不出罢了。书生又问老人管的是什么事？老人说是婚姻大事。书生并没当回事，只当遇到占卜算卦的，便询问与潘家议婚是否能成。老人却说不可能，你的夫人今年才3岁，要等到14年后才能进你家门。书生又问此女可否一见。老人便领他走到菜市场，指着一个盲夫人怀抱的小女孩说那就是你的夫人。小官人不用急，急也没用，你们两人的足间早已由红线拴定，你就等等吧。老人转身而逝。

这个韦固不怎么善良，一想还要等14年，便命仆人去杀了那个小女孩，没想到只刺伤了眉间。韦固便以为那个小女孩已被杀。14年后，韦固已因袭父职成为相州参军，州刺史王泰便把女儿嫁给他。婚后听夫人自述才知道，此女便是14年前他要杀的那个小女孩。由于不断的变故，她辗转流离被州刺史收为养女，而非亲女。此事被唐代小说家刊印于册，普天下便有了"月下老人"的传说，以其为天媒。

月亮不仅在民间成为婚媒的象征，而且也是人们寄情托意的信使，于孤独空寂中相伴的朋友。在前人留下的诗篇中可寻得佐证。如"海上生明月，天涯共此时"；"我寄愁心与明月，随君直到夜郎西"；"江畔何人初见月，江月何年初照人？江月年年只相似，不知江月待何人"；"闻道欲来相问讯，西楼望月几回圆"；"明月几时有，把酒问青天"，"但愿人长久，千里共婵娟"；"举杯邀明月，对影成三人"；"料得年年肠断处，明月夜，短松冈"……人间生死别离五伦七情，尽载于一轮明月之中而绵绵不绝。中国的月亮在世人心中不是神，而是爱的信使、朋友、陪伴者、照护者。古人咏颂月亮的诗词名句多如牛毛，无法一一列举；更衍生出众多的成语故事，形成了一种月文学、月文化。

六、月亮与大海怎样避免了一场"血色接吻"的悲剧

被流放的屈原在怀念故都之作《抽思》中，有这样的诗句："惟郢路之辽远兮，魂一夕而九逝。曾不知路之曲直兮，南指月与列星。"这说明古人夜行以月亮为导航。月亮对人的导航功能在方位，但对许多迁徙动物、鸟类的导航，却靠着它们自身微弱的磁场。这个课题似进入了月球生物学的范畴，且成为当代国际太空航天研究的重大课题。月球磁场虽弱，但地球与月球间的引力是很大的。据科学家们的计算，如果地壳的密度、厚度与海洋深度都均匀一致，月球的万有引力就会把地球拉扁。如果那样，海洋也许早被拉飞，直接去和月亮女神接吻了，而免去一年三百六十天，朝夕奔跌着的那份远隔35万公里一厢眷恋的痛苦。不过，为了好好地活着，千万别期待着这场血色的接吻。我们得感谢马里亚纳海沟族群与喜马拉雅山的子子孙孙在地球上制造了不平坦。千万别让愚公移山与精卫填海这一老一少害了我们。保护青山，保护海洋，便是全人类最大的福音。人类别有太多的幻想与不满足，造物无言却有情。人类若想胜天，就是作死。天作孽尚可活，人作孽不可活。古人比现代人聪明多了，天老爷饿不死瞎家雀，学会接受，接受自然的造物。大自然给了我们山，别老想着移平；大自然给了我们海，别老想着去占领。一切都搞平了，人类也就把自己平了。须知"平"就是毁灭的别名。思想家们、科学家们、政治家们，开发者们，别以为自己聪明，人类自从进入后工业社会的市场经济时代，已集体失聪亡慧变得愚不可及。当今世界唯一缺少的是一种超级扼制力量。人类自身若不能拥有，大自然就会出手，但它的出场费，人类付不起啊。

杞人之忧。鹧鸪鸟与寒号鸟的歌声都不如百灵好听，但却唱出了一种大哲人的韵调。

由月亮自身强大的引潮力在地球上形成的"一年三百六十回，杭州老去被潮催"的潮汐现象，不但引发了人们对生命流逝的感叹，而且延伸为一种对爱情不止不歇的追求。月亮虽然只是一种美丽而苍凉的千古照

耀，而且高高在上毫无温暖（月圆时有点温度），却吸引着狂傲的大海年年岁岁日日月月地奔流潮涌、奔腾不息。被弄得比那些"跪求"者还可怜。佛门有刺血写经的虔僧，情门中竟然有以血和墨为自己最爱的女人作画《大海与月亮》的情痴。更有神话传说：十日当空时代，夜里只有一个月亮孤独地在夜空中奔行照耀。十个太阳却都爱上了月亮，便向玉帝要求去陪伴月亮同行。玉帝给出了一个条件：你们中只能有一个去陪伴月亮，但必须先粉身碎骨。九个太阳先后悄悄溜走，大殿中只剩下一位因渴望、坚守而如愿。呵，难怪是满天星光灿烂，原来星星都是太阳碎片变的啊！于是，月亮不再孤独地碧海青天夜夜心了，夜夜都有满天星斗的陪伴。

七、古希腊罗马月神凄美的爱情故事与诸神的命运

月亮女神狄安娜，在古希腊与罗马神话中都有极高的地位，是宇宙之神宙斯的女儿，与太阳神阿波罗是同母孪生兄妹。这是各国月神中唯一不受迫害且十分野性的，由原始山林女神演化为猎神、月神的形象，也是著名的童贞女神。尽管她发誓终身不嫁，但也为后人留下了两段悲美的爱情故事。

狄安娜喜欢带着猎犬狩猎，在山林中与同样喜欢狩猎的海神波塞冬之子俄里翁相遇，便经常共同狩猎而日久生情。海神之子向狄安娜求婚，狄安娜便向哥哥阿波罗去征求意见。阿波罗很痛恨俄里翁追求他的妹妹，便想害死这个俄里翁，但天后赫拉比他先出手了。因为这个俄里翁十分骄狂自大，到处宣称天底下没有比他更强大、更优秀的猎手了。这话传到赫拉耳中让她很生气，便派了天蝎去毒死他。半路上这条毒蝎却被武仙给踩死了，俄里翁逃过一劫。阿波罗则不断在寻找机会谋害他。一日两兄妹在海天漫步，阿波罗看见俄里翁在海上浮游逐猎，便指给狄安娜说：那里有条恶狼在追鹿。狄安娜目力不及阿波罗，只能看见一个黑点在移动，便引弓搭箭射去，因为她是鹿的保护神。没想到射死的却是她所爱的人。痛不欲生的狄安娜求得她的侄子太阳神的儿子神医阿斯克利把俄里翁救活。

俄里翁虽然被救活了，却惹怒了冥王哈迪斯。哈迪斯找到他的弟弟宙斯来告状。因为哈迪斯、宙斯、波塞冬三兄弟的权力是各有分野的，一个为冥神，一个为天神，一个为海神，互相不得越权。宙斯没办法，便用雷电击死了神医与俄里翁。

月神狄安娜的另一则爱情故事，则是著名的"狄安娜洞穴"：狄安娜爱上了人间的一位牧羊美少年恩底尼昂，夜夜在他熟睡时来陪伴他，爱抚他（月光照耀）。想到他是凡人总有一天会老去，便到宙斯那里为他乞得青春永驻。但她忘了为他求得长生不死，所以这位牧羊少年虽然几十年仍没有衰老，却终于失去了生命，变成了"植物人"。悲哀的狄安娜把他移入山中洞穴，夜夜来守望，并看护他的羊群不受侵害。从此狄安娜终身未嫁，成为神话中的"三大处女神"之一。

尽管这位月亮女神为我们留下了凄美的爱情故事，但千万不要以为狄安娜是一位很善良的女神。这位月神与其他月神不同处，不但野性十足，而且十分血腥残忍。她至少背负着两大"血案"：一是把一位看见她裸浴的优秀猎人变成了一头鹿，让他被自己的猎犬活活撕碎；二是和她的哥哥阿波罗一起共案，把古希腊底比斯王国美丽王后尼俄柏的七儿七女全部射死。连最小的少儿也没放过。阿波罗射杀了七位小王子，狄安娜则亲手射了七位小公主。孩子们的父亲自杀，尼俄柏抱着死在自己怀中的最后一个小女儿，僵化为一尊永远流泪的石像。如此惨案的起因，只是这位骄横自大的王后宣称自己比太阳神、月神之母勒托更美、更幸福；阻止人们崇拜勒托；并讥讽勒托只是个被抛弃在荒岛上的小三。尼俄柏式的女人当记取西塞罗的名言：地位越高的人越应低下头来走路；狄安娜式的女人则应记取"得饶人处且饶人"的古训。

与这位月神狄安娜相关的还有几个星座的命名。

那位侵犯了冥王权力的神医阿斯克利，在被宙斯击毙后，升为天上的蛇夫座。因为他生前从马人喀戎那里学得高超的医术，又从蛇的冬眠不死，悟得起死回生之术；也有说他常用一条花斑蛇为人治病，所以便被命名为蛇夫座。这是一个形如长蛇，横跨赤道南北的大星座。那么他的师傅马人喀戎又是一个什么人物呢？

古希腊神话中有一个人面马身的肯陶洛斯族人被称为马人。这个族别是一个以抢劫为生而且十分好色的野蛮部族，又都是擅奔善射的猎手。但这个野蛮部族中却有一个另类：大贤而技艺万能的人物——喀戎。他是时空古神克洛诺斯与女神菲吕拉所生的神灵。与宙斯是异母兄弟。由于克洛诺斯是以马的化身与菲吕拉交配所生，所以为半人半马的身形。父亲因为妻子的攻击而逃走，母亲则在生育后化为椴树，喀戎生来便成了孤儿，在皮力温山洞里长大。这位马人有如中国远古的大隐士，在山洞中修悟得万能一流技艺，开馆授徒。古希腊神话中传说的大英雄赫拉克勒斯、阿喀流斯、伊阿宋、忒修斯、双子座兄弟，乃至医神都是他的亲授弟子。喀戎称得上古希腊神话传说中的"英雄之父"。他的第一大弟子赫拉克勒斯艺成下山时，喀戎送他一副无坚不摧战无不胜的神弓。赫拉克勒斯以此弓射杀九头蛇许德拉时沾上了魔血便更为毒辣。赫拉克勒斯在一次追杀抢劫的马人时，适逢喀戎也来劝诫他的族人。当箭穿透一个马人时，误伤了喀戎的脚趾，让他终生疼痛不止。赫拉克勒斯为了解救被宙斯锁在了高加索山上那位日夜被神鹰啄食肝脏而随啄即合的普罗米修斯，便用这支箭射死了神鹰。但要解放普罗米修斯，还得满足宙斯的一个条件：要有人甘愿做他的替身。马人喀戎为了解除自己的痛苦，也让普罗米修斯获得解放，便甘愿献出自己永生不死的权力给普罗米修斯。于是宙斯把替死的喀戎升为天上的人马星座，也称射手座，成为黄道十二宫中最著名的星座。但把这位英雄与《神曲》中的冥河摆渡者卡戎混为一谈，实在是一个大谬误。

与狄安娜的侄子阿斯克利一同被击毙的那位俄里翁死后，宙斯为了让他陪伴月神狄安娜，也把他升为天上的猎户座；为了解除他的寂寞，还把他忠诚绝食而死的那条猎犬升为大犬座、又配上一个小犬座，还附带一个天兔座。去毒杀俄里翁而被武仙踩死的毒蝎则被赫拉升为天蝎座。为了避免二人在天上打斗，猎户星与天蝎星永远是一升一降永不见面。猎户座中有一颗星在我国被称为参星的星；而天蝎座中的亮星，便是我国称为商星、辰星的那颗星。并有参商不相见之说。参星落时，商星才出现。人类之所以称为一个类，也许正因为有许多共同的文化意念吧。

那么那个踩死毒蝎的武仙是谁呢？古希腊神话中第一位人间英雄大力士赫拉克勒斯。他参加过宙斯反叛祖先夺位与提坦巨人的大战，宙斯因他参加而获胜。此后许多人神之战、人间大战，他都是胜利的参与者。大力士安泰与巨狮、神牛、长蛇座、巨蟹座之神、地狱恶犬都是他的手下败将。连冥王哈德斯都被他打伤，地狱之门随便出入。

三头六臂的食人巨魔被他一箭射杀。直布罗陀海峡都是他徒手掘成，他的肩膀能扛得动大山。他曾替擎天神提坦巨人阿特拉斯把天扛在肩上，让阿特拉斯替他去偷金苹果。他哪来的神力呢？他是宙斯与底比斯王后留在凡尘的私生子。也许正因此，天后赫拉从小便想弄死他，却被他弄得乳汁飞迸流成了天河。在他的血管中不仅流动着宙斯的血液，而且吸过赫拉的乳汁。又得到过马人喀戎的武功传习，还得到了雅典娜女神的武装，自然成为天下无敌的大英雄。但他却死于妻子之手。

他在为了错杀同伴去给吕底亚女王服役为奴来赎罪时，娶了美丽的公主伊阿涅为妻。马人涅索斯在背他的妻子过河时耍流氓，被他一箭射死。马人死前告诉他的妻子，把它的血粉收起来撒在衣服上给丈夫穿上，便可以保证丈夫对她永不变心。赫拉克勒斯攻打奥卡利亚时，俘虏了他的初恋情人伊奥勒。妻子伊阿涅醋意大发便把那件血衣送给丈夫。赫拉克勒斯着衣顿时身如烈火五内俱焚痛苦地大叫，以为妻子谋杀他。妻子则懊悔自杀。赫拉克勒斯死后升天为武仙星神座，天后赫拉却与他和解，把青春女神赫柏送他为妻。

那么赫拉克勒斯为什么会帮助狄安娜，踩死了那条毒蝎呢？他是狄安娜的同父异母兄弟呀。狄安娜身边有五头标志性动物——铜蹄金角赤鹿。前四头都是狄安娜亲捉，但最后一头神鹿她怎么也捉不到。最后还是赫拉克勒斯出马，但是为了追到这头神鹿，他用了一年多的时间才捉住，从刻律涅山几乎跑遍了全希腊与色雷斯。由此五头飞奔如箭的神鹿便归全于狄安娜。

八、中国月仙嫦娥怎样被现代大小文人"拐卖改嫁"与大羿真身

中国人很崇拜月亮，而且专有中秋节拜月的习俗。但中国人却谈不到什么月神崇拜。虽有其神位却无名、无讳、无故事。一直到明清之际的天地日月四坛中的月坛，也无正当香主，就是祭拜月亮的，几近于纯粹的自然神崇拜。后来总算为蟾宫安排了一位女仙宫主——嫦娥。人们世代相传，也接受了。但到了近现代，尤其是当代，一些大"家"无事可做，又对一个神话传说意象去训诂、证伪，移花接木；一些小文人又胡编乱造小说、胡说，把一个嫦娥弄得不伦不类、面目全非。

中国的神话故事，本来就是一个发育不全的产儿，多属晚生的道教神系。神话越是晚近的便越没神味儿，因为人的脑神经中理性思维的角突越发达，意象创造力便越蜕化。何况道教诸神的神话，多是有神无话；故事则是有故无事；传说便更是有传胡说了。尤以这个胡传乱说最为害人，偶尔有几则很不错的故事，让专家一考证便烤得糊巴乱啃、面目全非；有几个伟大的神话英雄，让学者大师们一训诂也便非驴非马不人不鬼了。中国神话世界最大的悲哀莫过于此。加之一些晚近不入流的小文人为了糊口赚版税的主观意淫梦笔，把诸"神"都吓跑了，还有何"神"可话？何"说"可传？

若说中国古代的神话传说就是这个样子，那是对我们先人的亵渎。大禹的父亲鲧（gǔn），是个可与普罗米修斯媲美的悲剧英雄；射日的羿（yì）与古希腊神话中的赫拉克勒斯相比毫不逊色。西方处理神话的方式把人也投入到神的海阔天空；中国处理神话的方式则是，把神也要戴上人的"三纲五常"八大枷索来拷问。中国的神话故事底本极其丰赡，关键是如何整理。把神话当历史来考据，把故事当成古文来训诂，把神界按人间来逻辑。一方面把神界当人间，一方面把什么都当成神话，那中国就没有"神话"可传，都变成了专家学者加小文人的"鬼话"了。

家藏中国神话研究集大成的现当代大师袁珂的几种本子。那本《中国神话大辞典》泱泱126万字，远过于任何一个国家的神话传说。却读来越觉中国神话的支离破碎。这是在毁灭神话。这不是袁先生之不及，

而是中国远古神话原本就支离破碎不成体系。袁先生在编选过程中也大有"中国神话材料散碎，源出诸书，问题多端"之感。这是中国神话的一个特点，56个民族各有所神所话所传所说，这是不可多得的财富，关键在于怎样梳理。可恶的是自古以来凡涉此界中人，都以标新立异为旗帜，尤其利用训诂、考证、转音和转义字来分枝嗑权；再加之一些经常张冠李戴、移花接木、乱点鸳鸯谱而无知者弄些东西到处挂贴发表，便已把中国的神话弄得有如半死不活的一潭烂泥了。有了网络，文化的传播有了最快捷的平台与工具；有了网络，文化必然泥沙俱下、鱼龙混杂；有了网络，本来已别梦依稀真伪难辨的历史，不但被塞入无尽鱼目，更有一些搅屎棍搅得臭气熏天、沉渣泛起、乱人耳目。

就是一个已举世公认的嫦娥故事，也被弄得不伦不类数不清有多少版本了。把那些考证者的东西集中起来，你就不知道这个嫦娥是谁的媳妇了，上古帝俊之妻有常羲、娥皇之称，各取一字便成了嫦娥。

把嫦娥说成什么羲和、皇娥、常羲、常仪、尚仪之说，并不是什么新发明，自清代的学究就有此胡说，一说古羲字发音娥；尚仪就是嫦娥的谐音、转音；等等。现当代一些大师级人物竟然也因循此说。神话传说是史学范畴吗？更为不齿的是，一位当代有点小名气的作家，竟然把两个羿合在一起，编造出许多离奇的情节。中国一些不自尊不自重的学者、大师们太无聊了，训诂、考据用在史学、古代汉语上大有用武之地，怎么一代代地用在了考据神话上？杜撰自然是小说家的权利，但你可以把愚公移山与秦始皇的赶山鞭，把精卫填海与杜鹃鸟骂姑的传说捏在一起吗？黔驴技穷。西方的史学家、语言学家，你就找不到一个人去考据狄安娜的情人到底是怎么死的；更不会有人去把大埃阿斯与小埃阿斯、埃涅阿斯的故事捏在一起，把他们的媳妇通用；而中国人却敢把人家的大英雄天界人马座的喀戎，打入地狱去当摆渡亡灵的卡戎，何况是本国的大羿与夷羿呢？尽管神话传说本是意象的产物，但你总得对已定型的东西有点尊重吧？怎么能把一个神话大英雄羿与历史上一个夺人国、杀人君、霸人妻的大流氓、恶棍捏合在一起呢？怎么能把一个谋害亲夫的淫妇纯狐氏当成嫦娥呢？嫦娥至多、最坏处也就是自私了一点吧？更何况未必就真是盗贼呢？中国的神话被古今这些大师、小师无知而无畏者一掺和是没救了。一位神话研究者几乎是在乞求："神话界中人，能不能别再把我们的神话搞得太乱？"

嫦娥的事离不开一个"羿"，这才是岔头所在。历史上见诸文字的有两个羿：一个是尧帝时代的射日英雄羿；一个是夏朝第五位君主太康时代的诸侯，有穷氏的东夷大首领羿。

一个名不见经传的胡说者还大批屈原，其实不可能胡说最可靠的文献就是《楚辞》。在屈原亲手所写的作品中出现的羿，至少能证明在2000多年前的公元前350年前后，就已有了这样的传说。而非后人的牵强附会。人们多所引用的《山海经》与《淮南子》则都是屈原之后的书。这两者也并非胡说，只是在不断地被后生们歪曲、嫁接。

在屈原的《离骚》与《天问》中，先后三次提到了羿。在《离骚》中提到的羿，十分明确是夏朝太康时代的那位。在《天问》中首先提到的是尧帝时代射日英雄大羿，原文只称一个"羿"字。"羿焉彃日，乌焉解羽？"就是在问：羿是怎样射落太阳的，被射毙的三足金乌死在何处？只此两句，并无其他。但此问设在大禹治水之前。接着用五节讲夏朝初史之后，才又出现了一个"羿"——"帝降夷羿"，这个羿被称为"夷弈"，与射日的羿明确不是一个人。接下来数节原文及注，讲述这个夷羿的故事：太康时代荒淫无道，东夷人的有穷氏诸侯夷羿，受命天帝为夏民除害以代夏政。因为夏王太康耽于游猎荒政害民。但这个夷羿在太康久猎不归时乘机政变夺权后，又扶立太康之侄叫作相的为帝，却由自己专政。这位相王不堪其专政逃往斟寻国，又被羿的儿子大力士浇追杀。相的妻子已怀孕少康且得以逃命。夺国后的夷羿同样骄奢淫逸。打猎到洛水边，适逢黄河河神化为白龙劫夺洛水女神，被羿射瞎一目跑到天庭去告状，天帝却责怪他失职胡闹罪有应得。而夷羿却乘机把洛神宓妃霸占。他还在射杀一头巨大的野猪后，把蒸熟的肥肉祭献天帝，让天帝十分不满。

后来羿的宰相寒浞想谋夺王位，便与羿的妻子淫妇纯狐氏私通勾结，还有一个忘恩负义的逄蒙，共同设计谋害羿。在他出猎归来时把羿杀掉后烹食，夏国便归他父子统治。后来少康长大了，起兵消灭了寒浞氏，即位称号少康，成为了夏朝的中兴君主。这就是《天问》所载的原文与注所共同描述的有穷氏夷羿的故事。

那么，对于夏代之前那位射日英雄羿，屈原并无过多描述，倒是后来的《淮南子》第八卷《本经训》做了较为详细的描述：

> 逮至尧之时，十日并出，焦禾稼，杀草木，而民无所食。猰貐、凿齿、九婴、大风、封豨、修蛇，皆为民害。尧乃使羿诛凿齿（齿长三尺的半人兽）于畴华之野，杀九婴（九首水火怪）于凶水之上，缴（箭）大风（凶残巨鸟）于青丘之泽，上射十日而下杀猰貐（食人兽），断修蛇（吞象巨蛇）于洞庭，擒封豨（大野猪）于桑林，万民皆喜，置尧以为天子。

无论是屈原，还是汉家淮南王刘安及其门客的道家作品中，讲了就这么多，根本就没提到嫦娥。有人硬拉那个与人通奸、谋害亲夫的纯狐氏为嫦娥，可以想见，道家会以她为月仙、月神吗？却不知多少人为这个纯狐做了那么多的美好补白，兼为嫦娥抹粉洗白。可鄙可憎。许多人都抄来抄去地讲，高诱注《淮南子》称："姮娥，羿妻也。羿请不死之药于西王母，未及服之，姮娥盗食之，得仙奔入月中，为月精也"。高诱是东汉涿州人，卢植的学生，一介县令，专为古经作注的名儒。比他早百年的东汉大天文学家张衡，在他的《灵宪》大作中，对于月系之故事讲得最为全面。笔者见之于《后汉书卷一百·天文上》（吉林人民出版社《后汉书》1819页注④）。注中转引他的"《灵宪》曰"：

> 日者，阳精之宗。积而成鸟，象乌而有三趾。阳之类，其数奇。月者，阴精之宗。积而成兽，象兔。阴之类，其数偶。其后有冯焉者。羿请不死之药于西王母，恒娥窃之以奔月。将往，枚筮之于有黄。有黄占之曰："吉。翩翩归妹，独将西行。逢天晦芒，毋惊毋恐，后且大昌。"恒娥遂托身于月，是为蟾蜍。夫日譬犹火，月譬犹水。火则外光，水则含景。故月光生于日之所照，魄生于日之所蔽。当日则

光盈，就日则光尽也。众星被耀，障水转光。当日之冲，光常不合者，蔽于地也，是为暗虚。在星星微，月过则食。

我们的古人真是伟大啊！2000多年前寓于神话传说中的天文知识已如此丰富而科学。

无论屈原、刘安、张衡、高诱所讲的羿与嫦娥，都不是历史，只是神话传说，根本就用不着也不可能靠训诂考据来说明什么，能知道这个神话传说的原版是个什么样子足矣。这四处引文至少告诉了我们从公元前300年，一直到公元200年这500年间，关于羿与嫦娥的神话传说就是这个样子。而嫦娥应该是射日英雄大羿的妻子；因为有穷氏那个夷羿的妻子是纯狐氏，还有一个洛神宓妃。而嫦娥更不是什么羲氏、常氏，那是古帝帝俊之妻；皇娥则是白帝子之妻，是少昊的母亲。少昊是三皇五帝中的一帝，与夏朝的有穷氏首领夷羿怎么能共有一妻？神话也好，传说也好，是不可以混淆的吧。

九、国内外"天狗吃月亮"的神话故事与传说

在远古神话中直至今日，天狗与天狼似乎是通用的。连最著名的天狼星在白令海峡、阿拉斯加地区，都被称之为"月之犬"；在星座划分上，也被划为大犬座的主星。在物种分类学上，狼至今也划在犬科门下，只是在不同场景下的应用不同。而且关于月食与狼、犬的传说几乎是国际性的。

先说最惨烈的北欧神话中的狼吞日月传说：

在北欧靠近海岸线的三界中，有个叫乌兹郭的界区，这里是一个"狼的世界"。森林中一个母狼女巨人生下的狼崽都十分残忍凶恶，常常跑到天上去啃太阳的"天光"，啃月亮星星的"夜光"。在这个界内还有一个叫芬里安的巨狼魔兽，初为诸神的宠物，长大后连主神奥丁在内的神族都制服不了它，靠欺骗手法才把它锁住。但它的两个儿子一个终生以追赶太阳为职业，一个以追赶月亮为职业。后来在这三狼父子联合诸魔毁

灭世界时，老狼的大儿子吞掉了太阳；小儿子吞掉了月亮，满天星斗都堕落到大海、深渊中，世界一片黑暗。世界上所有魔兽齐集毁灭世界，奥丁诸神族与这些魔兽同归于尽。

印度的天狗吃月亮。释迦时代佛门第一护法首席战将目犍连之母青提夫人，是世间少见的恶人且极贪食。因作恶多端至极，被打入地狱饿鬼层。目犍连为救母修炼神通终于打通地狱，一直打到最底层才救出其母，其母已饿得皮包骨。可是当目犍连把一道道美食送到她面前时，她每拿到手中的食物都变成了炭火。目犍连知道自己的神通能把母亲从地狱中救出，却战胜不了报应的业力，便去向佛祖求救。因为她在地狱被打入饿鬼界后，仍恶习不改；又被打入畜生道变成恶狗，仍贪婪而疯狂地去追食太阳和月亮。自唐代这个印度故事以《目连救母》的折子戏在中国传播教人为善，但却被今人当成了中国的典故，也太离奇了，翻检360百科大言不惭。于是乎在2018年1月31日月全食的帖子中，满网页都是一篇篇地照抄《目连救母》为中国的"天狗吃月亮"典故。一个文化上数典忘祖异族为父的可叹时代。

那么中国版的"天狗吃月亮"又是怎么回事呢？又无法绕开那个奔月的嫦娥了。在中国的神话传说中，那个吞吃月亮的天狗叫黑耳，是尧帝时代射日神羿的助手神犬。羿本为天庭的天神，因为十日并出天下苦不堪言，各种巨兽猛禽在人间食人。羿是一位神射手，受天帝之命下凡来帮助尧帝射日、除害。十个太阳射落了九个；但这都是天帝的儿子，天帝对羿杀九日很不满，便寻故废掉了羿和他妻子嫦娥的神性，二人无法再回天庭。西王母觉得不公正，便给了后羿一粒仙丹，煎服后便可飞升天庭。后羿还没来得及服用，嫦娥却一个人偷吃了仙丹飞升天庭。黑耳犬舔食了煎服仙丹的残汤也飞升上天一路去追杀嫦娥。嫦娥吓得藏进了广寒宫。已疯长到庞大无比黑耳犬，一怒之下便把月宫吞下。于是便有了月全食。天帝见不到月亮便查问原由，想处死黑耳犬。但西王母认得此犬，便劝天帝封它为天犬去守南天门。同时处罚嫦娥变成蟾蜍，作为月宫的看守。直到今日一些家长，还以此传说教育孩子不能太自私，不能不忠诚，否则要受惩罚的。也许正因一个"盗"字，嫦娥曾被冠以"月贼"之名，又要受惩罚化为蟾蜍。一幅画像砖上的嫦娥奔月图绘，嫦娥已变成了一个四不像。那么，民间为什么还祭拜嫦娥呢？而且后代文人也多有论其"悔"的，也有说其"迫食"的：说是羿的不肖弟子逢蒙要夺药，嫦娥被迫吞下。但逢蒙是有穷氏夷羿的弟子，而非大羿的徒弟。但嫦娥在民间的口碑并没那么丑陋。归根结底，神话传说之树的根，本来就是扎在民众心里的，在世代相传的口头文学中开枝散叶，而不是哪个人别出心裁、胡编乱造，拿出什么证伪考伪所能改变的。如果说历史是不容篡改、恶搞的，那么传下来统下来在老百姓心中坐骨生根的神话传说则是你改不了的，一个人的意淫而已，想强奸民意是办不到的。

　　一位网文作者在胡说古希腊神话时，竟然可以大言不惭地宣称"我就想写成这样"。糟蹋完自己的国粹又去祸害外国的国粹。有些人连无花果叶都不屑一遮，故意热衷于从一个人的自慰中寻求快感的人是病入膏肓了。真希望有一天能有人整理出一部像样的中国神话故事传说。想让那些训诂、考证、信口胡说的东西在此界绝种。想来是很难的，他不说不放憋得难受啊。这个世界上尽管下水道越来越多，污染越来越重，但总该把清流保存下来吧。

十、"万户飞天"：人类第一个试验登陆月球的中国人

　　嫦娥奔月的故事，在中国大多耳熟能详，而对于另一位想飞往月球的事却知之不多。前者是神话，后者则是史实——明代的"万户飞天"。对此念念不忘的却是苏、美、英、德等发达国家的火箭专家们，在他们的人类航天史与火箭著述中都尊奉这位中国万户为人类航天第一人。

　　万户，是明代的中下级军职，并非人名。这位万户留下了故事，却没留下名字，因而20世纪70年代国际天文会为他命名月球环形山时，只能赫然标上"万户"二字。这位万户出身军旅，随一位叫班背的将军与北方瓦剌作战，积军功而至万户。但他特别擅长兵器制造，对火箭的应用更有心得，于是班背将军便将他安排到兵部兵器局，让他钻研兵器火箭。班背也有一些改进火箭应用的构想，希望与他一起完成。但班背

将军不阿权贵，得罪了一位朱棣的近臣而被陷害，而使他们造"飞鸟"（火箭）的计划搁浅。但那个奸臣想利用万户的技艺来造一辆龙车，用来向朱棣讨好。万户便想利用这次机会营救班背。在他去拒马河探监时，班背却被那位奸臣里通瓦剌害死。班背危急中却把自己的《火箭书》派部下潜围送到万户手中。但万户在兵部任职期间饱历官场险恶、丑陋，已万念俱灰。所以他便想利用兵器火箭的动力去登月，认为那里是一片净土，便造了47支最大的火箭，把它们固定在制造好的"龙车"上，自己坐上去，手持两只巨大的风筝，来做升空飞天登月的试验。传说点火后，"龙车"起飞—坠毁—万户身亡。

事不见史载，钱学森讲过这段历史，外国的科学家大概不会说谎，更不会无来由地为这位不知名姓的中国人，用月球环形山命名来纪念他，但我们当代无聊的传媒为博受众眼球，竟然用烟花火炮与椅子来做实验证伪，实属儿戏，可恶至极。中国人的许多发明创造，都被这类人用在了歪门邪道上，怎么能不落后呢？这位万户的实验在今天看来，无异于自杀，但终究是把火药的应用引入了航天的初轨，且不惜为实现中国民族古老的"飞天梦""登月梦"而献身。几百年后，却是外国人帮他实现了他生前的"登月"梦想。

神话常常因时间与科学而变成现实；丑陋也会因"梦想"变成美好的愿景；而现实与美好却常常因世间的丑陋卑劣变得支离破碎、灰飞烟灭。

月亮的真面目并不美丽，但的确是一面照彻人间一切的无根之镜，而诗情画意韵味无穷。

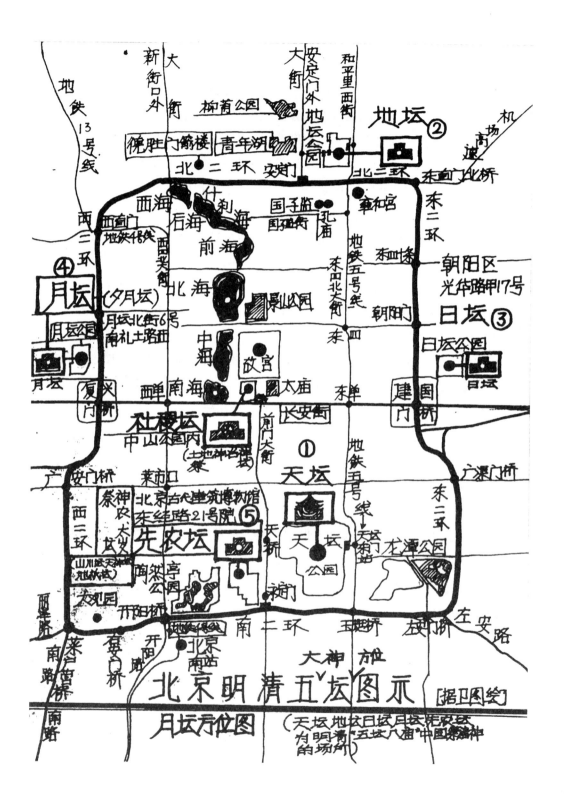

北京明清五坛图示 [据□图绘]

月坛方位图　（天坛地坛日坛月坛先农坛为明清"五坛八庙"中国祭神的场所）

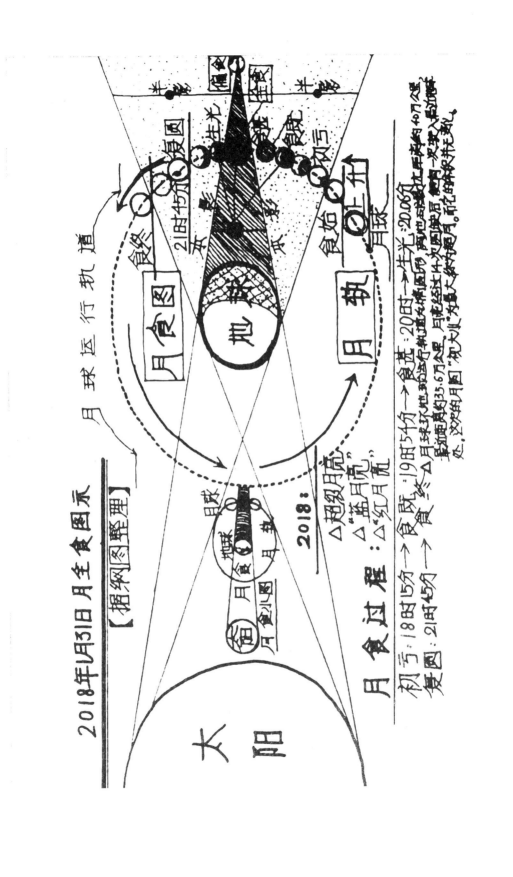

2018年1月31日月全食图示

【据纲图整理】

月球运行轨道

月食图

月轨

地球

太阳

2018：
△超级月亮
△"蓝月亮"
△"红月亮"

月食过程：

初亏：18时15分 → 食既：19时54分 → 食甚：20时 → 生光：20时06分
复圆：21时45分 → 食终 ～ 食三。月球经过地球轨道与帖道之交点附近时约40万足起地西离约35.67万足，月地距离14小圆点一次年，以此附近处，这次的月圆"恰大北"为此大的满月，仅的的满"并无致。

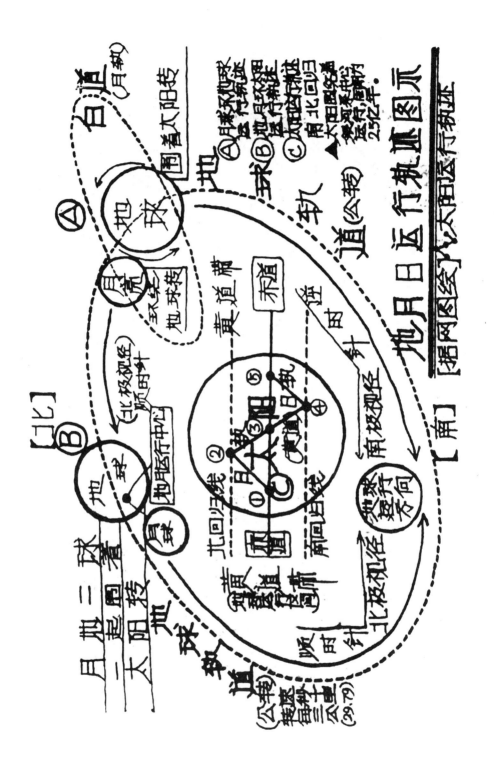

地月日运行轨迹顶视图示

【据网图绘】以太阳运行轨迹

Ⓐ 日球系地球系运行轨迹
Ⓑ 地月系运行轨迹
Ⓒ 太阳四时运行轨迹

南北回归

太阳周系寒暑变化，周期约2.52亿年。

地 球 系 轨 道（公转）

月 道（月轨）

围着太阳转

地月三球都围着太阳转

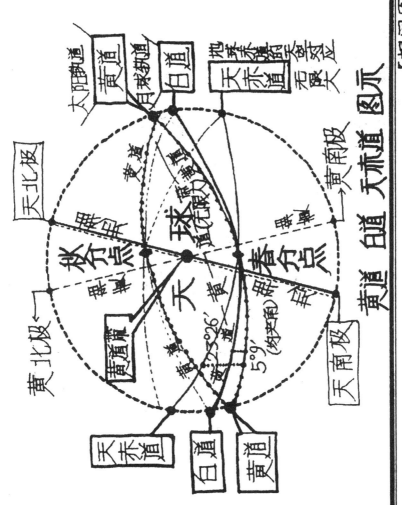

黄道 白道 天赤道 图示

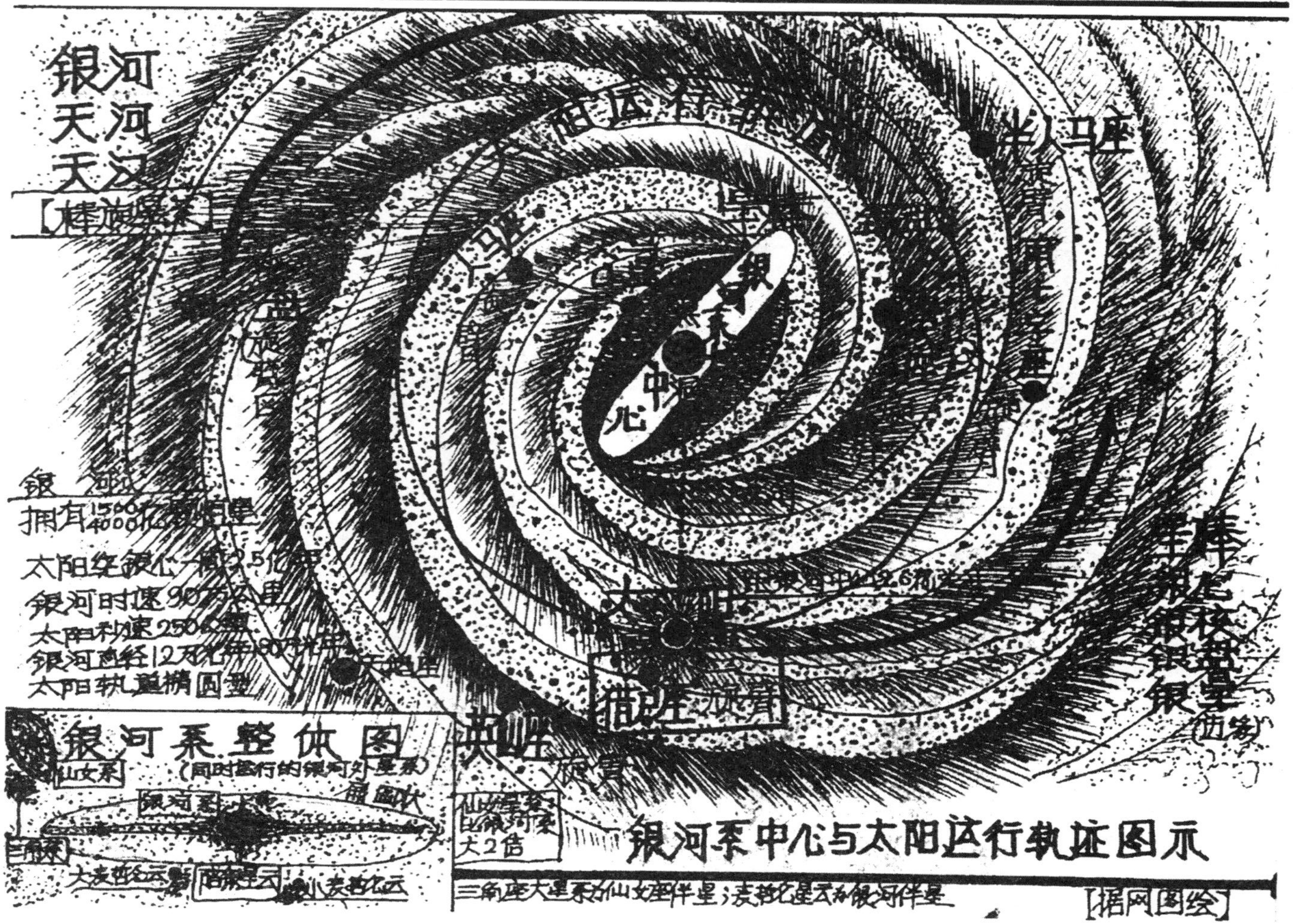
银河
天河
天汉
太阳轨道椭圆型
银河系中心
太阳
猎户座旋臂
英仙座旋臂
银河系整体图
（同时运行的银河外星系）
仙女系
银河系
大麦哲伦云
小麦哲伦云
仙女座星系比银河系大2倍
银河系中心与太阳运行轨迹图示
三角座大星系为仙女座伴星；麦哲伦星云为银河伴星
[据网图绘]

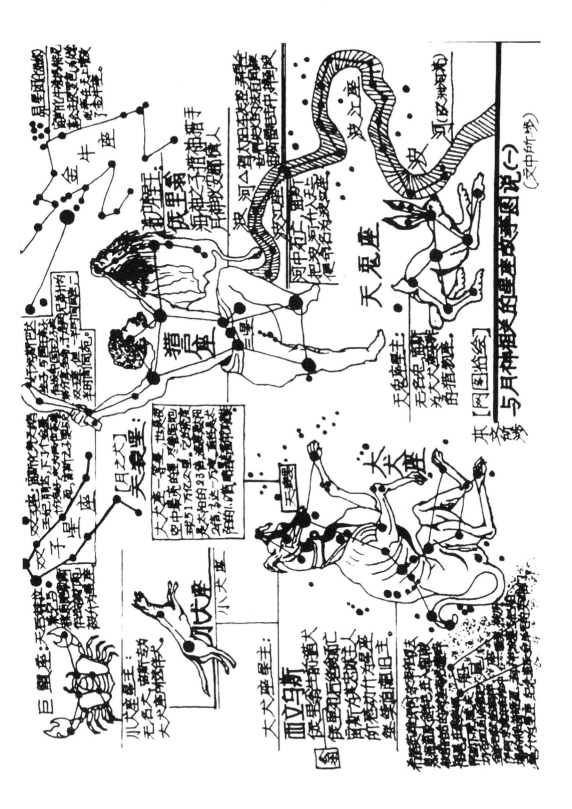

武仙座星主: 蛇夫

赫剌克勒斯自幼聪慧是
神话中人鬼神二界第一英
雄大力士且智勇多谋,他是
人间的私生子,死后升为武仙座。

蛇夫座星主: 阿斯克勒庇厄斯

阿波罗之子,人马座马人大师喀戎徒弟,
但教予他的却是医术,竟练就起死回生
医术,被冥王告得斯告忙冥权剥世间
好便将其处死,一说被太阳神咒他怕
而死,后升为蛇夫座,因为他冬眠死被
故名蛇夫座是死亦再生,
因而被
名为蛇夫座他生前光他
生前以蛇治病的,在条
花斑蛇身知研究出起死回生
的医术。

赫剌克勒斯 武仙座

天琴座

天琴座星主:

俄耳甫斯妻子去世
用太阳神送他的竖琴日
夜光感动冥府,他并他
去领回妻子但不要回过身
但他不顾回头了妻子便
坠入地底,俄耳甫斯因之思念
把他们天奏琴,后被
一众女信座毛克的尸体,
俄耳甫斯始君皆欠因
不敬酒神被神仆狂撕
碎抛尸,据说他是日神之子。

(本文所涉)

与月神相关的星座故事图说(一)

网图临绘

天蝎座

商星辰星

天蝎座星主:毒蝎

一说被赫剌克勒斯踩死,
一说为收太阳车失火,奉天
石命去毒杀法厄同,后被
宙斯的雷电在击杀法厄同
时同归于尽。
主星心宿二就是
商星辰星
百姓称辰儿。

月中蟾兔图

蟾兔金乌

汉画像石月中蟾兔

南阳 汉代画像石

汉画像石金乌

蟾蜍玉兔 捣药画像石

▼瓦当蟾兔图

嫦娥奔月图 汉代画像石(南阳)

画中的嫦娥在奔月途中已开始变形，下半身已成了虺龙像，虽足蛇体牛尾

(据网图摹绘，头冠部分小有补绘)

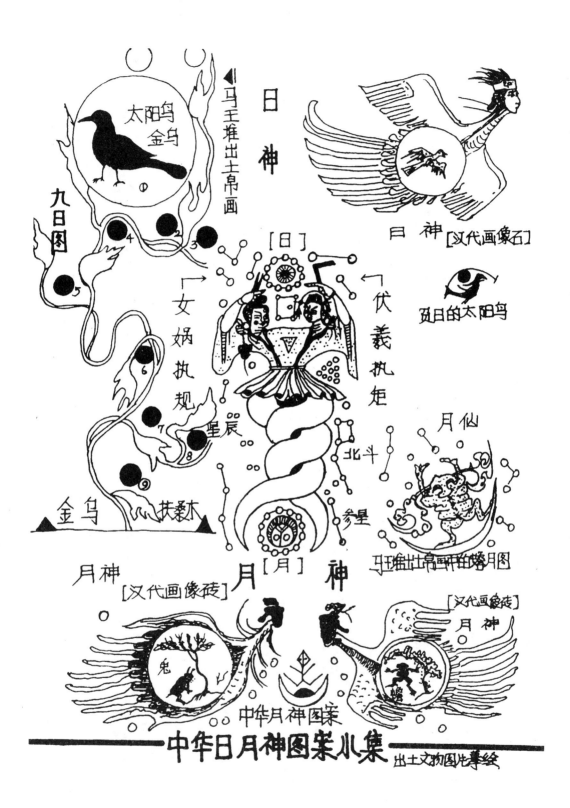

日神
■马王堆出土帛画

太阳鸟
金乌

九日图

日神 [汉代画像石]

[日]

女娲执规

伏羲执矩

负日的太阳鸟

星辰

北斗

月仙

参星

金乌 扶桑木

马王堆出土帛画中的蟾月图

月神
[汉代画像砖]

[月] 月 神

[汉代画像砖]
月 神

兔

中华月神图案

中华日月神图案小集

出土文物图片摹绘

第五集　木星怎样飘入老北京的太岁殿

——观北京太岁坛感言星象对古代社会生活的干预

> 岁星曰东方春木。于人，五常，仁也；五事，貌也。仁亏貌失，逆春令，伤木气，则罚见岁星。岁星盈缩，以其舍命国。其所居久，其国有德厚，五谷丰昌，不可伐。其对为冲，岁乃有殃。……岁星之精，流为天棓、天枪、天滑、天冲、国皇、及登苍慧。……天枪、天根、天荆、真若、天猿、天垣，皆岁星所生也。……营室（28宿中的室宿）为清庙，岁星庙也。
>
> ——《晋书·天文志中》
>
> 太岁，人君之象，率领诸神，统正方位，斡运时序，总成岁功。
>
> ——《神枢经》

在老北京城中，属于明清皇家国祀的祭坛共有九座，其中有一座太岁坛。这座太岁坛实质上只是一座太岁殿院，建在当年南郊外先农坛的内坛中，大概是由于古代天象学赋予岁星以"主大司农"的神职吧。

太岁坛虽然没单辟园林，但建筑却极宏阔，一座大四合院，太岁殿主体建筑宽 50 余米，东西七开间建筑面积千余平方米；室内高近 16 米；南北跨度 25 余米。室内建筑工艺水平与局势，足可与故宫太和殿媲美。尤其是天顶的藻井建筑，极其富丽堂皇，犹有道教特色与皇家规制相结合的风采，大有昊天之象，独具一格；除天坛外，非其他诸坛可比。就其所在的先农坛，即使是祭祀神农先祖与山川土地诸神的，也根本无法与其比肩。

太岁殿坐北朝南，前殿是拜殿，建筑面积达 800 余平方米，殿前的月台便有 300 余平方米；院内之阔有如大广场，东西两厢各 12 间配殿，祭祀 12 月当值神将，两厢建筑面积各 750 余平方米。太岁坛总体建筑面积达 3000 余平方米，就是把先农神殿与所有山川土地诸神与附属的建筑面积加起来，也未必有太岁坛一个院大。

那么，太岁到底是何方神圣，如此受皇家高规格礼遇呢？

太岁，也称岁星，真身就是木星，是自然天体的人格神化。其实都是人赋予木星的神气；又由木星的存在，才使老北京又多了一座如此辉煌绚美的神坛大殿，这也是老北京遗存下来的一种天道之美吧，拜木星所赐。

那么，古人们都赋予了太岁以什么神性呢？

最不可思议的是我国的许多封建迷信，都是以科学为开路先锋的，在原始初民阶段的大自然图腾崇拜中，最神秘的莫过于对天体的崇拜。随着时代的发展进步，人们有了计时纪年的需求；有了生产活动与自然气候、季节相适应的需求；于是人们开始不断观察天象，观察天体，尤其在对日月五星等七曜运行的观测中，逐渐发现了木星的运行回归周期，竟然观测到它运行的一年时间为 380 余天；接近 12 年一个回归周期，于是便编制了《岁星纪年法》用来纪年，因而木星由此有了岁星之名。

古代的天文学家们观测到木星接近 12 年一周天后，便把天区分为 12 个区，每区为一辰，每个区都进行了命名，称为 ×× 星次；木星进入哪个星次，便把此年称为 ×× 年，并称之为"岁在 ××"。每个星次的天区都包括了两到三个 28 宿中的宿星，而每个宿星又都是地面特定地区的分星。如岁星运行到了析木次，便称这一年为"岁在析木""岁在析津（银河）"。这一星次内的宿星是箕、尾二座天区加斗宿的一部分；这两个星座的分野在燕国、幽州及其北，这样就把天地人事连在了一起。并根据天文学家为木星赋予的东方春木之性、象征君主行政、主吉凶祸福、主大司农、司理帝王诸侯之过失、主五谷丰歉等如此多的权力，以它的变化来判定该地区、该国的种种得失、衰昌。总之这一年之内，它所照临的分野之地，它是一切的主宰者，因有"年中君主"之称。

由于岁星运行一年是 380 多天，一周天则需 11.8622 年，而在运行 86 年后便多出来一辰（一个星次），此法便废除了。但对岁星的敬畏崇拜早已深深地刻在了人心，尤其汉代道教兴起，又为岁星增添了诸多神性，全都是迷信骗人的说法；加之堪舆、阴阳、风水在民间的崛起，又有数术为此助推，全国范围内形成了一种"太岁崇拜"现象，以至天上所有的星体在民间，除日、月、北斗外，最著名的便是这颗岁星了。老百姓没几个知道木星的称谓，但太岁却是无人不知，认为它主宰人间一年的吉凶祸福，因而具有不可侵犯性。尤其土木建筑触犯太岁是犯大忌的，在民间被称为"太岁头上动土"。而一个人的生肖与当年值年太岁属相冲对时，便被称为"犯太岁"，要去庙中祷拜太岁才行。不但民间如此，皇家也对太岁格外敬畏。道教与星象学中把岁星神化，称为太岁星君，当作神来崇拜，认为值年太岁为一年中的天子，"太岁，人君之象，率领诸神，统正方位，斡运时序，总成岁功"。因而祭拜太岁被列为历代皇家祭典之列。皇上一年之内要两祭太岁，以求一年国泰民安。

在中国历史上，木星对社会生活的干预太大了。它首先干预社会的政治、军事、经济生活。据史书天文志载称：木星运行周期失常，说明国家有忧患发生，不可举事用兵；它运行正常，说明奸邪不生；它的亮度大，说明君主有德；它的颜色发生变化，象征无福；在它红色光芒如角时国家昌盛；表现为红黄色时，"其野大穰"（ráng，大丰收）；它在一个地方运行周期长久，五谷丰登、国家强盛。当它在哪个地区星次与土星同时出现，便会发生内乱、饥荒；与火星相会，便会发生大旱、饥荒；与金星相会，便是象征不安定，内乱，战事破军失败；太白星在南方，岁星出现在北方，这一年大丰收；反过来则丰歉不定。如果岁星与填（土）星、太白星三星聚合，天下大乱，史书举例晋惠帝元康三年时三星会合，便发生了政变，从此天下战乱连绵。东晋简文帝年间"岁星犯填星，在须女"，简文帝驾崩，桓温篡权，发生内乱。而当岁星受到它星侵犯时，不是篡位、战乱，便有饥荒发生。这些都见载于《晋书·天文志》。至少说明对这些征候说法，皇家是认同的。

那么怎么能避免这些不吉的天象发生，而赢得福星高照呢？"三皇迈德，七曜顺轨，日月无薄蚀之变，星辰靡错乱之妖。"（《晋书》语）"天聪明自我民聪明。"（《尚书》语）明显的天人合一观：皇上得有德，得"明天人之道"，不违天时、地理、人道、物性、民心才行。古代天文学家们虽然制造了许多迷信说法，但治政思想却是正确的。他们想不到的是统治者们只信了那些无妄之言，却把天下治道丢在一边。所以一面去祭天拜地敬鬼神，一面却唯我独尊、花天酒地、作威作福荼毒天下。而民间的迷信自然更深，认为每个人前身都是天上的星星，每个人都是头顶一颗星星来到人间。你的命星亮，运气就好；命星暗，就倒霉。更相信头上三尺有神灵，都是受道门蛊惑与统治集团愚民之功。于是普天之下，大兴土木，布坛建寺立观。皇家滥觞于种种郊祭。而百姓则时时求神拜福，可悯可叹。我国的多少科学发明成果都大大领先于世界，而几乎件件都成了封建迷信的开路先锋，更成为诸多术士、骗子、卜者、地师骗人的工具，谋财的饭碗，害人的骗术。科学？功也？罪也？天耶？人耶？

在中国古代的天体崇拜中，在民间最受敬畏的无过于太岁——木星。主要受道教与阴阳先生的蛊惑。人们对太岁谈不上崇拜，只是畏惧，因此多敬而远之，以避为主，避祸。尤其家家都要建房子，一定要选好动土日期、时辰，避开"太岁头上动土"；迁居、婚嫁也要选日子。生肖无法避开"犯""冲"，便要拜神祷告才行。于是太岁——木星成了人们心目中的凶星。那么，木星为什么在古人心目中如此受瞩目呢？在没有望远镜的时代，它具有地球人肉眼的可视性，虽无法与太阳、月亮比，但在太阳系的八大行星中，它是最大的，自转运行的速度也是最快的，这就极易引起人们的关注。

木星的质量虽然只是太阳的千分之一，但却是其他七大行星质量总和的2.5倍，是一颗巨行星，而且是一个"气态行星"。什么叫气态行星呢？并非只是一个大气团，也拥有岩石或金属核心，但其只占总量的3%～13%，体表仍主要由氢气和氦气及液态金属构成。在越接近核心层面时，气态则被压缩成液体或密度越高的固体。这似乎完全超出了人们的想象。而且在八大行星竟然就有四个是气态行星，其他三个分别是土星、天王星和海王星。

木星虽然质量在八大行星中是最大的，但它还得增加80倍重量，才能成为一颗初级恒星。不过它仍有强大的引力，常常把路过它身边的小行星、彗星拉到自己的怀抱，哪怕引起剧烈的大碰撞。1993 年 3 月 24 日，它强大的引力触角，捉住了一颗被称为苏梅克·列维九号的大彗星，但它拉扯得太用力了，在苏梅克投入它的怀抱前，已被撕得粉碎。苏梅克并不甘心，而是把所有碎片掷向了木星，撞击的总能量相当于 60 万亿吨 TNT 当量，相当于全人类所拥有核武器总当量的 600 倍，但木星照样一无所遗地照单笑纳。所以那种想向木星上狂投氢弹而引爆木星上氢的想法，只能是痴人说梦了。

　　说不清木星的引力有多大，反正八大行星中谁也没它那么多卫星。中国的道教说太岁值年星有 60 颗，每年换一位岁官值年，还有值月、值日的大小太岁。这虽无异于无稽之谈，但中国对木星的发现则是最早的。早在公元前 4 世纪，齐国的天文学家甘德就用肉眼观测到了木星最大的卫星木卫三。而到了望远镜时代的 17 世纪，伽利略才发现了这颗行星。《晋书·天文志》也记载了岁星是一个族群，而非孤星："天枪、天根、天荆、真若、天辕、天楼、天垣，皆岁星所生也"。"营室为清庙，岁星庙也"，就是说 28 宿中的室宿星区是它的天庙。这些说法显然是一代代流传下来，都认为岁星是一个族群，所以道家神话编出那么多太岁也许是从此说而来吧。到如今，有人说木星有 63 颗卫星的，有人说 76 颗卫星的，有人说有 102 颗卫星的。虽不准确，但不奇怪，天体也有生有灭有远有近总在不断地变化，就像 28 宿中的心宿，最早只有三颗星，到了清代便被增补到了 16 颗星。至少说明木星不是孤家寡人，而是一个家族星群；也说明它有强大的吸引力啊！今日的人们肉眼能观测到的大概有三四颗木星的卫星。木星卫星一，直径 3600 公里，均温 −143℃，最高达 1227℃；木星卫星二，直径 3100 公里，表面冰层厚达 100 公里，冰层下却有海洋，比地球海洋最深处还深 96 公里。它的亮度在太阳系卫星中排第一。奇特的是地下海把冰层与内核分开，球体二部各自独立自转，表层冰壳要比内核转得快。而且会不断在裂缝中向外喷射巨大的水柱蔚为奇观。木星卫星三，太阳系卫星中最大的一颗，直径大于水星。体表冰层厚度达 190 公里，冰下也有海洋。木星卫星四，直径与水星基本相等；球体由等量的岩石与水构成。地壳下也存在咸水海洋，深度为 250～300 公里。木星卫星四已成为美国航天部门设定的探索目标。这几颗卫星最大的共性，便是同样被木星的强大引力锁定，始终不变地只有一面对着木星运行，足见木星引力之强大。

那么，木星的引力有多大呢？它的引力比地球强 2.5 倍，被称为"强引力"，它的引力直接影响到太阳系的其他行星。尽管木星离地球最近时也有 5.88 亿公里，但它仍然对地球有牵引力，地球会被它的引力拉近或远离太阳，从而影响到地球气候的重大变化。甚至有一些研究学者认为，木星的强引力在几十亿年前，便已影响到了地球的气候变化，从而形成了适宜人类生存的环境。那么地球是否有一天也会变成木星的卫星呢？不会的，地球是跟着太阳走的，木星的引力没有太阳大啊。

木星在古代中国备受重视、崇拜，无独有偶，在古希腊罗马也同样，木星被视为他们的保护神，视木星为宙斯，因而近现代发现的木星的卫星都以宙斯的一个个情人来命名。而木星在中国古代则以太岁神君受到不亚于帝星的崇拜。

北京的太岁坛如今，已与先农坛合并为中国古代建筑博物馆。太岁殿整体维护修整得十分完好，殿内陈列着古代的各种建筑物，对于了解我国古代建筑艺术很有裨益。而且太岁殿建筑的本身，就是我国古代建筑艺术的一个极品活标本。加之先农坛的建筑也可以让我们对汉代以来的"先农"祭祀文化有更直观的了解，值得一观。而太岁殿能保存得如此完好，也十分难得，历尽三灾八难而未见毁，也许是"太岁头上动土"之传统禁忌的功劳吧！迷信，有时也会成为种种"保护神"。

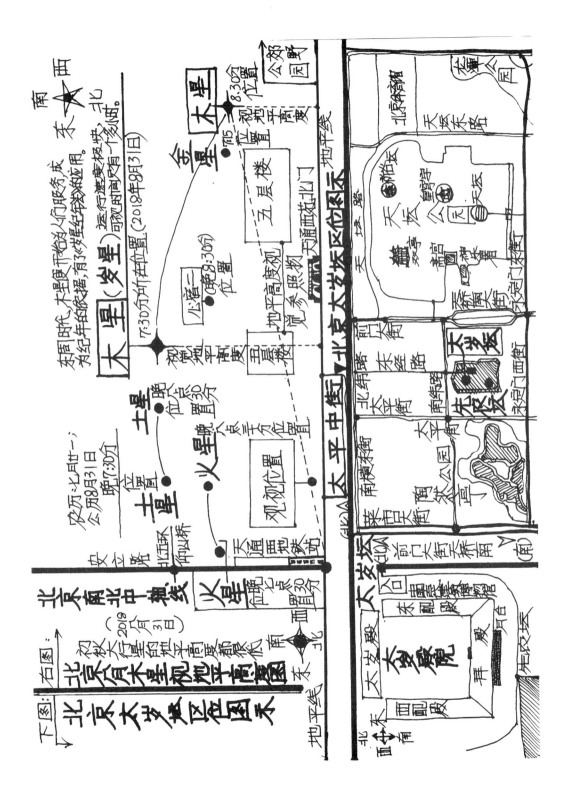

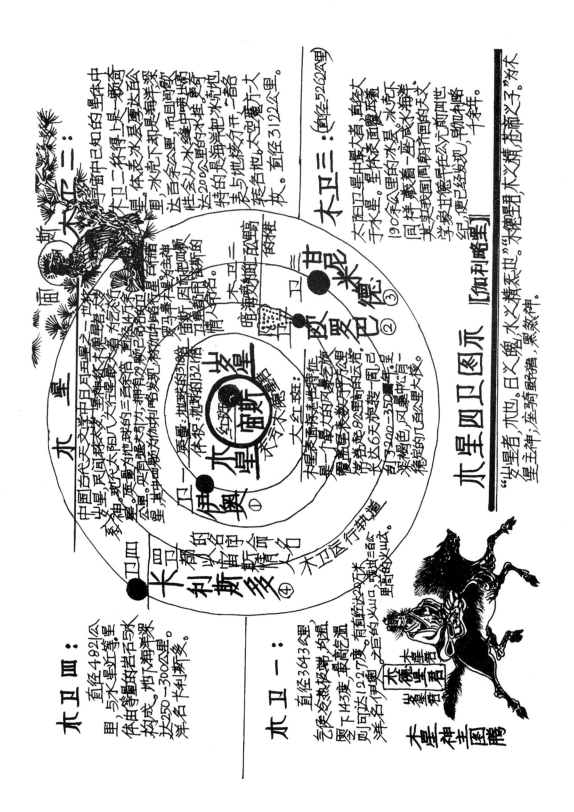

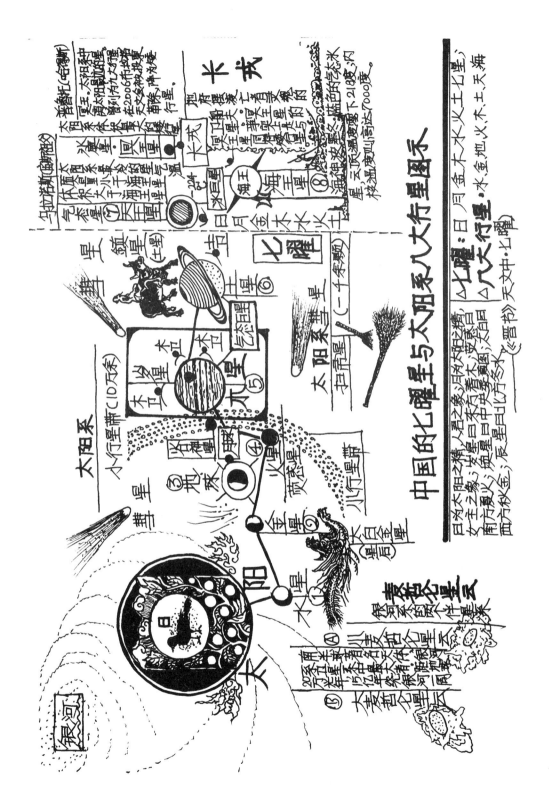

中国的七曜星与太阳系八大行星图示

七曜：日 月 金 木 水 火 土七星；

八大行星：水、金、地、火、木、土、天、海

日光天阳之精；人居之象；月为太阴之精，
女主之象；岁星东方春木，苍龙之象曰东；
荧惑南方夏火，朱雀之象曰南；太白西方秋金，白虎之象曰西；辰星北方冬水，玄武之象曰北

《晋书》天文中·七曜

木卫一 最高温度 127度

木卫二水柱 200公里高的水柱

木卫一 火山云 320公里高

木卫一 三百二十公里高的火山云

木星

太阳

木卫二喷射的200公里高水柱
[哈勃望远镜观测]

大气层

百公里厚的冰壳

百公里深的冰下海洋

金属岩石内核

冰壳自转

被冰下暗海分隔开的冰壳层与内核的二部轮转

内核自转

木卫二·太阳系最奇特的卫星

在太阳系所有卫星中，木卫二的亮度排名第一。(与木星比例已放大)

第六集　火星：“荧惑”之惑与“七月流火”

——观京华火神庙追拍火星冲日闲话火星与人类的古今故事

人类的始祖亚当在谈到自己被赶出伊甸园时说：你想从我这里知道，当初使上帝震怒的真正原因是什么，以及我所用的和创造的是什么语言。现在我告诉你，那次放逐的真正原因，不是吃那棵树的果子本身，而只是这种行为超过了限度。

我所说过的语言，在宁录和他的众人还没致力于制造通天塔那种不可能完成的工程以前，就已经完全死亡了。

啊，贪心哪，你使世人沉没到你的水下那样深，以至于谁都没有力量从你的波浪中抬起眼睛！……因此人类走入歧途。

——摘自但丁《神曲》第26、27章

北京的火神庙很现代，是道教的集大成之地。前殿是灵官殿；中殿是荧惑宝殿，神主是荧惑火德真君；后殿是玄武殿，供奉玄武大帝。两厢配殿中都是各路道仙人物。有意思的是火神庙建在了水边上，就在前海东南岸；灵官殿侧还供奉着岳飞画像。而观瞻火神庙还是2018年7月因由于2018年7月的火星冲日，想不到里边还真有一座荧惑宝殿，难得把火星与大火星区别开来。老北京的庙宇真是齐全啊，名副其实的庙都、中国的万神殿。

如果说2018年初的那场月全食，为普天下人开了一场饱飨红蓝血月的天文大餐，那么7月27日这场火星冲与月全食同时对棚于一台的两场大戏，对北京观众而言，不啻一碗闭门羹。哪怕是羞羞答答犹抱琵琶半遮面地比画比画也算是演出了。大幕早早就拉开了，满天介的号外海报，可是连开场锣鼓都一下没敲，便阴云四合地连一丝舞台灯光都不泻地闭幕在北京的夜空。

午夜一点半时，笔者拍的月亮还圆圆的，但一转身之间，丢了。最诱人的时刻到来在即，京城的上空却只有密布的重重乌云了。难怪古人把火星称为不吉祥的凶星，称其为荧惑星。等吧，天虽然阴了，但《一剪梅》不劝人"总有云开'月'出的时候"吗？就这样尾生抱柱般地一直等到了凌晨六点，无论星、月一无所见呐！两个天体也许在高张重锁的云幕后面正合唱《月亮之上》吧？这位战神马尔斯与月神狄安娜自上次相会分手十几年后，正重逢在那苍茫的路上，看见的看不见的，用温柔的月光、星光让黑夜只绚烂在云幕之上，热辣辣的战歌一直唱到了天亮。可是却把那些被牵引得潮涨潮落的北京看客们，就这样一直晾到了天亮。何沐阳的这首歌词好像就是为 2018 年 7 月 27 日这场火星冲、月全食重逢订制的吧。好在此间的火星与月全食不一样，还会有一段可视性，而且在地球上观测视最大的时间在 7 月 31 日，并会继续在我们视野内运行一段时间。小女儿方舟从小便对天文、地理十分钟爱，为此专门买了一架初级望远镜与天象软件回来，又连着追拍，只是一个月内北京的夜空几乎无一晚是晴朗的，最好时也是多云加雾霾，也只能抓住星、月露脸的时刻来拍，在阳台上拍，跑到庭院与公路过街桥上去拍；一直追拍到八月末，不管它是否冲、蚀，反正是一拍月亮，二拍星星。好在 7 月 31 日晚；8 月 23 日晚（农历七月十四），夜色表现稍好，火星是真亮啊，有如小月亮。七夕的月亮也可以，但忽略了。起拍时，已是月落乌啼长河渐没，光影西头，那边才见了。加之云翳又起，除了几张昏黄的半月外，是一无所得啊。整整追拍了月余，在 2000 多张照片中总算有一些可用的了，彻夜的守候、中夜梦醒起拍、黎明即起抢拍……总算没有白费力气。而收获最多的恰恰是 8 月 29 日至 30 日这两夜，拍到一批星宿。又有方舟的望远镜与即时显示的《星图》等软件帮助识别，效率大增。但北京的城市夜光真是强大无匹，达到强夺天光的程度，令所有天体花容失色。但那些星星也是真强大啊，哪怕什么城市夜光相夺、太空云气消光，依然光芒闪耀不停不已，先人所说的一种天道使然吧。

夜里在等候云破天开星月登台的时间，便不断去查询一些火星及相关的天文资料信息，真是自叹孤陋寡闻了。这些年来，火星这个自身气温在零下60多度的天体，却在距它有五千五百余万公里之遥的另一个球体上，已然升温得如此之高，人类正在把它当成第二个地球纳入开发的视野中：西方国家航天机构忙着制订登陆火星的计划；航天经营公司的企业家们在力尽自圆其说地描述各自殖民火星、移民火星的马歇尔构想；把人类从地球上搬迁到火星上去，仿佛成了人类原始时代流行统一的"亚当语"，但人们似乎忘记了在古巴比伦建造通天塔的后果。就连科学家们也难逃此热而不甘寂寞。不但所有的研究课题都指向了一个美好的愿想：火星曾经有过生命的存在；火星曾经有过海洋与河湖，而且火星发现了液态水与微生物化石；火星可以创造出人类宜居的环境；于是开始建构让火星变暖、有氧的设想；并且开始着手设计人类在火星居住的特种房屋建筑与生存舱。

美国的一家宇宙探索技术公司在国际宇航大会上公开宣布：他们将开发大型火箭和飞船，把人类送往火星，实现火星殖民计划；美国的火星协会则制订了一个移民火星的"千年计划"；连"火星共和国"的名字与国旗都设计好了；说是当地球的温室效应摧毁地球的人类生存条件时，这个"计划"就成了拯救人类的"诺亚方舟"。而荷兰的一家火星基金会，则更率先制订了急不可待的火星移民计划：在2024年于火星上建起人类移民定居点，并开始向世界招募第一批自愿移民火星的人员。据说有107个国家的二三十万人报名。据有关信息称，我国也有1万多人报名。这个计划最终是成葫芦瘪葫芦先不说，只是报名费就有几百万美元套得白狼入彀，真是一笔好生意。

这样一项事关天地人关系的大事若只是一种民间活动；只是为了赚钱的业界炒作；只是一些江郎才尽的羊头科学家们在为自己寻生路，便也作罢。但它已陆续升格为诸多国家计划，这就不能不让人深思：它有什么价值和意义呢？据说其一，为了借鉴无人星球的生存条件缺位来加强地球的保护；其二，为了探测外星能源以补充地球能源的不足；其三，为了人类不被地球温室效应所毁灭寻找移民避难地。但那里是根本不具备人类生存条件的不毛之地啊，没有氧气、没有水，没有生物，平均气温都在零下 60 多摄氏度，连二氧化碳都极易结为干冰，遍地火山坑、黄沙、石砾；空中大气都是悬浮沙尘与二氧化碳……把人送到那里去干什么？送死啊？但"科学家"们给出了答案：一切都去重新创造：人工创造火星的温室效应；建造特殊的火星"住宅"；人类生存物品从地球运送到火星……这些猪头科学家、企业家疯了吗？

人类若真能给自己寻找第二个生存空间，未必不是好事。似乎举世妄幻者公认最理想的这个第二空间便是火星。理由似乎很简单：火星可能曾经有生命，甚至可能是生命的真正起源地，而且离地球很近。天啊！5000 万公里的太空行程是 60 亿人可以横渡移民的吗？有的人统计出人类探测火星的 12 次飞船行程，时间最短的一次是 1969 年的水手 6 号飞船用了 115 天；最长的一次是 1975 年维京二号飞船，用了 333 天。但那都是无人飞船。那么载人飞船就更不同了。也有人计算出把一个人从火星送回地球的费用远高于把他送上去的费用，因而便又有人献策做"有去无回的"的移民。也有人测算出从地球往火星上运送一公斤物品的费用为 200 美元。那么火星上即使有资源怎样传送回地球呢？"科学家"们会有许多神奇的办法，用比阿基米德撬动地球的构想更伟大的办法来解决。但充其量至多也只是一根根"阿基米德杠杆"吧。阿基米德并非胡说，但现代科学家计算，用他的杠杆把地球撬动一厘米，就需要 33 亿万年的时间。

牛顿似乎讲过：在我的望远镜的末端，我看到天主经过。我们在宇宙中发现的秩序和规律，这只能是一位"自有者"和"不得不有者"的那位天主造化计划而成。牛顿这里所讲的"自有者"应是一种自然存在物；"不得不有者"大概应是指必然性不可改变的规律本身。我的理解是牛顿在讲造物的天主本身就是不可改变的大自然规律。在无涯无际无往无来的宇宙空间中，只有地球上有生命的存在，这就是大自然的必然给定；而由此倒推其他星体，那里没有生命的存在，也是大自然的一种必然给定，你能改变得了吗？科学技术就像一团高效发酵剂，已使全人类膨胀得失去了原形原味；而进入工业社会以来，利益、利润、名利对于现当代人类而言，何止是利令智昏？而是疯狂、卑陋、无耻到了极点。有名言说上帝要让一个人毁灭，便先让他疯狂。而现实则需要倒过来说：人类要是自己发疯、无耻，就一定会自取灭亡。面对现实，我们不能不说：

生于一个科学发达经济发展的时代，既为有幸，更是一种不幸。连天体都无法逃脱这种命运的给定，何况渺小的人类。那些"科学"已给人类造成了多少祸患？我从不反科学，只痛恨科学被滥用。

人类既然已经知道地球面临一种人类生存的危机，为什么不知道节制自己的欲望？为什么不能把核计划、太空计划、军备竞赛等的庞大开支和危害人类生存的种种科研计划、开发项目的巨大投资，投入到保卫地球、保护自然、保护当下的地球生态上来？反而在已经把地球祸害得千疮百孔后，又要去月球上引爆原子弹，向木星投氢弹，又要向火星移民去祸害火星？

大自然不会让树木戳破了天，也同样不会让人类跨过它所给定的生存疆界。它手中握有"必然"这种毁灭武器。在这种武器面前，人类那点智商与抵抗能力又算得了什么？

火星，似乎不应该走近人类，就在那条距地球最远点 4 亿公里的轨道上待着呗，为什么还要跑到离人类 5000 万公里的点上来炫耀？君不见古往今来，凡进入人类视野，与人类接近的事物，哪个有好下场？不过，也是，你是无须惧怕人类的。那几片与地球陆表面积相等的大沙漠，若为全人类造一个大坟场也是足够了。也还得感谢你的走近，虽然今年你与月亮那场重逢遗憾地把我们拉黑了，但你并没有就此逃逸，而是在 7 月 31 日这天，走得与我们更近了，而且整个 8 月还夜夜与北京遥望在南天之上。

从地球上看，火星与太阳分别在地球两边时，称为火星冲日；如果火星冲日时节正好处在近日点时，也是离地球的最近点。由于火星运行轨道比地球更扁，所以冲日这天，火星从离地球最远的 4 亿公里距离，缩短到 5500 余万公里。这样的火星冲日被称为"大冲"，15 ~ 17 年发生一次。而 2018 年 7 月 27 日这一天大冲日又适逢月全食更属罕见。因为近，所以在地球上看就更亮。火星球体地表的氧化铁在太阳的照射下，有橘红色的光折射在太空中，在地球上看虽然仍无法与月亮相比，但用镜头拉近看，在月球的右下方（在北京观看）仍像一个小月亮；而用肉眼直观也十分明亮耀眼。尽管几十天来的夜空都不晴朗，但连续地追拍，总算拍下一些可视的镜头。而让笔者更感兴趣的则是小时候读历史小说中的"荧惑守心"天象。

古代的中国人把火星称为"荧惑星"，也称为赤星。因为红色，所以视它的出现，预兆世间将有血光之灾发生，把它视为象征战争与死亡的凶星。而当它在8月间出现在天蝎星座的心宿二附近时，便被称为"荧惑守心"，预示着君主的易位或死亡。天蝎星座有16颗星，由中国的28宿星座中的三组星座构成。蝎形的两只巨大前爪间的四颗星称房宿四星；腰部至尾端的九颗星称尾宿九星；口腹间的三颗星分称心宿一、心宿二、心宿三。其中的心宿一星被称为太子星；心宿三星被称为庶子星，心宿二星最为明亮，则被中国古代天文部门认定为天王星。而心宿三星座被认定为天子的布政之宫。在28宿星君中，心宿也被称为心月狐，以狐作为它的图腾星主。所以当火星迫近心宿二星时，便被认为帝王有灾变，常常会由此引发害及无辜的屠杀乃至兵变，历史上有几十次的记载。当代的"荧惑守心"天象，在2016年发生过一次，8月24日那天夜间，火星、心宿二星、土星三星连为一线。笔者没见过不好做妄言。

那么关于"荧惑守心"的天象，在中国历史上都留下了哪些历史故事呢？

在中国古代，数术、巫卜、算命、占卦非常流行，十分迷信天命与天人感应。甚至认为世间每个人都头顶一颗天上的星星来到这个世界上，称之为命星。而帝王将相就更不用说了，都是天上的星宿下凡，因而官越大越迷信。也有好的。比如先秦时代的宋景公：宋国的天文学家司天官子韦向他报告了荧惑守心的天象。宋景公不无忧虑地与子韦商量逃避厄运的办法。子韦出主意可将灾祸转嫁到宰相与百姓的身上去应天象。但宋景公却宁肯自己当灾也不肯转嫁他人。还真没事，宋景公又执政了21年。这个韦子又说是宋景公的好心好报，得以天赐延寿21年。人嘴两扇皮，一扇晴天，一扇暗地。

《史记》载秦始皇"三十六年，荧惑守心。有墜星下东郡，至地为石，黔首或刻其石曰'始皇帝死而地分'。始皇闻之，遣御史验问，莫服，尽取石旁居人诛之，因燔销其石"。这是发生在公元前211年的事，秦始皇因此事而滥杀无辜，便没有宋景公厚道了。而且不久，又有人请夜行使者转送秦始皇一块玉璧，并请他捎话给秦始皇"今年祖龙死"；使者不懂，回朝便连璧带话一起捎给了秦始皇。秦始皇一看那块玉璧竟然是他10年前亲手投河祭河神的那块玉璧；而祖龙则是指他自己。也许正是这些变故促使他在寻求长生不死的路上越走越急越远，而终于在第二年的秦始皇三十七年（公元前210年）死在了东巡寻找长生不死药的归途中，而且不知是病死的还是被赵高一党害死的。人之生死本无天定，都是人自己作死。

534年5月间，出现了一次火星进入南斗星域的天象，当时的中国正处于南北朝时期。南朝梁的天文部门报告梁武帝"荧惑入南斗"。这个梁武帝特别迷信，崇佛礼佛到了舍身入寺的程度，听到这个报告后很害怕，便与术士们商量禳解的办法：梁武帝从龙椅上走了下来，光着脚在大殿上健步一圈，以示我离位了，由此来应天象，因为当时流行"荧惑入南斗，天子下殿走"的说法。也许正是由梁武帝这次赤足健步，才留下这句话也不一定。

到了唐代，关于荧惑星的凶星象征，似乎由大唐也是中国历史上著名的天文学家兼术士的李淳风，给定了更为明晰的象征意义："火守心（荧惑守心），大人易政，主去其官。火逆行守心，泣哭吟吟，王命恶之，国有大丧，易政。"从此，火星的凶名是无以洗白了，这也许都是火星球体中过多的氧化铁化合物，在太阳照射下折射出红色光芒惹的祸。

那么，李淳风讲的"火逆行"是怎么回事呢？行星还会逆行吗？这似乎是不可思议的事，但又确有"逆行"之说，不过这只是在地球上的视感觉而已。因为太阳、地球、火星的运行轨道、速度、自转公转周期都是不同的，正是这些不同造成的"差"，产生了人视觉上的逆行与留守于某一段上。所以在许多图上，人们也经常会看到标有顺、逆、留、守的字样，这都是人们的视觉而已。

在我国历史上，火星不但被视为凶兆，而且成为统治者、统治集团内部斗争的工具，没少惹祸。有许多天象甚至是官场斗争需要，互相勾结编造假天象来害人的，以致在历史上出现不少应记录的天象没有记入史册；许多记入史册的大象却是伪造的。所以，我们说，"政治大于天"，而政治的真实，真实的政治则多在幕后。

无独有偶，火星在国外，在西方名声也不怎么好。

早在公元前三千年前后，它就被两河流域的苏美尔人以代表战争、瘟疫的涅加尔神来命名。这个涅加尔是月神的女婿，曾率领14个恶魔攻打冥国，冥国女主厄里斯其格为了平息战争被迫嫁给了他，从此被称为死神之王。在古希腊，火星也被认为是战神阿瑞斯、马尔斯（古罗马战神）的星座。这个马尔斯是专门挑动战乱的祸首被称为战神，而且是有夫之妇维纳斯的情夫。火星的两个小卫星便被以二人的两个私生子命名。而火星的第一颗卫星弗伯斯，距火星平均距离不足一万公里，每天绕火星跑三圈，而且日益更接近卫星，被预测早晚要撞入火星而消失；第二颗卫星以戴摩斯命名。（也有把二星名译为福波斯与德莫斯的）

火星与中国古人社会生活相关的似乎还有一个"七月流火"。但那个"火"却不是火星，而是被中国古天文学家命名为"大火"星的心宿二星，那是大熊星座的 A 星，最亮的星。《诗经·豳风·七月》篇中所说的"七月流火"，九月授衣，讲的是旧历七月间的夜晚，这颗"大火"心宿二星出现在正南方时，天气便由暑热而转凉了；并且出现在夜空时的方位越来越偏西，大约一个月后便如日落西山般地出现在西方地平线上。这个过程就像水的流动一样，固有"流火"之称。天气到八九月时分，已到了衣着换季时节，所以便有了"九月授衣"之说。而"七月流火"却常常被误解为天热，大相径庭了。

这颗"七月流火"的大火星虽非火星，但它却比火星更超凡。它是中国 28 宿星神中的心宿主星，被称为心宿二，也是西方天蝎座中最亮的 A 星。它有多大呢？直径是太阳的 700 倍，仅半径就有 5 亿公里；它辐射的能量是太阳的 8 万倍；亮度是太阳的 9.2 万倍（也有说为 6000 倍）；它的伴星都比太阳亮 230 倍。只是离我们太远了，距地球有 600 光年之遥。在西方有"火星之敌"的说法，但火星哪是它的敌手？不过离地球近而已，而人类是以眼睛来仰望星空的，但中国人仍把心宿二命名为"大火星"，并有商星、大辰星之别名。商星之名由于和参星各分东西永不相见的民间故事：传说上古帝高辛氏的两个王子，兄名阏（yān）伯，弟称实沉。兄弟二人见面就打，整日里兴兵为敌。高辛帝无法调节，便把长子东迁至商丘，主辰；而迁次子于西方大夏，主参（shēn），让他们永不相见。这就是杜甫诗中所说的："人生不相见，动如参与商。"于是"参商"成为久不相见的代词。

这颗商星便是心宿二，因为它每天在太阳升起前的凌晨，先日而升起在东方，便被称为大辰星；而民间儿化韵称为"瓷儿"的星辰则是金星，二者不是一回事。参星有很多说法，民间的三星则是三颗星组成平直横陈的组星，是民间用来在夜间判定时间的主要坐标。"三星平西"，则是北方农村在除夕之夜"发纸"（燃火祭天祭祖）的时间，是午夜时分了，于是全村行动点篝火、烧纸、燃鞭炮，然后吃饺子，便是过年了。

小时候在农村长大，年年听老人们讲"三星平西"过大年的事，所以对三星一眼便能认出来；还有北斗星；在生产队里干活，常常起大早，辰星也很熟悉。但不是心宿二，而是太白金星，真亮啊。初冬凌晨与下弦月东西争辉于天庭时，白光闪烁芒觚长，特殊的白，难怪叫太白金星。11月末早5点前后在北京可视，初升于东方天际天狼星初升的那个位置，就像天街的一盏大路灯，亮得让人不太敢相信那是颗星星。古天文学中名称最混乱的便是"辰"，北极星、水星、金星，都有辰星之称。我们所见东方日出前最亮的辰星是金星。

每年夏天"天河调脚（角）"时，母亲会在院中的大柳树下，告诉我们在天河两边的牛女星：那座像挑担子的三颗星就是牛郎星，中间是牛郎，两头挑着他的儿女。旁边那座像"牛样子"（牛轭）的三颗三角星就是陪牛郎的；天河另一边那颗像梭子形的四颗菱形星便是织女星；中间那条银河，便是王母娘娘用银簪子划出来的天河，把牛郎和织女分开，让他们不相见；每年只有在七月七时，让全天下的喜鹊衔树枝在天河上搭桥，让他们见一次面；那座桥便称为"鹊桥"。每当天上有一颗流星划过，便告诉我们，那是偷东西的贼星；也是这世上又有一个人死了，这世上的人每个人都头顶一颗星星来投生出世的……这都是母亲告诉我的。母亲永远是孩子们心灵画图上的第一位铺设底色者，我的所有习性、爱好，除却恶劣的以外，似乎都从母亲那里传续而来。只是造物为什么不造一颗永远不落的母亲星呢？

也许由于火星离地球较近吧，在世人中比心宿二更得宠，也更受糟蹋。几百年来，尤其近现代，在如此广阔的地球上都找不到一种谋生手段的人，便凭借着滥造星宿图片，杜撰小说、论文，而在近现当代的地球上掀起了一股火星热。乃至发展到了种种移民火星的"通天塔"计划的出笼。直到火星登陆的火星车与环火星飞行的飞船拍摄到的实地图片公开发表后，加之一些有良知的真正的科学家们实事求是的研究成果，为这股"热"兜头泼下一瓢瓢冷水，虽仍浇不灭这股疯狂、虚妄的火焰，但谁还会去相信那些移民火星的种种鬼话呢？人类虽然总在产生疯子，但人类永远不会全都疯掉。因为人是这个世界上所有物种中，唯一具有自制力与自我调节能力的生命族群，这也正是我们的希望所在。

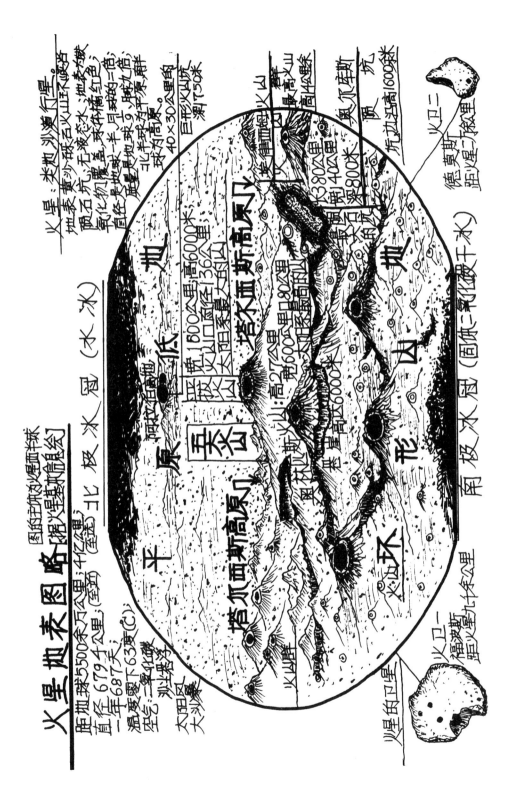

火星地表图略

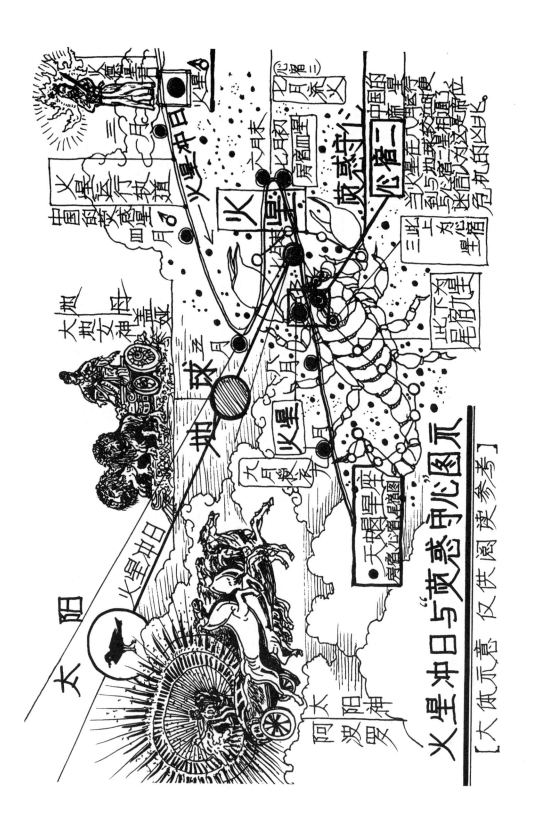

火星冲日与荧惑守心图示

[大体示意　仅供阅读参考]

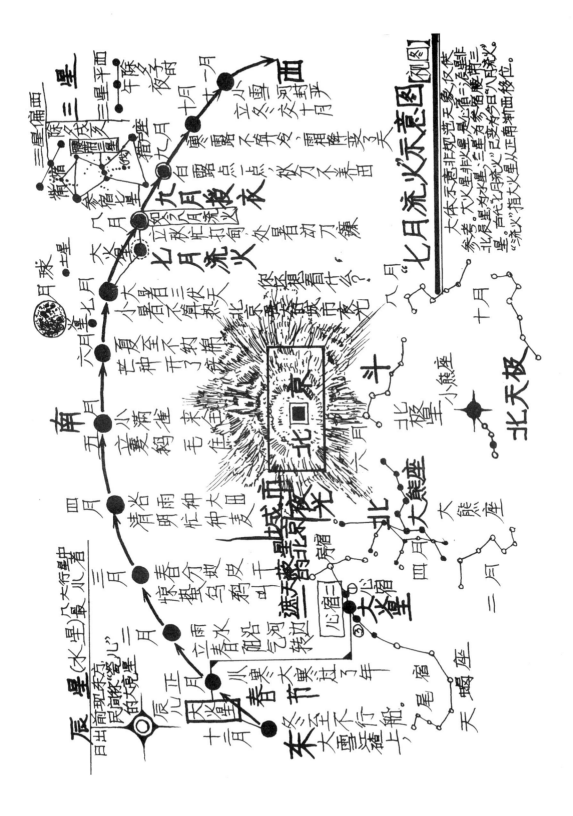

"七月流火示意图(视图)"

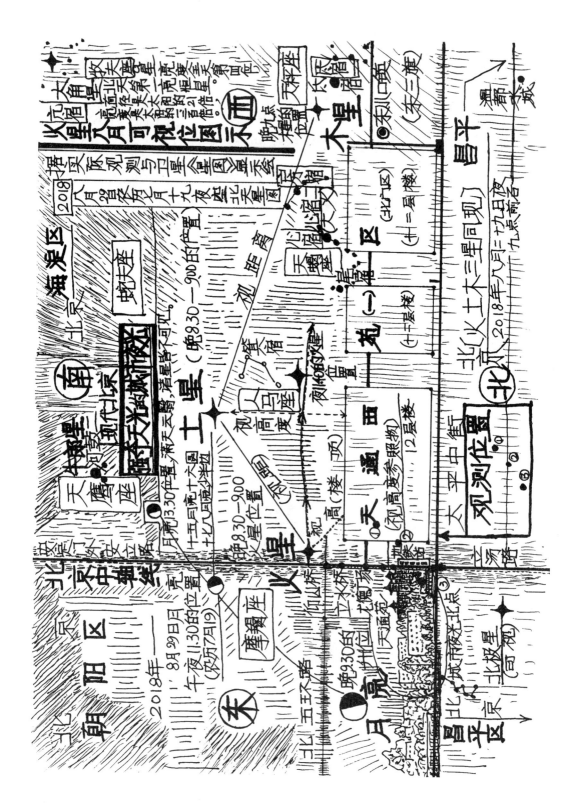

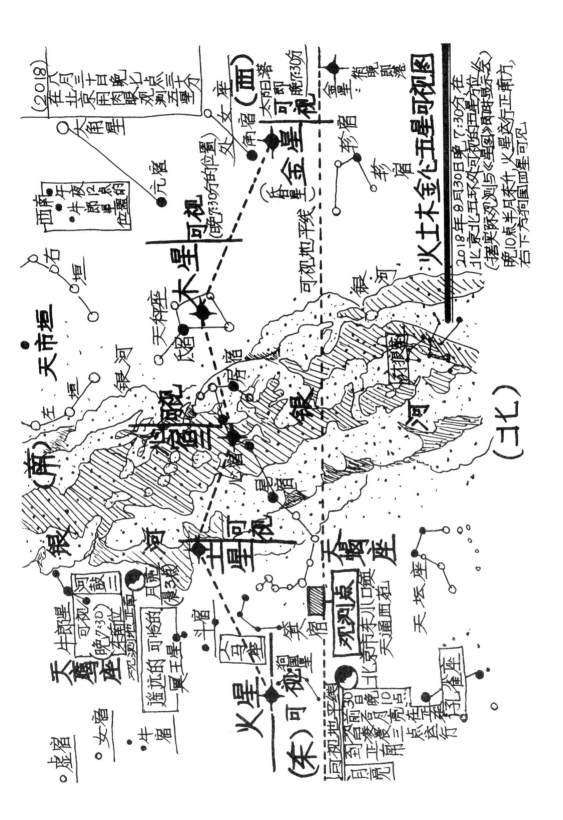

火土木金心五星可观视图

2018年8月30日晚7:30分在北京实际可观视的五星的位置。（需要实际观测则与《星图》所示对应去）晚10点半尽东升火星尖在正南方，台下方约为狗圆四座可见

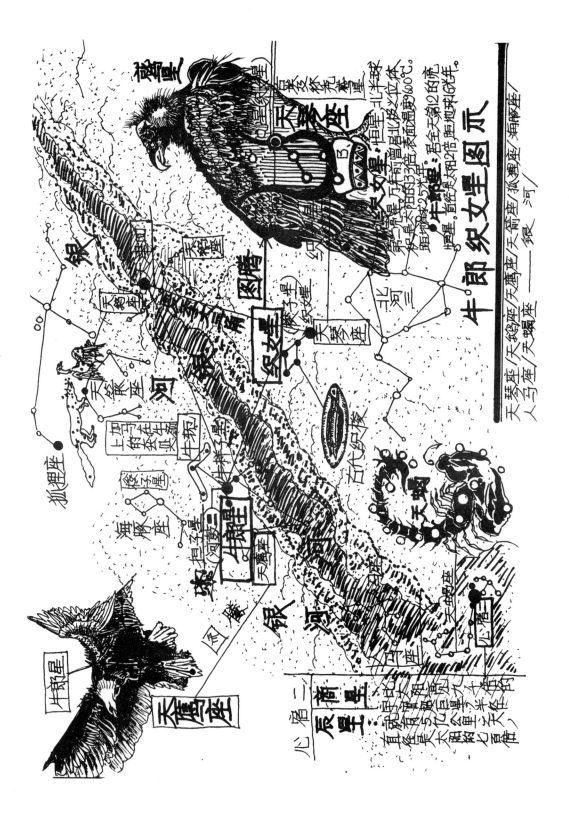

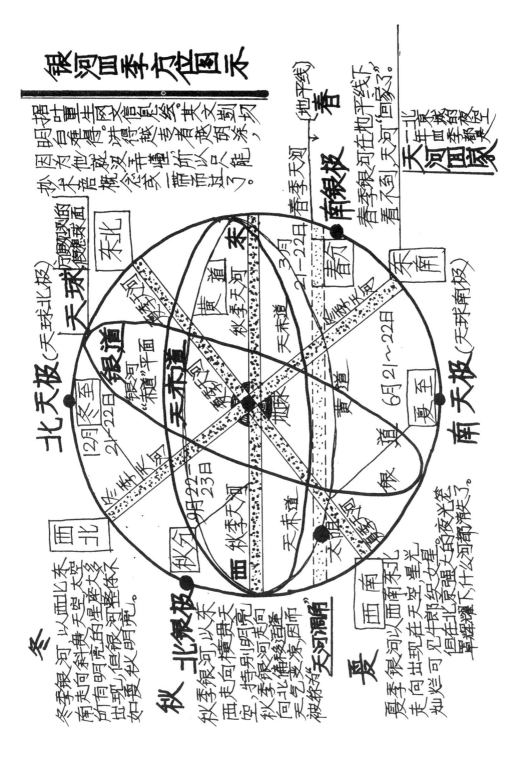

银河四季方位图示

天河四季景容

北天极(天球北极)　南天极(天球南极)

天球可观测球面

银道　天赤道　黄道

东北　东南　西北　西南　东

冬至 12月21~22日　春分 3月21~22日　夏至 6月21~22日　秋分 9月22~23日

春季天河　夏季天河　秋季天河　冬季天河

北银极　南银极　天河(银河)

春　夏　秋　冬

（地平线）

第七集　老北京"析津"之称与古代星宿的天区分野

——观瞻北京古观象台漫话古代天文历法节气

以星图辨九州岛之地，所封封域皆有分星，以观妖祥。

——《周礼》

自尾 10 度至南斗 11 度为析木，于辰在寅，燕之分野，属幽州。尾、箕，燕、幽州。

——《晋书·天文志上》

辰星曰北方冬水，智也，听也。智亏所失，逆冬令，伤水气，罚见辰星。辰星见，主廷尉，主燕、赵，又为燕、赵、代以北；宰相之象。亦为杀伐之气，战斗之象。

——《晋书·天文志中》

在中国的方志典籍中，有一种叫作《析津志》。那么，这个析津是哪里呢？析津，便是老北京曾经的称谓。一千年前后称为析津府（辽）；九百年前后称为析津县（金）。《析津志》便是记载辽金时期北京地方历史的方志。而析津二字则取自于"析木次"之析与银河渡口天津星之津。足证老北京"象天法地"的由来之久。

——题记

在北京建国门立交桥西南角的东裱褙胡同，有一座独立寒秋的青砖古建筑。规模不大，样子像长城上的一座城关，在雉堞、马道之上，一座卷棚顶铺房，在现代楼群中显得是那样低矮渺小。虽然其貌不扬，却是 700 余年来，北京所有古建筑包括故宫在内，能把历代王朝政事、农事与上天紧密维系在一起的唯一。也是世界上留存下来的著名古天文台之一。

　　这座古建筑的当下正规命名是"北京古观象台""北京古代天文仪器陈列馆"，隶属于西直门外的天文台。它的前身是元代太史令王恂、郭守敬等人，在此台北侧兴建的司天台，初建于 1279 年。1442 年，历史已推进到了明代正统七年，在此台南近的元大都东南角楼附近的旧址上，又兴建了一座新的天文台，称为观星台，附属建筑、天文仪器一应俱全。清代康熙年间改观星台为观象台。在 1670 年前后，由南怀仁设计监造了 6 架天文仪器；尔后又增设了两架。在乾隆年间，台上已有 8 架比较现代的天文仪器。1900 年列强入京，这些仪器全由德法两国掠走，后归还。如今有部分仪器保存在南京紫金山天文台。观象台上展出的大件仪器有的是复制模型。但仍有一些原件可观。尤其是"中国古代天文学成就展"的介绍,三垣 28 宿天区划分等古天象图表,对我们了解我国古代的天文学、天象学常识，还是很有帮助的。尤其在历法方面，有谁会想到从古到清，在我国历史上曾出现过 102 种呢？而且陈列于台内的张衡、祖冲之、沈括、郭守敬、徐光启等人的铜像，则几乎代表了我国天文学的探索史。

　　中国是世界上天文学发展最早的国家，历史封建王朝都对天文、历法非常重视。传说在 4400 多年前的颛顼帝时代，就有了天文官"火正"，专门负责对被称为大火星的心宿二进行观测，确定将大火星在黄昏时分从东方地平线上升起那一天，作为一年的开始，春天的到来。另据《尚书》所载：自尧帝时代就有司天文、历法的官员，"命羲和，钦若昊天历象日月星辰，敬授人时"。而且通过对恒星的观测，发现了一年中白昼最短的日子，确定了冬至、夏至；把昼与夜的长短相等的日子确定为春分、秋分，以此来界定四季；并依据恒星运行年周期确定一年为 366 天，通过设置闰月的办法，来解决差余问题。这种历法被称为阴阳历，因为这种历法兼顾了太阳与月亮的运行周期。此后的历代都设有天文观测部门，直到明清。

　　我国中世纪以降各代的天文部门，多称太史院、钦天监、司天监，主要职责便是通过对日、月、金、木、水、火、土七星及一些重要星座运行变化进行观测，对出现的各种天象、星象进行记录分析，以此来修订、完善历法,并把这些天文现象与社会生活联系起来,举凡政事、军事、农事、国之兴衰、人生吉凶祸福,几乎都有天象的介入干预。这些主观天文学的内容多为迷信,但涉农事部分则多为科学,如24节气的发明,那种科学程度的精确,精确到现代科学与科学的昌明都无可指教,是古代天学地学等多学科最为科学综合运用的伟大成果,其精确度至今仍令人不能不为古人的智慧而叹服不已,且被联合国教科文组织列入了世界非物质文化遗产名录中。至于那些客观天文学方面的发现与建树,不但遥遥领先于西方天文界,而且至今仍有许多为国际所认同。

那么中国为什么会产生那么庞杂、无用乃至迷信、愚昧的主观天文学、星象学、占星术的内容呢?除了各类人性的需要在催生外,最根本的还在于古人对"天"的原始敬畏与崇拜。中国没有释迦牟尼,也没有耶稣,更没有救世主,只敬畏崇拜一个"天",称天为"天老爷",称清官为"青天"。舜帝时代便以"四时、天文、地理、人道"为四大政端,尤以天道为"政之大"。后来的儒家讲"天命",皇上称"天子";墨子则讲"天志"——"天子正天下也";但他要讲的主旨则是"天之正天子也"——天是至高无上的,帝王不正,也要受天的惩罚,天志是至高的。舜帝与屈原受苦受难时都去野外"倚耒号天";岳飞受陷害时也大书"天日昭昭",而平民百姓更是"痛极呼母,苦极呼天","天啊""天呐"也许是人们最顶级的痛苦无助之呼唤。尽管苍天从不理人间之不平,但人们仍几千年一贯制地迷啊,信啊。正是中国人对天的这种最高崇拜与迷信,才催生了庞大的主观天文学、天象学,乃至形成一种特殊的天象文化,把科学与迷信杂糅为一体。

在无法一一历数的天象文化中,成系统的大概要数四象28宿12星次的天区划分及其分野,乃至关于吉凶祸福的种种天象征兆。四象就是人们把太阳运行轨道附近的东南西北四方的恒星,按方向划分出28宿星官,并由此而形成了我国古代天文学的主干体系。那么它是怎样产生的呢?

中国最古老的天象观测便发现天上有的星星在行走,有的星星则不动,便把运行的天体称为行星,不动的称为恒星。肉眼能观测到的行星有日、月,这是举目可见的,最受重视;又发现运行显著的五颗星,就是金、木、水、火、土,合称五星;又把五星与日月合称为七曜。而当这七星分别运行到那些不动星的天区时，地上的物候、气象都会在不同时期发生一些变化。于是又把赤道两侧肉眼可见的那些天体，组成二星以上的小星群，按四方分区，以动物与五行之性命名为28宿。

又按四方每个方位划定七个星座。东方七星依次为：角木蛟、亢金龙、氐土貉、房日兔、心月狐、尾火虎、箕水豹。又因这七个星座在天空中的区位形成一个龙形，便称东方天区为苍龙象。

南方七星依次为：井木犴、鬼金羊、柳土獐、星日马、张月鹿、翼火蛇、轸水蚓。又因这七星整体上像一只巨大的飞鸟，把南方天区命名为朱雀象。

西方七星依次为：奎木狼、娄金狗、胃土雉、昴日鸡、毕月乌、觜火猴、参水猿。又以这七星整体构成虎踞之形，便把这一天区命名为白虎象。

北方七星依次为：斗木獬、牛金牛、女土蝠、虚日鼠、危月燕、室火猪、壁水貐。又以此七星整体如传说中的龟蛇合体交尾状，便把北方命名为龟蛇象，以玄武代称。

至此，四方合称四象，28个星组合称28宿，形成了四象28宿的星象体系，并由此而与二曜五星及各种行星运行交合，渐次形成了庞杂无以尽数的天象文化。

那么28星为何称"宿"呢？因为月球每天经过一个星座，宿为住宿的意思；月球28天环天周行一遍，因称28宿。宿的读音民间有两种读法：一音xiǔ，一音xǔ，因而28宿便有两种读法。

对于四象28宿的天区划分很早，至少在西周便已形成，因为在战国时代的墓葬出土文物上，便有这28宿的全部星象与名称。那么古人划分这些东西干什么呢？把这些星宿都与天下各地区投影式地联系起来，叫作"分野"，然后根据日月与五星运行过程中，与28宿中的每宿相交合时的天象，来"以观妖祥"。而天人之事、象，以天下之大，年代之久远，总会有偶合之处，甚至为了某种目的还会造假而大事宣扬，而不由你不迷不信。无比艰辛的科学发现与创树，就这么简单地沦为迷信的婢女。

《史记·天官书》称："天则有列宿，地则有州域。"那么与北京对应的分星在哪个天区呢？在东方青龙象限内的箕宿与尾宿，与其相对应的是西方十二宫中的人马座；在12星次的析木次天区之内。当木星运行进入这一天区的那一年，便称为"岁在析木之津"，这六个字便大有学问了。为什么这样称呼？什么意思呢？

这里的"岁"是指木星，木星沿黄道运行一周天要 12 年，每年只能出现在一个星次天区，所以称为岁星。我们常讲年年岁岁，把年与岁通用，但年与岁至少在天文学上是不同的：正月初一到十二月三十为一年；而木星在一个星次天区运行的时间为一岁，一岁为 398 天余。那么"析木"又是什么意思呢？是传说中银河的木栅栏，而岁星进入这个天区正在银河边上，所以不但有析木之称，又有一个津字——渡口。这就是"岁在析木之津"的大体含义吧。因而"析木之津"这四个字便成了历代文人们对燕国、幽州城的代称，正为此，北京城在辽金时代先后被命名为析津府、析津县长达百余年之久——1012 年幽州被石敬瑭出卖给契丹辽后便被改名为析津府；幽州城落入金国手中后又被改为析津县；直到 1153 年被改为永安后，这个名字才从此消失。

那么在析木星次这个天区内，作为北京地区分野的箕星、尾星这两个星宿，又是何等神圣呢？箕星便是民间所称的簸箕星：由四颗单星组成，形成一个敞口的簸箕形。簸箕是农村的一种柳编农具，用来借助扇动风来簸米糠、秕皮的，于是在四星的口前有一星，被称为糠皮。因而有文献称其是"六神之别名，风伯神箕星也。其象在天，能兴风"。星光特别亮时便要起风，善于口舌是非，也有丰收之象征。箕宿四星在人马座的弓箭部位。人马座则是古希腊神话中众多人神英雄与大师们的老师马人喀戎。又是普罗米修斯的救替者，称得上是英雄大师。

析木星次中的尾宿是天蝎座中蝎腰以下的九颗星，在苍龙星系中也是龙尾部分，"尾九星苍龙尾也，一曰析木"。析木次当以其命名。尾宿一般被视为凶星。

以上除 24 节气与天区划分外，多为迷信与传说的产物，作为一种常识来领略吧，毕竟是民族传统文化的一个组成部分，虽不可信而不可不知。尤其是"析木次""析木津"，这个"析木次"与"析木津"不仅是北京地区与冀北的分野天区，而且还曾是北京百余年的名谓呢。

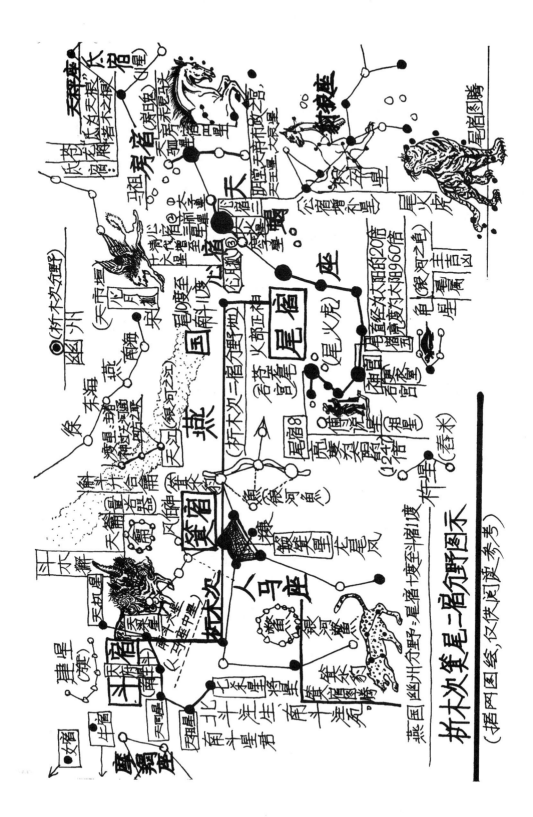

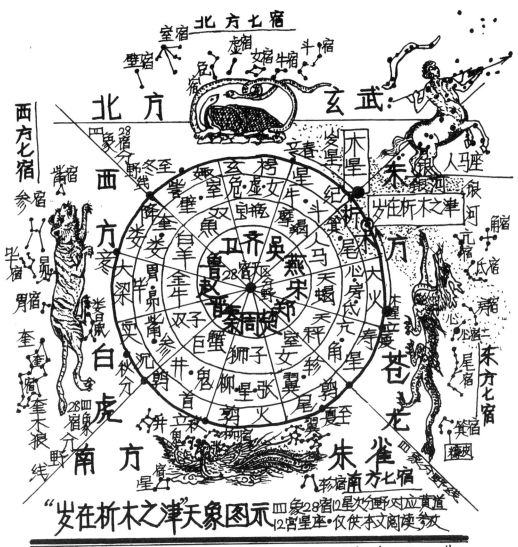

"岁在析木之津"天象图示

四象28宿12星次分野对应黄道
12宫星座·仅供本文阅读参效

木星：岁星，12年运行一周天；按其运行方向划出12个天区，以别其运行区间不同，各区命名称为星次；与28宿星座搭画，星次便有了与天下12个地区的分野对应意义；幽州、燕国的星次分野在析木次内；"岁在析木之津"指岁星运行在析木次区间；析木指银河的木栅拦，津指渡口，因称"析木之津"其分野在幽燕，世以析津代指燕地；幽州城由此在辽金时称析津府。此图的外层为12星次名；第二层为28宿所在天区；第三层为西方黄道12宫；中心圆内为地面与上述星次、星座相对应的分野地域，有个交叉于相邻星次、星宿。

廿四节气图示

公元前104年廿四节气的天文位置便约《太阳历》

世界文化遗产

太阳黄经15°清明节

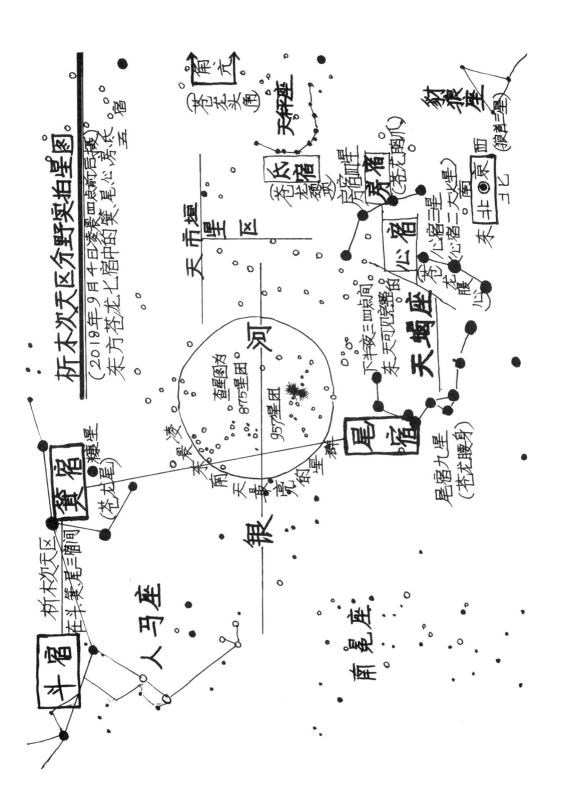

析木次天区分野实拍星图。

（2018年9月4日凌晨四点前后拍摄）
东方苍龙七宿中的箕、尾、心、房至氐宿

天市垣星区

天市垣星区

银河

天蝎座

南斗

（2018年9月4日凌晨四点前后拍摄）

亢

南

天秤座

氐宿
苍龙老颈项

房宿
苍龙四脚

房宿
（苍龙肚子）

北京
己

西

东

豺狼座
（猴首星）

心宿
苍龙心脏的心宿
老心脏（心宿二大火星）
腰
心

下半夜三四点钟，
东天可见龙腰心。

尾宿

尾宿九星
（苍龙腰身）

箕星
（苍龙尾）

箕宿

斗宿

析木次天区
在斗、箕、尾三宿间

析木次天区
在斗、箕、尾三宿间

人马座

南冕座

第八集　郭守敬：人类天文史上永远璀璨的"东方恒星"

——敬瞻北京郭守敬纪念馆感言我国古代天文成就

公元 1231 年金哀宗正大八年，郭守敬出生于河北省邢台县；公元 1316 年元仁宗延祐三年，我国也是世界上的著名天文学家，大元王朝的太史令，终身未获准卸任已 86 岁的郭守敬，逝世于元大都任上。

公元 1970 年，在他去世 654 年之后，国际天文学会，以他的名字为月球上的一座环形山命名为"郭守敬环形山"。

公元 1978 年，国际小行星中心将"小行星 2012"命名为"郭守敬星"。但他哪里只是"环形山"与"小行星"呢？无论在中国还是在世界天文学的历史天区中，他都是一颗永远璀璨的恒星。

——题记

在寻访北运河与北京城水系的行程中，见到最多的历史人物雕塑，便是郭守敬。但他不只是一位有伟大建树的水利工程专家，也不只是一位发明了多种计算新法的数学家，更是一位斐声海内外的著名天文学家，于今仍得到国际天文界的高度认同。郭守敬，一位当之无愧的"中国人"，足以引为中国人的骄傲。

郭守敬出生于金、元交替之际，由祖父郭荣养大。这位祖父虽非什么富豪、高官，但学富五车，贯通天文地理，融会五经算学水工。而且是忽必烈的首席谋主大学问家刘秉忠的朋友。

人的成长、成就、成才固然与天赋有关，但家学渊源对人的影响极大。有人说培养一个人高贵的气质风度，要有三代人的熏陶，也许有几分夸张了，但得家学渊源之传承，不唯有近水楼台之效应，而是站在上一代人乃至几代前人的肩上再登峰。郭守敬又有勤苦、好学、探求之精神，尽得家学之真髓，培养起浓厚的天文学兴趣，在十几岁时，就曾经亲自动手用竹批子，按照典籍上的插图，编扎出一架测天的浑仪，把它架在一座自己动手用土堆起的土台上，开始观测天象。这就是他此生中的第一座"天文台"，也许就是他几十年后在元大都所建司天台的模拟作吧。而且还根据一幅莲花镂石刻的拓片图，便一点点悟出了这种计时器的运行原理。

在他正处青竹拔节待雨露的青少年时代，适逢已成为忽必烈谋主的刘秉忠回乡为父丧守孝3年，一边在邢台县西南的紫金山守孝，一边在那里结庐读书讲学，著名元代学者张文谦、张易、王恂都在这里从学于刘秉忠。郭守敬的祖父郭荣的一个僧侣朋友来访，发现了这个孩子的天学天赋，便推荐给刘秉忠。于是，郭守敬这位少年才俊，正式成为一代学问大师刘秉忠的学生，与张文谦、王恂等大有名望的学者们成为同学，并由此奠定了他一生的成长方向与成长高度的基础。这几个人都是当世不可多得的一代人杰啊。孟子讲过"从其大者为大人，从其小者为小人"；老百姓则讲"跟着凤凰飞是俊鸟，跟着黑瞎子走是狗熊"；而郑板桥则讲："新竹高于旧竹枝，全凭老干为扶持。"少年结交长者，可收前喻文化之天启；老人奖掖后生，可得后喻文化之滋补。千古不易之理。

1251年，蒙哥汗王命其弟忽必烈南下总理漠南汉务。忽必烈在京北金莲川大草原上建府，刘秉忠应召离开邢台投入忽必烈的金莲川幕府，但他已发现郭守敬是个人才，便把他托付给另一个大弟子张文谦；青年郭守敬为故乡邢台的水利工程建设，运用理论与实践结合的办法，做出了受世人称颂的贡献。

1260年，忽必烈在元上都当年的开平府即位，在新一轮人事任命中，张文谦调任大名府等地任长官，郭守敬随行，不断深入民间开展水利勘测工作，召集当地匠人研究制作计时工具，把少年时代研究过的莲花镂改制为宝山镂。

1262年，张文谦在座师刘秉忠的荐举下，入朝为左丞很得忽必烈信任；张文谦又向忽必烈推荐了自己的小师弟郭守敬，得到忽必烈的召见。郭守敬面陈的六条水利建策，讲得忽必烈连连点头称是。一个是讲得好，一个是门外汉，但忽必烈听得出好坏优劣，很快便任命他为全国的河渠提举；次年又升授为银符河渠副使，相当于全国治理河渠的特命使臣。

此时的郭守敬才刚过而立之年，三十二三岁吧。不久又升任都水副监，为元朝的水利工程与北京城的水利建设与漕运开通入城，做出了卓越的贡献，成为大元帝国的首席水利专家，把元代的水利工程建设，提高到了实用而科学的近现代水平。但这一切成功都建立在研究河工历史资料，野外探查实测地形地势、科学计算各种水文数据的基础上，因而算无遗策，听他的便成功，不听他的便受害。1298 年在治理上都水患时，郭守敬的方案在执行时，泄洪渠道宽度被压缩了三分之一，结果次年便被山洪冲毁泛滥成灾，元成宗的大帐都差点被淹，令其感叹道："郭太史真神人也，可惜没听他的话啊！"

那么，这个"郭太史"是个什么职位呢？是元朝的司天部门太史院的主官。太史在此前是治史的，但元朝的太史则是司天的。在刘秉忠去世后，郭守敬便开始跟随张文谦，与他的同学王恂等人开始了历法修订的工作。在忽必烈朝王恂等人离任后，已升职为太史令，但由于他是水利专家，还让他兼理河工、漕运事务。元成宗年间，官员可以任职到 70岁致仕（退休），但对郭守敬则要求终身任职，并由此形成了太史院没有退休年限的不成文规定。以致郭守敬一直在太史院从事天文工作到去世。

那么，郭守敬在天文学方面都有哪些建树，有什么成果，以致在 600多年后仍受到国际天文界的推崇呢？他的天文学建树似乎都与编制《授时历》有关。

1279 年，已年届 50 的郭守敬向忽必烈提出建议：元朝的国土如今已如此广阔，日出日落、昼夜长短都有很大的差异，旧的历法已明显地不适用，需要编制新的历法。这一建议得到了忽必烈的支持。从此郭守敬的工作重心由地理水文转向了天文历法。

郭守敬一生所从事的水文、天文两方面的科学研究与实践，从来不忽略汇集利用前人的成果，但他从来不会关在屋子里去推演或萧规曹随，务要躬亲。纸上得来终觉浅，而郭守敬奉行的，是一种真正的科学精神。

编制新历法，他注重观测。要发现天体运行有什么新的变化，旧的数据有什么误差，旧的历法有什么不适应，不观测当下天体运行状态是不可能达到科学标准的。于是他与同事王恂等人首建了司天台，北京从此有了第一座天文台。但他并不满足于此，并不局限在元大都一地的观测，在忽必烈的支持下，他创造了著名的"四海测验"——派出太史院的14名监候官，在全国各地分设了27个观测点进行天文观测。而他自己身体力行，从元上都、元大都出发，一直南行到南海，行程数千里，分别在6个观测站进行观测，亲自测定了夏至日表影的长度和昼、夜的时间长度。他所测定的数据具有极高的精确度，与现今通行世界的公历值相比，他亲测的北极出地高度平均误差只有0.35度；28宿距度，平均误差不到5分；黄赤交角新值的误差仅1分多；而所取的回归长度为365.2425日，与300年后西方通用值竟无一点误差；而与地球公转的实际时间只差26秒。正是这种精确征服了西方现代天文界。

那么，600多年前的天文数据，怎样达到如此高的精确度呢？俗语讲人巧不如家什妙；文人讲工欲善其事，必先利其器。郭守敬在观测前改进制作了一批精确度极高的仪器：有坐台式的，也有便携式的；有大型的观天仪，也有小型的计时器。台用的大型仪器有十二座：简仪、高表、候极仪、浑天象、玲珑仪、仰仪、立运仪、证理仪、景符、窥几、日月食仪、星晷定时仪；便携野外观测仪四种：正方案、圭表、悬正仪、座正仪；各种计时器只是漏器便多达六种。这些新仪器有的是在前人基础上的更新改进提高，有的是他的首创。他所设计的赤道经纬仪，是领先欧洲360多年的世界最早的赤道装置；简仪中使用滚柱轴承领先西方200多年。他早年同学同事、天文学家王恂是个极高傲的人，但对于郭守敬的创新则十分佩服。就连几百年后来中国的著名的西方传教士利玛窦，在看到郭守敬所创制的这些仪器时，也不禁叹道：这些仪器的规模和精美，远远超过了他在欧洲所见到、所知道的任何同类仪器。而郭守敬能获得如此精确的观测数据，除了他的科学精神外，首益于这些先进的高精确度的仪器。可惜的是这些仪器清代乾隆年间都被毁铸铜钱了。

天文历法界的前人阮元有言：“推步[◎]之要，测与算二者而已。”观测只是获得数据的第一步，关键更在一个“算”字上。而郭守敬恰恰又是一个一流的数学家。

第一，他重新确定了数据计算的起点，一切以1280年也就是以实际观测开始那一年的冬至日所致的时刻为起点，并由气应、转应、闰应、交应、周应、合应、历应这著名的“七应”，来建立科学的“天文常数系统。”

第二，一改古代以分数来表现天文数据的繁复方式，改用了简洁的更为科学的“万分为日法”，把唐代曾有过打破分数法的构想，变为实践。

第三，在数据处理上，改变传统的用不精确的“二次差内插法”，来计算天体运动的计算法，创造了用“三次差公式”来计算的“招差法”，解决了一个前人300年探索而未解决的难题。

第四，发明了“弧矢割圆术”：用传统的勾股公式与沈括的会圆术公式相结合，来求解各种球面投影线段的关系，来取代前人近似代数的计算方式，从而求得与现代球面三角学公式计算相一致的精确数据。

在完成观测与数据测算后，郭守敬与他的同事、师友开始编制《授时历》。那么，《授时历》是一种什么样的历法呢？

元朝初年仍使用金国重修的《大明历》，实行几十年后发现误差很大，出现多次历法与天象相违的现象。所以才有了编制新历法的动因。

《授时历》是由忽必烈命名的，这个命名本身并不反映这部历法的特点，而是取义于《尚书·尧典》中的“敬授民时”一语中的授、时二字。这部历法最大的特点是与此前各种历法相比较最为精确，由此历逆推几百年都无失误。在实行中有一次日食之误，但结果证明推测无误，只是发生日食时，在我国观测不到，是“日度失行”。一直逆推到《春秋》所载的几十次日食，也都比其他历法更接近史实。而且这部历法明确规定了全国以京师时间为标准时间来划分昼夜。“北京时间”的祖源在这里。这部历法不仅被天文历法界称为我国古代历法史上划时代的作品，而且在国际上也很有影响。我国最有名的历法大概为推行了近190年的西汉《太

◎ 推步：推演天象历法。古人认为天体运行，如人行步。但天体运行的未来状态、变异是可以预先推算出来的，因称推步之法。

初历》，而《授时历》推行了360余年。

元朝初年曾沿用金国重修的《大明历》，但屡屡发现推测天象的失误，耶律楚材与西域人各有一部历法完成，但未得推行。到了1276年，忽必烈才按照刘秉忠的生前建议，责成中书左丞张文谦组织历法的修订，由太史院主官许衡任主持；实际操作者是太子的老师王恂与郭守敬，两个人都是副主持。而郭守敬由"水官"转为"天官"也是由王恂的荐邀而加盟的，王恂最了解他的师弟的天文学识与制械能力，所以郭守敬负责观测与仪器制造。而《授时历》的主编则是许衡。但这部历法的完成与前面所述的各项发明，都是许、王、郭三人乃至一代天文学家们的集体劳动成果。许、王二人都去世于1281年，虽然此时《授时历》已颁行，但最后定稿则是在1286年。郭守敬则比他们寿长达35年，他在历法后续完善工作与科学成果整理上做出了卓越的贡献，而且在观测与仪器制造上，为《授时历》的编定提供了全新的精确数据，使这部历法推行长达300余年，而且推行到了朝鲜、越南。郭守敬自然功不可没。而且郭守敬还留下了天文学著述多达十几种。

郭守敬的一生不但在天文学上有卓越的创建，而且在光学、数学、地学、水文学、水利工程学上都有所创造、发明。他的成果都应用于当时的社会实践。中国并不缺少科学家，也不缺少实践者，但以科学家而兼建设者、创造者的知行兼备者则十分难得，因而在国内、国际，在古代在现代都备受推崇。

与他共同编订《授时历》的大历法家许衡对他的称道是："天佑我元，似此人，世岂易得？"他的君主忽必烈叹道："任事者如此人，不为素餐矣。"元成宗则称其为："郭太史神人也。"而齐履谦则在评价他一生成就时讲道："公以纯德实学为世师法，然其不可及者有三：一曰水利之学，二曰历数之学，三曰仪象制度之学……及夫见用，观其规画之简便，测望之精切，智巧不能私其议，群众无以参其功……呜呼！其可谓度越千古矣！"

当代人为了纪念郭守敬这位伟大的科学家，全国各地建立了许多纪念馆、纪念建筑，不仅在他当年造福故里的邢台、宁夏有他的各种纪念建筑与雕塑，就连上海市也辟有一条郭守敬路。而不知傲慢了多少历史名人的北京城，不但到处有他的塑像，而且在什刹海最北端的西海北岸二环路南的汇通寺，为他改建了一座纪念馆，由当年的胡耀邦总书记亲笔题写了馆名。他应该受到后人的礼遇，北京人更不能把他忘记。没有他哪有当年的白浮泉引渠，哪有当年的积水潭码头，哪有通惠河至今仍秀美的两岸风光，哪有当年"水上漂来的北京城"，哪有北运河漕运直接进入北京城？

20世纪70年代，国际天文组织两次以他的名字为太空天体命名；2009年，国家天文台把设在兴隆观测台的大天区面积多目标光纤光谱天文望远镜这项"国家重大科技基础设施建设项目"，冠名为"郭守敬望远镜"。国家领导人与多部委的领导都出席了此次冠名式，不失为当代国人对郭守敬的一次民族的礼敬。

在谈到郭守敬的时候，人们不仅会发问：在社会生产力已被破坏到无以复加的元帝国初年，为什么会出现郭守敬与刘秉忠及其一众弟子这样一群天文学家呢？不是平地一声雷，而是一种历史文化的积淀。中国自西周至元代以前，就始终是一个在天文、地学、数理方面领先于世界的国度，也没有哪个民族有中华民族这样几千年连续而没有被中断的历史文化。而且中国是一个农业国度，一个封建历史最长的国度，正是维护封建统治与发展农业生产的双重需要，推动了我国天文学的发展。也就是说，中国的天文学从萌芽初始，便是为借助"天志"来维护封建统治，利用天时气象为发展农业生产服务的。从有文字记载以来，似乎就没有一个统治集团不重视天文、水文、地学的。有了几千年这样历史的积淀，在天文学上的进步也便自然。

那么，几千年来，我们在天文学上都取得了哪些成果呢？主要体现在历法、天象观测、仪器制作、天文学术著作等方面。

中国天文学的原始发端，乃是产生于生产与生活的实践需要，从而产生了对计时、昼夜、四季、岁月的认识，直至产生了至今仍在流行且被联合国教科文组织承认为人类的历史文化遗产的24节气，这可不只是那几句节气歌所能代表的。它包含了极深厚的天文学知识。这是我国劳动人民与科学家们，在生产实践活动中，通过长期对植物生长规律、周期，天体运行规律，气候变化规律及其影响关系的观测，创造出来的最伟大的天文气象成果。

在历法方面，按《史记》所载："盖黄帝考定《星历》，建立五行，起消息，正闰余。于是有天、地、神、祇、物类之官，是谓五官。各司其序，不相乱也。"而且综合占日、占月、占星、律吕、甲子、算术，"容成综此六术"而编制出我国的第一种历法《调历》，也就是前文中所说的"星历"；所说的"消息"则是指乾坤——"乾者阳，生为息；坤者阴，死为消也。""消息"原指生死。所说的"闰余"，便是用闰月法来解决日月运行时差月积岁余问题。而"五官"则指春、夏、秋、冬、中官各司其职；"五行"则指金、木、水、火、土五星的运行与五行生克之理。以后又有夏代的《夏历》、汉武时代的《太初历》、南北朝时期祖冲之的《大明历》，都是著名的历法。至于不著名的历法计有百余种。站在这么多前人的肩上，在元代产生了《授时历》那样精确的历法便不足为奇了。

历法的精确度取决于天象观测、天体运行观测的精确度。历法绝不是我们案头的一本日历那样简单，尤其是日食、月食，那都是推定的。凭什么推定？靠天体运行规律，许多星象也许可以靠胡说、编造来骗人，但日月食怎能骗得了人？所以日食、月食推定的准确度是判定一部历法是否科学的基本标尺；还有春分、秋分、冬至、夏至四个节气日的推定，到了那一天，天象与时差不符你怎么交代呀？所以天象、天体观测最重要。而在这方面中国拥有四千年的历史记录。关于太阳黑子、彗星出现等，都有记录。对哈雷彗星的记录，从春秋战国到清末 2000 余年间，我国的历史记录有 31 次，而且在汉代就详细描述出了它出现的时间、运行的路线与视行速。而关于其他彗星的历史记录则多达 500 余次，并且准确地分析出了它的成因。

普天之下，在哪里也找不到这样连续的历史记录。是以，在 20 世纪初英国两位天文学家利用这些记录来计算彗星过近日点的时间与周期，一直上溯至公元前 240 年都准确无误。当代美国、法国、爱尔兰的天文学家、天文台，都曾利用中国关于彗星的历史记录，来进行天象观测与计算数据。以至在 20 世纪 50 年代专门研究彗星运行轨道的法国人巴耳代就断定说:"彗星记载最好的（除极少数例外），当推中国的记载。"而且关于流星雨的记录，陨石的研究，对于新星、超新星的发现，对于五星冲日的记录都领先于世界。而这些天象的记录都是在没有望远镜的历史条件下，完全靠目测与最原始的观测工具与方式得到的。对此，19世纪下半叶的美国天文学家海耳就讲道:"中国古人测天的精勤，十分惊人。黑子的观测，远在西人之前大约 2000 年。历史记载不绝，而且相传颇确实，自然是可以征信的。"以上这些在北京天文馆陈晓中先生的《中国古代的天象记录》一文中，有更为详细的论述。而由此可证"历史悠久"的价值。

取得如此丰富的天象记录，虽然没有天文望远镜，还是离不开仪器的。我国古代在天文仪器的制造上也是大有智慧的。最古老的仪器似应推测量日影长短以计时的圭表及后来的日晷、漏器。到了汉代则有了较大型的天文仪器的产生。如西汉落下闳的浑仪，东汉张衡的浑象仪，元代郭守敬的简仪与众多的观测仪。

在观测天象与编制历法的基础上，出现了许多古朴的天象图；创造发明了四象、三垣、28 宿的天区划分，还有 12 星次的天区分野，为许多天象、星象做出了许多科学的、迷信的释义，形成了一种庞杂的天象文化。很可悲的是，国人常常把聪明智慧耗费在了无益甚至有害之处。许多科学发现发明常常变成了封建迷信的帮凶。

中国古代天文学最伟大的成果乃在于天文著述。在中国最古老的著述中，无论"春秋三传"，《尚书》《周易》，乃至《诗经》《楚辞》都有许多天文、天象、天体、星象的记录，许多天文学家也都留下了诸多著述。最早的要数由战国时代甘德、石申夫二人合著的《甘石星经》，留下他们用肉眼观测到的千余颗恒星定位与五大行星运行的记录。唐代的《敦煌星图》，则手绘了 1300 多颗有名称的星图，是世界最早的天文图；可惜的是只能去大英博物馆一睹尊容了。而古代最宏大的天文著述，则淹没于《廿六史》中。从《史记》始，便有《历书》与《天官书》专述历法、天文。以后的各代史书多有《天文志》；而《清史稿》中则有《天文志》十四卷，长达二三十万字。把历代的天文志汇集在一起，便是一部几千年的天象实录史与天文观，也是我国历史文化一大观。但也只能是一种历史了，谁还来关注呢？这是我国得"天"独厚的一笔财富，是几千年天文学家天文观测者多少个不眠之夜所得之成果啊？不应让它泯灭，应去其糟粕，取其精华，把它普及开来才是。对于今人确立科学的天人观、宇宙观，从而去尊重自然，保护大自然，改善我们的生存环境，乃至了解我国历史上的科学建树都是有益的啊。

汉代天文学家张衡讲过："众星列布，体生于地，精成于天。列居错峙，各有所属。在野象物，在朝象官，在人象事。"虽有所未必，但天人关系是不可忽略的。老子讲"人法地，地法天，天法道，道法自然"；庄子讲"天地与我并生，而万物与我为一"；孔子讲"天命"；墨子讲"天志"；皇家讲"天子"；百姓"望星空""盼青天"……天与人是分不开的。所以《酒干倘卖无》歌词唱道："没有天哪有地，没有地哪有家。没有家哪有你，没有你哪有我……"也许是感伤于一些中国人太能作了吧，天作有雨，人作有祸啊，所以便又有了何沐阳的《天佑中华》的流行于世，但愿吧！

［补白］

秋夜"追星逐月"记

自年初的"超红蓝"月全食天文大餐始，至 7 月 27 日的火星冲日与月食同现天球，已追拍星月长达 7 个月之久；而自 7 月末至 9 月上旬 30 多天，除了阴雨雾霾外，几乎是夜夜追拍。家里的阳台成了我与方舟的"观星台"。为了等候要拍的目标出现，不止一次地彻夜无眠，一直寻拍到东方启明星隐没，红霞满天，才休息。这一段时间虽未算憔悴，却称得上碧海青天夜夜心了。似乎不可思议，至于吗？

如果说是天文爱好，还不如说为了文章的需要；如果说为了写作，还不如说是为了一种追寻。星是不追的，月也无须逐，平生天赐"一月二星"足矣；而夜夜伏栏，无非为了追寻早已逝去的那个家园。但并不怀乡，也不恋旧。没必要煽情于乡土以往，说实话，现在怎样不好，要让我还是回到从前那种苦日子，则远非我愿。青少年时代的那个家园，虽贫苦到地不生菜蔬果木，人不得衣食温饱，但却拥有人生永不可再得的富足，有父母在啊！

平生两点男儿泪，"一回想起一潸然"。十年梦里泪沾巾，不闻爷娘一声唤。那才是人间最好的声音。自己对星月的喜好，都是家母所赐。那些星星月亮的故事，母亲知道得那么多；我认得的星星都是母亲用手一次次指给我的，哪里会忘啊？只是到大城市里生活，便是一场几十年的告别，银河不见了，星星也不见了，只有月亮还挂在天上，小时候站在院子中看见20里外县城、百里之外省城的穹弧形城市夜光，觉得那里就是神秘的天堂；而今却根本无法知道这首都的城市夜光能辉耀多远，但至少是遮星于天，减光于月了。

在北京拍星月是很不容易了，凡能立足处几乎都灯火通明，加之川流不息车辆的灯光，还有最为消光的尘霾弥空，很难拍到理想的效果。为此曾驱车几十里外，仍难逸出城市夜光圈的网罗。只有到了下半夜黎明前一段才稍好一些。月亮是拍透了，从圆到缺，一相不少。星星，也拍到了，文中所涉都已收入囊中。效果虽然无法与专业的相比，但力尽人事了，一部微单相机各种模式都用到了，每颗星都拍出了多种影像，很好看。就是手颤在天宇上画出形形色色的符号都很美，谁也画不出来啊！只是银河是怎么也拍不出来啊，只能凭儿时的记忆与牛女的位置来想望啦！夏秋之际的天河是多美啊！小时候见到蓝蓝的夜空上，一条宽阔的、闪着银光的星河，白亮亮地横跨天宇，那才叫美，是一种无与伦比的大美。难得再见了。

夏秋之交的北方夜空上，几乎最明亮的大星都齐聚一堂。太阳一落山，我便跑到郊野公园的空地上拍星星。2018年9月8日农历七月廿九，没有月亮的夜空，星星便显得清亮一些。落日的余晖还在西天上余光恋恋，金星便开始露脸。很辛苦啊，启明星，凌晨四点钟前后便跃出了地平线，为太阳的驾临开道；跑了一天到了日落西山时才露一脸，还被称为"昏星"。但没有哪个星仆比它更忠于主子了，是天天晨迎晚送啊。

秋夜的北天星宿运行得特别快，拍着拍着，金星的上方又追过来一颗大亮星，木星；拍着拍着，金星便没了；拍着拍着不知什么时候，心宿二也没了，木星也没了；拍着拍着一回头，正南上火星已经红光满面地登台亮相，那是真亮啊，北天所南望的唯一。还有那颗忠贞不渝的狗国四，夜夜守在它的右下角，成为它的标志性一度深秋"伴星"了；偏西南的土星便显得星目光微了。头顶天心上的牛女星与天津四，在天河两岸合力架构起来著名的"夏季大三角"也仍清晰可见了；费了很大的力气，终于第一次抓住了北斗星与北极星，连招摇二星也入镜了，只是北天有云，加之地平视高度太低，只能以面目依稀示人了。还好，用不了多久，二位便要退隐到地平线下去了。好在我的"天文助手"方舟用软件帮我寻找目标星的时间、位置，才省去了好多搜寻的时间与辨认的艰难。但一直到初冬的黄夜至黎明前三四个小时的守候，才得观全貌。

北方9月上旬午夜南望夜空是比较落寞的，金、木、心、土这些大星闪亮登场后，便都光影西头那边去见了，只有火星还在西南的楼角下，茕茕孑立地荧荧闪闪，连最忠诚的狗国四也不知跑哪儿打食儿去了。八九月间的火星真是勤勉恒久啊！而头顶天心的夜空依然群星闪烁；过了午夜，直到凌晨三四点钟，东方的星群开始渐次登场了。从中天东侧南西数，御夫座的五车星组；轩辕十四领军的狮子座星群；天狼星为首的大犬座星群；小犬座的南河二三兄弟；猎户座七大明星与庞大的星群、星云；觜宿参星；参旗星官；毕宿五领衔的毕宿恒星团；昴宿七星携手拉网的庞大恒星星团……从东到西，一路辉煌到东方现出黎明女神的玫瑰色天妆。

秋风肃肃晨风飔，东方须臾皓知之。追星之夜怎么那么短啊，一会儿就亮了。北京城中自无雉鸟晨鸣，却常闻二哈夜号。火星落了，金星已又升起，天亮了，又是一个轮回。年年岁岁星相似而位不同；岁岁年年人不同而归宿一。窗外不借秋风的高树蝉声阵阵，不知从哪夜开始，已暗换了李清照的"草际鸣蛩，惊落梧桐"了。人生百年，不算短暂，只是时间流逝得太快，一年很快就用光了。俗语云"人生一世，草木一秋"，人生真当珍惜这"草木年华"，珍惜宝贵的时间就是珍惜生命。

用几十天、几个月的时间从"春打六九头"一直到"立冬交十月"来拍星星月亮，算是珍惜吗？积累了近万张星月的图片，也是一种收获。但在特定条件下不断简单的重复就是生命的浪费了。好在为配图提供了足够的选择空间。但也只能在力所能及的条件下争取更好，而做不到最好了。抱歉，见谅，理解万岁。

2018 年 11 月 28 日于北京天通寓所

第八集　郭守敬：人类天文史上永远璀璨的「东方恒星」

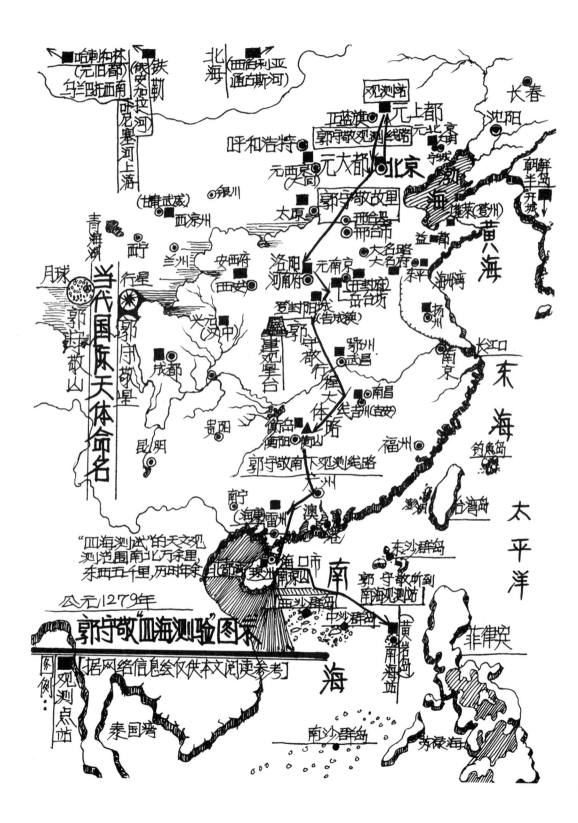

哈剌和林
(元旧都)
乌兰巴西南

北海
西伯利亚
通古斯河

(俄)安加拉河
叶尼塞河上游

长春
沈阳

观测站
元上都
亚蓝旗
郭守敬观测线路
元北京
宁城
呼和浩特
元大都
北京
朝鲜半岛
开城
勃海

(古姑)武威
银川
元西京
郭守敬故里
蓬莱(登州)
黄海
西夏州
太原
邢台县
邢台市
益都

青海湖
醇
兰州
安西府
洛阳
河南府
元南京
(开封府)
大名路
大名府
东平
渤海堰

月球
行星
西安
汉中
登封阳城
(告成镇)
岳台坊
扬州

当代国家天体命名
郭守敬星
成都
郭守敬台
建观星台
郭守敬行程大线
鄂州
武昌
南京
长江口
东海

贵阳
南昌
吉州(吉安)

昆明
衡岳
衡阳衡山
福州
钓鱼岛
太平洋

郭守敬南下观测线路
广州
澎湖
台湾岛

醇
海康雷州
澳
东沙群岛

"四海测验"的天文观
测范围南北万余里
东西五千里,历时年余
海口市
北西南四
郭守敬听到
南海观测站
南海

公元1279年
西沙群岛
中沙群岛
黄岩岛
菲律宾

郭守敬"四海测验"图示
南海观测站

据网络信息绘仅供本文阅读参考
南
海

观测点站
泰国湾
南沙群岛
文莱海

彖
倒

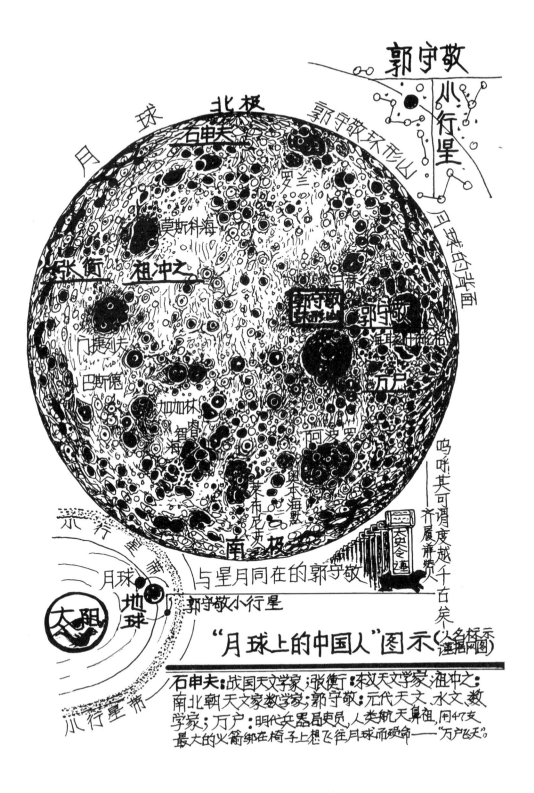

郭守敬
小行星

月球   北极   郭守敬环形山

石申夫

月球的背面

莫斯科海

张衡   祖冲之

罗兰

郭守敬

万户

阿波罗

南极

呜呼其可谓度越千古矣

齐履谦赞

天文令星

与星月同在的郭守敬

太阳   月球   地球   郭守敬小行星

小行星带

"月球上的中国人"图示（人名标示速描网图）

石申夫：战国天文学家；张衡：东汉天文学家；祖冲之：
南北朝天文家数学家；郭守敬：元代天文、水文、数
学家；万户：明代兵器局吏员，人类航天鼻祖，用47支
最大的火箭绑在椅子上想飞往月球而殒命——"万户飞天"。

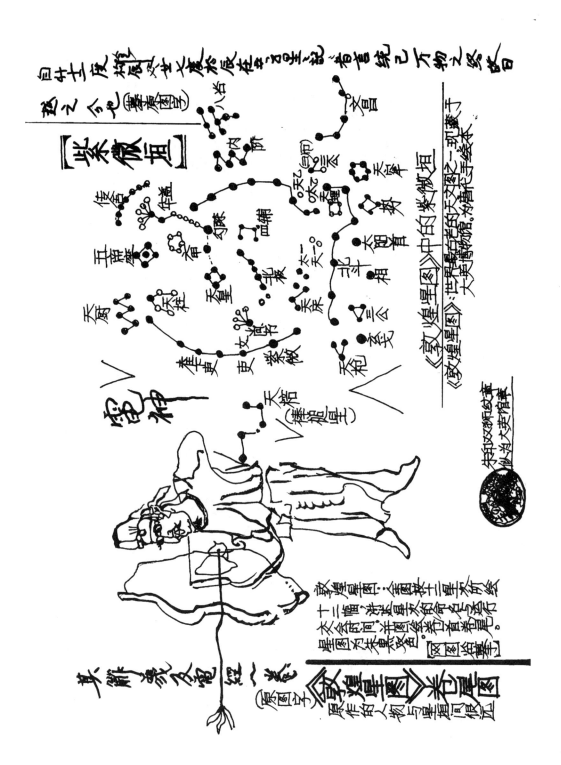

【紫微垣】

《敦煌星图》中的紫微垣

《敦煌星图》：世界最古老的天文图之一，现藏于大英博物馆，为彩色手绘本。

《敦煌星图》末尾星图（原图字）所作的人物与星垣也很相近。

敦煌星图局部：全图共十二星次所绘十二幅，涉及星次的命名与各宿各星。星图为末尾以彩色绘成。（原图字）星图局部

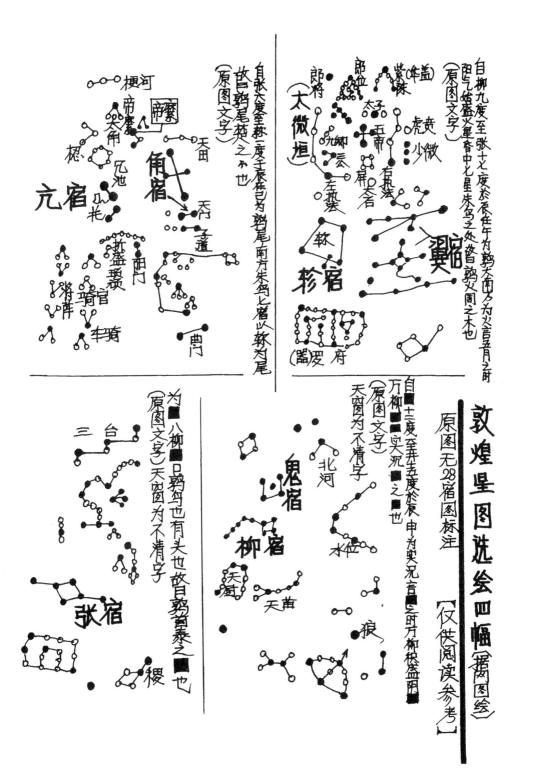

敦煌星图选绘四幅（据图绘）

原图无28宿图标注

〔仅供阅读参考〕

（太微垣）

亢宿　角宿

轸宿

（醫）爰府

鬼宿　柳宿

张宿　三台

自张六度至轸二度壬辰年己为鹑尾南方朱鸟七宿以轸为尾故曰鹑尾翼之木也

（原图文字）

自柳九度至张十七度於辰在午为鹑天南方为火言五月之时阳气始盛火星昏中之星朱鸟之处故曰鹑火翼之木也

（原图文字）

自翼十二度至井五度於辰申为实沈言之时万柳秋盛阴之时万柳秋盛阴□之也

天窗为不清字

（原图文字）

天窗为不清字

为□八柳□曰鹑鸟也有头也故曰鹑鸟首奉之□也

（原图文字）天窗为不清字

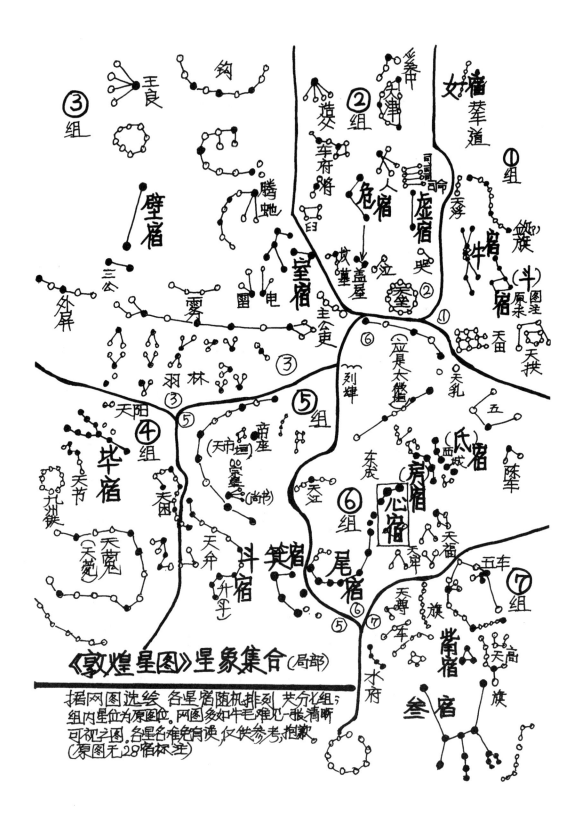

《敦煌星图》星象集合(局部)

据网图选绘 各星宿随机排列 共分七组;
组内星位为原图位。网图多如牛毛难凑一张清晰
可视之图,各星名难免有误,仅供参考,抱歉。
(原图无28宿称注)

第九集 "树为社主"：元大都神秘中轴线的城标选定故事

——京华社神坛庙采风随笔 "社""稷""神木" 崇拜

○古人的两大精神支柱与皇家的 "九坛八庙"

○元大都神秘的中轴线为何以一棵树为城标

○ "左祖右社"：社稷坛为何与太庙并立宫前

○社、稷本二神为何一体同祭乃至 "言社不言稷"

○稷神到底何方神圣，"五谷""百谷" 都是什么 "谷"

○祭坛神庙中为何尽植柏树；北京市树怎么选了两种 "神木"

○明十三陵多为松树京西金陵与京郊板栗之盛

○人类原始生存的三大情结与历史上中外神树崇拜的残忍血腥

○天地六宗与老北京土地庙大观故事

——提要

老北京建都八百年的历史，为我们留下了许多具有历史文化意义的古建筑。其中著名的 "九坛八庙"，不但遵循了中华民族几千年的祭祀文化传统，而且对于老北京的建设都具有不同的意义。

一、古人的两大精神支柱与皇家的 "九坛八庙"

敬天祭祖，是历史王朝一以贯之的祭祀礼拜传统，上天与祖先之神灵也是中华民族史上的两大精神支柱与基本信仰。中国有史以来与世界各民族同样，都经历了自然神原始宗教崇拜的历史阶段，但却从来没形成过印度的佛教、欧洲的耶教、伊斯兰世界的清真教一类的一神主教与教主；

由道教创设的诸神，倒很像古希腊的十二神诸神与英雄崇拜，却仍充满了帝王崇拜的味道。古希腊的主神是三分的：天神之主宙斯，只是一个拥有仲裁权的雷神，只负责统治天界；海界则由他的兄弟海神波塞冬统治；冥界则由另一个兄弟冥王哈迪斯统治。而中国道教的道者则是玉皇大帝或紫微大帝、天皇、皇天大帝；还有三清天尊、五方天帝。五方帝是各守一方的诸侯王，那么教主到底是玉帝还是三清的哪位天尊呢？十分混乱的一个"原始共和神"体系，是以中国的祭祀体系也许是世界上最混乱的，就是皇家也有九坛之多。

中国宗教道门在诸神的创设中也很混杂，猪马牛羊鸡鸭鹅狗披毛带角鳞甲五虫粉墨登场，具有浓重的渔猎农耕的文化味道。就是在著名的四象28宿星官的道教命名中亦可见一斑。中国的道教虽在多元宗教崇拜中纯属本地产品，但实不敢恭维。尽管它常常统治了统治者，但它成不了社会的统治思想，只是被借助、改造，在意识形态上的统治力远逊于只讲"人道"的儒家学说与先秦诸子；更远不及《周礼》《易经》，但从某种意义上而言，也远非宗教信仰，只有迷信而已。而外来的佛教、耶教似乎更有市场。

中华民族毕竟是文明礼仪之邦，一个多分支的民族族群。几千年来形成的礼仪性宗教历史文化中形成了一个双主流的体系：祭祖、敬天，是一个天、人共尊的体系。在这个体系中占据主导地位的，却不是任何宗教团体，而是以各朝代的统治集团为主导，尤其自西周以来的礼经学说，似乎成了不可违逆的"圣经"，历代都认祖先、天神为敬奉祭祀之主。但仍以先人为主，对天、地、神仍是"敬鬼神而远之"，除了社神、灶神、祖先可以登堂入室外，其他便都是野祀郊祭了，这也是历代皇家的规矩。

九坛：社稷坛、天坛、地坛、日坛、月坛、太岁坛、先农坛、先蚕坛、祈谷坛。社稷坛合祭社（土地总神）、稷（五谷总神）二神；天坛祭"皇天"诸神：皇天大帝与诸星神；日、月二坛分祭日、月；地坛祭地祇诸神；太岁坛祭木星神；先农坛祭神农与山川诸神；先蚕坛，祭养蚕之祖；祈谷坛，以祈年谷。

八庙：以太庙为首，为明代皇家祭历代先祖之地；奉先殿、传心殿都在故宫内，祭清先帝；寿皇殿在景山后身，供奉清朝先帝木主，实为停灵之地；雍和宫、喇嘛庙，曾一度为清朝的家祠；文庙，元、明、清三朝祭孔处；堂子，是清朝为满族贵旗专祭民族天神之处，实为满人贵族密议族事之处。这八庙除了太庙、文庙外，都是清庙、家祠。除这八庙之外，还有祭三清、雷神的大高玄殿、祭泰山神的东岳庙、祭玄武帝的钦岁殿；祭风云雷雨四神的四个专庙，还有关帝庙；碧霞元君奶奶庙，有五顶之盛都是皇家封建。

二、元大都神秘的中轴线为何以一棵树为城标

据说，元大都初建时，忽必烈向国师、双塔寺方丈大和尚、当朝灰衣宰相太保刘秉忠问计于中轴线的确立，刘秉忠选定了今日天安门广场中心一带的一棵树为南切点，以前海以东万宁桥一带或北海东岸团城一带的一个小岛中心为北切点，由此南北延伸为中轴线，忽必烈欣然批准。有这么随便吗？"左手一指是太行，右手一指是吕梁"，这是建都啊，哪是唱山歌啊？

那么，刘秉忠为什么会选一棵树为中轴线的南切点？刘秉忠以一个汉人身份能赢得忽必烈终生的信任，靠什么？忠诚？错了，在这个世界，只有义气者才赏识忠诚，在君主那里，忠诚是一钱不值的，他们需要逢迎，龙鳞不可逆。尤其在皇上那里，哪个忠臣能斗得过奸臣？哪个男人能斗过女人？刘秉忠不是奸臣，但他绝对弄懂了逢迎之道，而奸佞邀宠不同的是，广博的学识是他逢迎的武器。他深知蒙古人的神树崇拜渊源。到蒙古大草原上如今仍能看见到处是风马旗飘飞的敖包，而敖包的崇拜却源于神树崇拜。大草原上山高，但树还在山上，蒙古人及大多北方族人最早都认树为神，围着树活动。围着树集会、跳舞、跳大神（萨满教舞），围着树堆石头，便有了敖包；今日堆敖包不再围树，但要在中心植树或在上面插树枝。蒙古人的神树叫"蓬松树"——不知为何树，但肯定是树。所以，刘秉忠的这个提议在忽必烈那里，自然很得君心。他虽然有无数的理由来说服忽必烈，但他都不用，而是选择了一棵树，高明之至。

无法知道他怎样忽必烈的，但古文献也有"树为社主"之说："古者立社,各树其土之所宜木以为主。"这个"主"是指神主。又因"古者立社,不知以木,还便以树为主"。这里的"主"则是神庙中的木主牌位。而"立树以为主，以象其神"。在古人那里，社是指江山社稷，是土地；土地的神主是树；古人认为树是有灵魂的，是最高的神。而北面的小岛是水中突起的部分，是水中山的意思，象征江山啊，也合蒙古人崇拜敖包之意。前者也许只是传说，后者也只是主观测度。但中轴线确立的意义绝非仅此，这条中轴线是直指北极的。读了许多专家学者对中轴线确立的研究文章，但很少有把天文因素考虑进去的，都限于北京城内的地理地位因素。须知刘秉忠是个一等的大学问家，周礼、阴阳、数术、堪舆无所不通；而身边还有从邯郸带到元上都，又一直带到北平的大弟子天文学家郭守敬。这两个人哪里会不知道北极是何处？不知子午线是何走向？北极是北天顶、天极。北极星所在是紫微垣、紫微宫，是皇天大帝所居之处。因而这条中轴线不但与元上都取直，而且直指北极。今日的午夜时分，就在这条中轴线上，北极星的星位正是这条大道的中央，那是一个不动的恒星座小熊座。找不到文献的记载，但刘秉忠与郭守敬两个人对此，对于箕子向周武王所讲"洪范九畴"中的建极说，对于紫微垣、北极星哪有不熟的啊？姑妄言之吧，不管如何"妄"，但刘秉忠绝不会为了避开他所居的庆寿双塔，而信手指树为标。"树为社主"当是这位大和尚指树为标的依据吧，立此存照。

三、"左祖右社"：社稷坛为何与太庙并立宫前

在明清皇家祭祀的"九坛"中，八坛都在四郊进行郊祭，就是要由皇后祭祀的蚕坛也初建于安定门外，后来因皇后出宫不便才迁入北海。只有社稷坛设在了故宫门前，是以有"天下第一神坛"之称。这种设置除了传统的"左祖右社"的规制外，另有道理。《白虎通义》对此有过解释说:社稷坛为什么要设在中门之外，外门之内呢？表示对社稷二神的"尊而亲之"，与先祖等同。而不置于中门之内，则是为了敬而不渎。因为他

们知道自己在中门之内（内廷）干的都是龌龊卑鄙之事，是渎神的。

四、社、稷本二神为何一体同祭乃至"言社不言稷"

何为社？何为稷？

社神是"皇天后土"中与皇天比肩而立的"后土"神，皇天为天皇，后土为地王。"社是五土总神"（《孝经纬》）。而稷神则是五谷总神兼一土之神。那么，为何天地可以由合祭而分祭，社稷却是不可分的合祭。既如此为什么又有社神庙的独建，土地庙遍地呢？古籍都有明确的解说：土地是分为五种的，有山林之土、川泽之土、丘陵之土、坟衍之土、原湿之土。而稷神只是原隰（xí）之神，五土之一。原湿之土是指适宜植物生长的平畴沃野。而社神则是五土总神，因而社神是主神，稷神是副神，只要讲到社，那么稷自然在其中了。所以古语有"言社不言稷"之说。而遍地都是土地庙，因为社神分级；社也是古代的一种基层居民单位，几十户为一社、一社一庙；而所谓的社戏，便是乡村为谢土地神所演的戏，多与庙会结合。

那么社稷二神为什么还要合祭呢？《礼书》称："稷非土无以生；土非稷无以见生生之效。故祭社必及稷。"土地与植物本是不可分的。土地是植物的生命之本，而植物则是对土地生育万物大德的张扬，所以《白虎通义》又说：社稷庙坛中所以植树，是为了使人"尊而识之，使民人望见敬之，又所以表功也"。花草树木原来是为土地表功而存在的。念本感恩的社会心理熔铸出来的一种社稷文化吧。

五、稷神到底何方神圣，"五谷""百谷"都是什么"谷"

史家所载：稷是西周王族姬姓的始祖，名为姬弃、周弃。其母姜嫄野外踏大人足迹而孕生，曾被其母三弃而不死，故以弃为名。长大后钻研农事成为农作物培养、种植专家，在尧舜禹时代被聘为农师，以官职命名称为后稷——相当于今日的国家农业部部长。民间神话传说他是天上的神仙，是"百谷之王"，是他把各种农作物带到了人间，所以世世代代以谷神来祭祀他。一直到清代，皇家郊祀，仍以谷神祭祀，天坛公园的祈年殿根本就不是天坛，而是谷坛。皇家祭祀的正神主虽摆着皇天的木主，但实际上祭的是谷神，祈祷的是一年五谷丰登，所以称祈年殿。而天坛在最南面的寰丘。

　　我们并不可简单地以此否定后稷这个人物的历史存在。但也毋庸讳言，谷神崇拜就是农耕民族原始拜物教中的谷物崇拜。稷就是生产小米的谷子。古代的五谷杂粮都称"谷"，谷似乎就是所有粮食的总称，是以有"百谷"之说。而后来的"五谷"则指粟、豆、麻、麦、稻，或稻、黍、麦、菽、稷。事实上"五谷"也只是泛指，其实只说三五种你都说不清。豆，有大豆、小豆、菜豆，有黄豆、红豆、绿豆、芸豆、黑豆……谷子有小米、大黄米、小黄米……麦子有大麦、小麦、荞麦……还有高粱、玉米、稻子；以及麻籽、芝麻、苏子等"杂粮"……数得过来吗？所以无论是百谷还是五谷都只是个泛指而已。长在地里统称庄稼，收到家里统称粮食。这么多的品种你拜得过来吗？选代表。那为什么选了个"稷"来当代表立神主祭祀呢？小米是大众主食啊，何况谷子自古便有"百谷之王"的美誉呢？而且自远古又有"后稷"这位周朝祖先；中国所有的"礼"又似乎都是周朝制定的，所以，用"稷"来作百谷之神便天经地义了。姑妄言之。

六、祭坛神庙中为何尽植柏树；北京市树怎么选了两种"神木"

　　历览北京九坛，除蚕坛之外无一不遍植柏树，或桧柏或侧柏，但很少见松树。且多辽元明清古柏。独植柏何故？首先缘于木性。柏树以长寿见称，质坚难朽；而且枝叶细密，柏籽累累无以计数，柏籽与百子谐音。所以坛庙祠堂多植柏树，以求神主、祖先在另一个世界永生；也保佑本支子孙世代昌盛、瓜瓞绵绵。古代没有计生与丁克一说，信奉的是多儿多女多福气，讲究子孙满堂。而且柏树的颜色青绿荫重，树冠如云枝叶紧密如华盖，自有十分肃穆森森气象，令人望而肃然起敬，适合做神木祭树。

　　还有一个迷信说法与传统习俗。柏树可以使逝者在另一个世界永世安宁。安宁于何处呢？迷信说法鬼魅中有一种魍魉，专列墓地吃尸，但怕老虎与柏树，见柏树便逃走，因为柏枝可以杀死它。晋代张华《博物志》有载此说。从秦代始，坟地植柏盛行。古罗马人不但要为死者以柏木为棺，还要把柏枝放在棺中。也是一种习俗吧，相沿成习。"丞相祠堂何处寻，锦官城外柏森森。"诸葛亮54岁去世后，蜀汉后主刘禅在坟前栽植了54棵柏树，1700多年后，仍有20多株尚存；唐太宗祭黄陵栽了1000余株柏树；宋仁宗年间也下令为皇陵种植千余柏树。帝王、先祖此仪礼如风靡草间，在民间自成风气传统，而柏树便有了"神木"之称。有意思的是今日北京城确立的两种市树，都是"神木"，一为侧柏，一为槐树。如果说槐树为北京市增添了不少生机贵相，而柏树则为首都增添了不少神秘与庄严。北京城满街满巷都是古槐，犹以国子监为壮美集群。作为市树无可非议，但柏树则多见祭坛、寺院之中，作为市树似不妥，不如白皮松。天坛、地坛、社稷坛、孔庙、太庙中的古柏参天蔽日，世界奇观。基辛格到天坛参观便叹道：我们可以试着建天坛，但造不出一棵这样的古树。也有说是美国一位前总统如是说。

七、明十三陵多为松树京西金陵与京郊板栗之盛

　　笔者去十三陵与京西九龙山金陵，在陵区都看不见一株柏树。十三陵都是古松参天；而金陵则板栗遍地。但都合古制。《论语》称：鲁哀公向宰我咨询社神之地植什么树好，宰我答道："夏后氏以松，殷人以柏，周人以栗。"西周时代以栗树为神木，大概因其果实可制面食，与谷物相同；果实称栗子，与"立子"谐音，周人以多子为福气。至今仍有少数民族以栗树为神树的，认为损坏一个树叶都会招祸的。而且《礼记》对陵墓树种也有说明，有一个等级所题："天子坟高三仞，树以松；诸侯半之，树以柏；大夫八尺，树以栾；士四尺，树以槐；庶人无坟（不起丘），树以杨柳。"

　　明代的陵园不植柏树很好解释，他们认为那等于把自己降了等级。现有柏树多为后植，没见过古柏，古松很多；长陵园内则多有槲树。而

京西的金陵尽植栗树找不到依据，他们可能循周礼；或许有一种乡土观念使然。他们的祖居地大兴安岭与长白山一带到处是栗树，也是女真人崇拜的神树。或许只是山上自然生的也不一定。因为北京地区特别是山区，十分适合栗树的生长，到处都是，而且有栽培传统，把栗树当成庄稼来种，在这里有"铁杆庄稼"之称，到处都有板栗园。因有"板栗之乡"的称谓。据说怀柔北部的南冶树有一株"板栗王"，笔者曾专程去寻拍，但民风实在有限，市侩，推三阻四地不告诉你，一气之下走人。顺路看了一处板栗园，那是真壮观啊；还有怀柔九渡河镇黄花城，水长城北端湖西的板栗古木园，怎么保存下来那么多完好的明代古木，还找什么"板栗王"？王都在这里。北京的这块土地真是什么花草树木都能长，称得起"得地独厚"。

至于祭祀性的神木种种，无论松、柏、槐、栾、栗，自然都首起于民间风格，各有所宗。而皇家的神木树神，也未必尽依周礼与传说。明陵不植柏而黄陵尽植柏便是证明。风气与习俗而已。天下事无论邪正，似乎有揭竿者便有响应；有立门设教的，便有信众。风气，皇家一率先，一切便如风之靡，如气之漫。几十年的"帝王崇拜"使然。

八、人类原始生存的三大情结与历史上中外神树崇拜的残忍血腥

古人的树木崇拜，似乎缘于最古老的图腾崇拜，但不止于古人，如今在各地的古树上，到处都可见挂满了红布条条与祭、祈之物。现代人似乎比古人更为可怜，而且名目繁多。之所以有如此悠久的树木崇拜历史，似乎自有道理。人总要有一种美好心愿的寄托吧。而且人的生存离不开土，离不开水，离不开植物。因而自古以来便产生了一种心理的历史积淀，形成了亲土、亲水、亲木的三大情结。建宅必"相土尝水"；宅周必要植树。除了实用外，也有一种精神寄托。树是植物中最为高深的。根扎得最深，有入地之称；高有参天之语。因而被认为是世间连通天地之物。这种崇拜意识是世界性的，人类之所以称为类，就因为有许多通同之处。所有雅利安人种与蒙古利亚人种无一例外，都有树神崇拜的历史。

欧洲人崇拜神树的历史十分久远，而且相当残忍。英国人弗雷泽的

历史文化巨著《金枝》，几乎专写人类的神树崇拜，认为一种树枝是打开神门的钥匙，决定着祭司的命运。而且有些部落让树木来决定老年人的生死；让老年人爬到树上，人们在树下摇；爬上去了，没有被摇落，便继续生存，否则便处死。认为是神灵拒绝了他的存在。弗雷泽还讲道：人最早甚至把树就看成神体本身；后来认为树是神与人的灵魂居住之所；由此而树神发展为林神。

这个过程在我国的北方民族有着同样的经历，虽然没有萨蹄儿那样的人兽合体的林神产生，同样崇拜森林，求福要围着树林转，就如同佛徒转塔一般地搞崇拜。蒙古、女真都有过这样的历史。而在南方山区的一些部族中甚至认为损坏了一片树叶，都要受神的惩罚。

在西欧那就更厉害了，对于那种活扒树皮的行为所给予的法律制裁是：要把此人的肚脐割下来，钉在他扒掉树皮之处；然后逼迫他抱着那棵树转，让他的肠子都缠到树上死去为止。并认为折断树枝的人一定会受到折臂断腿的报应。而对于陵墓神树更认为是不可侵犯的，唐高宗年间，两员大将率士兵采薪，误伐了皇陵树木，唐高宗大怒下令把二员大将斩首。但司法大臣狄仁杰拒不执行，力劝皇上收回成命，二将才得以免死。

人类对树的崇拜，还把树当成生命的寄主，是认有生命树的传说，认为无论神、人的灵魂都是住在树上的，甚至太阳都是住在树杈上的。大兴安岭的部族曾有树葬的风俗，无论婴、老，人死后是不能土葬的，安放到树上，要把他们身上的束物都剪开，让他们的灵魂可以再生，甚至把树上的鸟儿当成魂鸟。在女真人中则有鸦鹊的神鸟崇拜，崇树及乌了。

有一些地方的古人，甚至把树看作与人同样有着生命。《金枝》所载：印尼的古摩鹿加群岛盛产丁香。那里的人们，在丁香树孕蕾开花时节，任何人不得去附近吵嚷；晚间不许带灯火从丁香丛中走过；过丁香树要脱帽致敬，把花期的丁香树当母亲、孕妇般礼遇而不许惊扰。就是现代的欧美人，许多地方都不允许在草坪上安装照明灯，认为那会影响花草树木休息，当然这已由神树崇拜进步到绿色环保意识了。看看我们的城市夜光污染。不以为害，反以人为打造"不夜城"为能事。城市的综合污染征，连人的健康都不顾及，而何论花草树木。一种不治的现代愚昧征。

古人对树木的崇拜是普遍的，因为树木本身确是生命体，而且它不是人类生存不可或缺的一种物质供给源。人类所有崇拜的产生，都离不开利、害二字：一是对人有贡献的、有用的；一是对人类有害的，不可抗拒的。对前者是敬而亲之；对后者则敬而远之。规律。而树木的神性崇拜更源于它自身生命力的强大，连万物之灵的人类都无法与它们相比。人生一世，不过如草木一秋，而树木可以年年新生岁延千秋。只要不把它的根挖掉，怎么都可以复生，在古人眼中便有一种自然的神性。尤其那些高大茂密果实丰满的树种如松、柏、栗、槐、桑、梓、榆便被赋予了一种神性。它们都是"子孙满堂"，生命力强大的树种。但有了这种神性，往往就有一种局限，除了槐榆外，其他几种"神木"是禁忌入宅的，盆栽除外。

此前曾去过努尔哈赤的发祥地辽宁的赫图阿拉古城（山寨），在他当年的宅院中立有一根木，杆顶挂斗，很像庙杆，事实上也是一种神木崇拜。传说他们的先人在部族叛乱中被追杀，躲藏在一株枯树下，是这棵神木救了他。那么杆头为什么挂斗呢？放食物喂乌鸦，因为那天有大群乌鸦飞来落在树上，因而追兵才错误判断那里不会有人藏身而退走。这种立木饲鸦的习俗他们一直带到北京城，家家宅院中都立有神杆，他们称为索伦杆。在皇上祭天时，都要把杂碎放入神杆斗内喂乌鸦。大概由此而至今日，在天坛公园的西部园内，总有一大群乌鸦常住，有基因遗传的本能记忆吧？

九、天地六宗与老北京土地庙大观故事

老北京城中的寺庙坛观之多，称得上一座最大的"万神殿"，无论儒、释、道、藏教、耶教、伊斯兰教，其教堂、庙宇、寺观于今仍遍地皆是，就是耶教、天主教堂、清真寺，亦随处可见；称得上是一座国际性的万神殿。恰恰今日所见之社坛唯社稷、方泽二坛；与之相关的亦有先农、先蚕二坛。而据新中国成立前统计，在北京的寺庙中最多的恰恰是土地庙，其次才

是关帝庙。明清年间有名有姓登记入册的土地庙便有一百几十座。社神的祭所，皇家称坛，坛主为土地总神；民间所祭便直称土地庙，神主都是同一个土地佬。除了有"一巷一庙"之称外，许多个人宅院中都供奉土地神主乃至小庙台。但土地最高神还在社稷坛，此坛虽合祭土、谷二神，但土神是主神；而地坛神主虽为地祇总神，却是杂祭山川河海诸地神之处。古代河、海、岱合称地宗三神，与天宗日、月、星三宗合称六宗天神。

土地庙在北京城中，民间所祭，最有名的还有三处：一是今日长椿街南部与下斜街南口交汇处的宣武医院所在地，乃是当年"都土地庙"旧址，亦是当年老北京五大庙会之一。而这个"都土地神"，大概是北京的总土地神吧。因而古庙为三层大殿，既供土地爷，也供土地奶奶。另有一说在长安街边还有一座都土地庙。另一处便是"金甲土地庙"，原址在阜成门内民康北巷北口。虽是只有一间小屋的小庙，但名气大于所有的土地庙。各街巷土地庙的使命都是"保我一方"，而只有这个小庙的招牌旗语却是"佑我社稷"。由此可证，庙虽小，却大有来历。

据说当年李自成攻破居庸关，兵临城下，京城乱作一团，纷纷逃走，许多江南地方官员都携细软、家小回老家了，还有一些阖家自杀的。可是阜成门内一个叫王四的更夫却因喝醉了酒，闯入路北帝王庙中的关公殿，取下关公身上的黄袍披在身上；从周仓手中拿下大刀，跑到大街上，一边舞刀一边大嚷：闯贼胆敢进京，我一刀劈了他。于是坊间便谣传关公显圣了，一直传到了李自成耳中，所以这个王四自然被一刀劈了。

顺治入关进京后听闻此事，却刷下一道圣旨，追封这位王四为"金甲土地神"，称他所为是"精忠报国"；并把那条胡同命名为追贼胡同，在路口为他建了小土地庙，内塑一尊王四持青龙刀、披金甲的塑像。并为之赐匾称"佑我社稷"，足见皇家荒唐之一斑。建国后，这条追贼胡同才易名民康。而清代乾隆年间则把北极阁四条胡同，干脆命名为土地庙胡同，因此地建有一座大土地庙。而那些私祭的土地庙则无以计数。

还见过几座特殊的土地庙：一座是在辽宁苏子河畔赫图阿拉古堡内努尔哈赤出生地院落西侧，有座单开间的万神庙；两侧各有一高不盈米的小庙，西侧的便是供有土地神位木主的土地庙，庙虽小却很精致。

还有一座极特殊的是在京西妙峰山镇所在地东边永定河漫水桥南河东岸，一座挂有妙峰山标的柱峰上半部，有个小洞穴，里面倒扣着一口大缸。询问乡人皆不知所以然。后来才知道那就是一座土地庙。古代村屯都有土地庙；私家也有供奉土地的。穷人家建不起庙怎么办呢？用一口缸弄个缺口，里面放上木主神位，因而乡民中有俗语称："土地爷本姓张，有钱住瓦房，没钱顶破缸。"

土地神的崇拜相当古老，本被称为"福德正神"；而被称为土地爷、土地婆的世俗化，大概源自于汉、唐年间的种种人格化，大大有失郑重，随便弄个死人便说是土地公、婆、还有说国子监后面的韩愈祠便是此地的土地庙，主管国子监的；还有说于谦祠是建在土地庙址上的，对面小胡同便称为土地庙下坡胡同。但那里如今除有改建的于祠外，胡同都变高楼大厦了。

那么，北京城中的土地崇拜为何如此滥觞呢？社神祭祀的民族传统，几千年流传下来，官、民同祭。官祭祈江山社稷风调雨顺、五谷丰登、永保平安久长；民祭则求一方一家幸福平安。求福，是因为不幸福；求平安是因为不平安；求久长是因为不久长……连政治口号都是如此，大喊团结时，肯定是有大矛盾了；大树三观时，三观肯定歪了……但北京城中的土地神及诸神滥祭淫祀，都不过是迷信使然。而历史上最迷信的恰恰是皇帝，皇帝是普天下迷信的"都土地"，而上有所好，下必甚焉，这是人性、民情的规律使然。

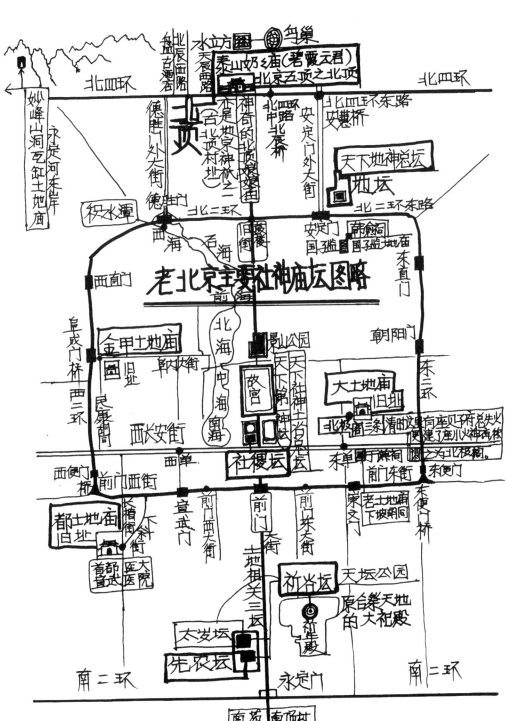

老北京主要社神庙坛图略

第十集 "花仙祠畔吹琼管"的老北京

——北京花神庙旧址寻踪史故小辑与北京市花别论

千里仙乡变醉乡，参差城阙掩斜阳。

雕鞍绣辔争门入，带得红尘扑鼻香。

——孔尚任（咏明朝南京花事诗）

四月晴和芍药开，千红万紫簇丰台。

相逢俱是看花客，日暮笙歌夹道回。

——［清］庞垲（咏清代北京花事诗）

花仙祠畔吹琼管，尚有何人摩指听。

——［清］何兆瀛（道光年间举人，官至两广盐运使）

　　老北京不仅以庙都著称，亦足称世界上最大的"万神殿"。在这里就没有你找不到的天神地祇佛道仙家，在明清北京城中崇拜花神的殿宇竟然也有许多。若翻检一下中国花神崇拜的历史，便也不足为奇了。

　　中国的花神崇拜，据文献所载，早在西周春秋时代便已有花神节的确定，以农历二月十二日为百花生日，这一天被称为"花朝节"，是祭祀花神的节日。到了唐代则以农历二月十五日为花朝节，与八月十五的夕月节春秋呼应，便有了"花朝月夕"之合称。后来又有了南北方之别：南方以二月为花朝节；北方则有以农历三月十九为花朝节的。还有以二月二为花朝节的。但大多以二月十二为百花生日，也称花神节。总之，无论哪一天，花神节却是始于西周，而滥觞于唐宗，一代代地流传下来，而且衍生出许多花神的传说。

"护花使者"的传说：汉献帝被曹操专政软禁后，百无聊赖，但在皇宫中广种养花木，每当看到鸟雀来啄伤花木，便想起了伏皇后遇害的惨状，便命人在花木四周围网挂铃，有鸟入园触网铃响，专门看管园林的人便出来驱赶鸟雀，这些人后来便被称为护花使。

"护花红幡"的传说：唐代天宝年间，洛阳之东有位叫崔元徽的处士爱花如命30年足不出园。一日月夜正独自漫步花丛，却遇一青衣女与其商借花园之地一用，宴请一位贵客封姨赏光，并邀崔处士入席陪客。东道主为杨、李、陶、石四位美女，一一见礼。不久这位封姨来到欣然入座，席间贪酒不慎把酒洒污了身边那位石姓小美女的裙衫。小美女拂袖离席，封姨怒道：这小蹄子也太无礼了，便也离席而去，一场宴请不欢而散。

崔处士回到室内测度这些女人来路而大惑不解，却于次日晚于园中又见四女，请他相救。原来所遇女子却是园中杨树、李花、桃花、石榴四花木变身，而那位封姨原来是风神化身。众花仙子本想讨好她，免得花开时节被吹落，哪想到却反而得罪了这位封姨。又得知二月二十一日将把这些花木毁灭，便来央请有劳崔处士在二十一日前为她们挂上画好日月五星神纹的红布条便可免灾。果然二十一日狂风大作，周围许多大树都被摧折、绝根，但只有这些被挂了红布条的花木安然无恙。众花仙年年各捧花瓣来奉谢崔处士，崔处士以此茶饮竟得长寿百年得道仙升。于是便有了"护花红幡"的传说。

秋翁遇仙的传说：在宋年间的江南平江府城东郊的长乐村中，有位名叫秋先的长者，从小便酷爱花木，年长不营田产专植花木，村邻家有好花木便玩赏忘归；花市遇好花木无论贵贱也要买回，不惜当衣买花，被称为花痴，却培育出一座名闻遐迩的大花园，名花万种，百卉齐芳；草堂篱门处又是一座荷花荡、朝天湖。这秋先的爱花养花育花惜花护花之道，胜似父母侍婴。但却被城中张衙内欲霸占花园不遂而平毁了全园花木，得西王母处司花仙子之助，百花复活。又被张衙内以妖术惑众诬告入狱，张衙内霸得花园，却被众花仙将其倒插入茅坑之中毙命，秋先亦为司花仙子救出狱中侍花如故。晚年复为司花仙子度升天庭，玉帝旨封护花使者，专司人间花木之事。这两段传说都见载于冯梦龙的小说《灌园叟晚逢仙女》，现代影片改编为《秋翁遇仙记》。

这些故事虽然都是民间传说，却深刻反映了中华民族古代的"绿色意识"与惩恶扬善的美好愿望。而历朝封建统治者对花木的钟爱，则是对我国花木事业的推动者。唐太宗李世民很爱花，武则天更留下了爱花与摧花的许多传说，但正史所载至少她爱做花糕；冬季无花时，便以彩绢做假花遍树园中。而宋朝的花石纲则到了毁物害民的程度。而对于北京花木繁盛的君主便更多了。金国的海陵王完颜亮对北京的荷花养植是一个大推动者，为了养荷花而迁都；为了三秋桂子、十里荷香而南侵余杭。玉兰花本非北京地产，但乾隆的母亲爱玉兰花，是乾隆从南方弄来玉兰花，是以北京地区的玉兰花栽培史也是有三四百年上下。明代朱元璋于南京建都后，在凤得门附近不但建了一个庞大的花木基地，调全国最好的花匠为皇家花木消费服务，并建了花神庙，供奉花王、花神。全国各地望风响应大建花神祠庙，养花也发展为一个产业，形成了一支花农产业大军。朱棣迁都北京也是子承父业，养花业在北京大大发展。当然这也是继承辽金元时代的北京花业生产传统。

据《析津志》载称："京师丰台芍药连畦接畛，荷担者日万余。"《日下旧闻考》载称："草桥众水所归，种水田者资以为利。十里居民者皆花为业。有莲池香闻数里。牡丹、芍药，栽如稻麻。"金代的李汝珍是《镜花缘》的作者，有诗称："丰宜门外丰台路，花担平民尽入城。"丰宜门是金中都的南门；《析津志》是辽金时代的方志；《日下旧闻考》是康乾年间的作品。因而可见辽金元明清五朝间北京花木事业的繁盛。

今日北京站南、广内大街以北，崇文门至磁器口中间，有一条花市大街，分称东花市、西花市。至少自清朝年间，便是北京的花市，而且不仅是鲜花市场，同时还是全国最大最有名的绢花生产基地，且有"天下绢花出北京，北京绢花出花市"的说法。这里花市大集的繁盛甚至取代了这一带著名的庙会。但一切已成过眼烟云，只余地名了。而当年的丰台区则是老北京最有名的花木生产区，都是专业花农，以花为生。可喜的是今日以草桥为中心直到大兴，遍地都是花店、花木生产基地，笔者去过两次，真是壮观啊。草桥虽早已是"草"桥了，变成了京开高速上的现代桥，而花乡依旧是名副其实的花乡。那里吸引了全国许多大花商来此经营。

老北京城中的花业在明清年间的大发展，形成了一个花业，专业花农们组织起"协会"，常捐资自建花神庙，庙所便是花农们"协会"的会址。因而老北京的花神庙在丰台一带相对集中，与那里花业繁盛、花农集中有很大关系。但已无一存，笔者来去寻觅，也仅去了那里两次。最有名的还是陶然亭公园的花仙祠，虽然也只有一个锦丘墩丘顶的锦丘亭，但那里便是花仙祠的庙址。还到南长街的 161 中学校区去寻拍过那里花神殿旧址，今已一无旧物所存。那座大礼堂便是当年女师大附中院内花神殿的旧址，那里曾经是石平梅寄宿之处。北大校园内未名湖南岸也有一座花神庙，如今幸存一座孤零零的小山门，笔者也是"隔岸观火"式地遥拍了几张图片。

那么这些花神庙中都供奉哪些神主呢？真是一言难尽，版本多多啊，中国特色。一种是以纯女性的 12 月花神；一种是纯男性的花神；一种是男女混合的花神。而且无论男女花神都是历史上著名者。丰台的花神庙据说供奉的是 13 位花神，第十三位主要用来解决闰月空值问题；陶然亭花仙祠供奉的则是纯女性的几位花神；颐和园只有一开间的小庙中的神位上坐着几个老头，而笔者前些年去杨柳青看年画，从一位名画师手中买了一帧手绘 12 月花神，则有男有女，鬼主钟馗也是花神，但画功是真到家呀，无论造型，还是色彩、笔墨都堪称一流。

北京的花神庙殿多，自然与花业发达有关，有花农、花商金主的支撑啊。这些人以花为生，以花业为职，都崇拜花神，因而这些庙宇有了信众与资金保证。有幸的是北京的花木栽培传统并没有随时代变迁而断层，反而更加以现代产业化的方式发展起来。而且北京的城乡绿化那是没得比的，确是首都级的标准，这个标准就是首——第一；都——大都督，引领潮流。笔者曾连续拍过几年北京城乡的花木、花事，是以敢如此断言。因工作单位就在地坛边上，所以地坛去得最多，那里就是北京花木世界的一个缩影，一个小植物园。

地坛的古柏林便是气象森森，占据了半壁天下，布满了南区。而在东西门横路以北的半壁之内，却是一个无与伦比的众香阁、百花园。高大树种如古榆、洋槐、法国梧桐、毛白杨、元宝枫、花楸、佛树娑罗、银杏树、栾树林……应有尽有。三四月间，则是乔木、亚乔木、灌木花树的天下。榆叶梅、碧桃花、连翘、元宝枫、泡桐、各色海棠、梨花、樱花、二乔玉兰竞相开放；四五月间又有牡丹与草木花卉的争芳斗艳；五六月间则有西北角上一片栾树林枝头上堆起了一座别样的"北京金山上"，这是一种枝叶、花、果、树形四美齐备的优良树种，既有"士大夫树"美誉，又是佛树之一种。还有雪白的珍珠梅、金珠满枝的山茱萸、鲜红的凌霄花各逞风采赏心悦目，让人流连忘返。

这里虽不及西山植物园，却不失为代表了北京适地适树的一座浓缩了的植物园。不仅说明了北京气候的得天独厚，也足证北京的得地独厚。而花草树木不仅绿化美化净化人的生存环境，也是一方富庶还是凋敝的直接表征。而北京的植物世界，无疑为这里平添了一种别样的皇城风采、王者气象。

北京的绿化、美化是一流的，但净化就开不得口了。而且在市花的选定上也实在令人不敢苟同，选了菊花与月季两种，哪种有北京的特色呢？选月季就不如选蔷薇，那是万花之母啊，凡是蔷薇科的如海棠、苹果、玫瑰、月季，都是它的子孙，而且北京城市绿化，蔷薇功不可没。而若论地方特色，没有比得过榆叶梅的，在清朝，此花被称为栾枝花，北方虽广有栽培，但北京是一枝独秀，气候、土地条件都合适，长得是木高枝长花大而密，花色又是艳而不冶；连色彩夺目的碧桃花都是它的嫁接品种。而且此花江南没有，来北京的江南士子、官人都以此花为奇。在龚自珍的《己亥杂诗》中，便可以读到不少咏赞此花的篇什。一得浅见，姑妄言之吧。萝卜白菜，各有所爱，而有话语权者的所爱，却常常令人气短，而且会有更多的理由为各自所爱增加柱脚打戗。但不可否定的是，有许多专业领域仍不是门外人可以随意置喙处。

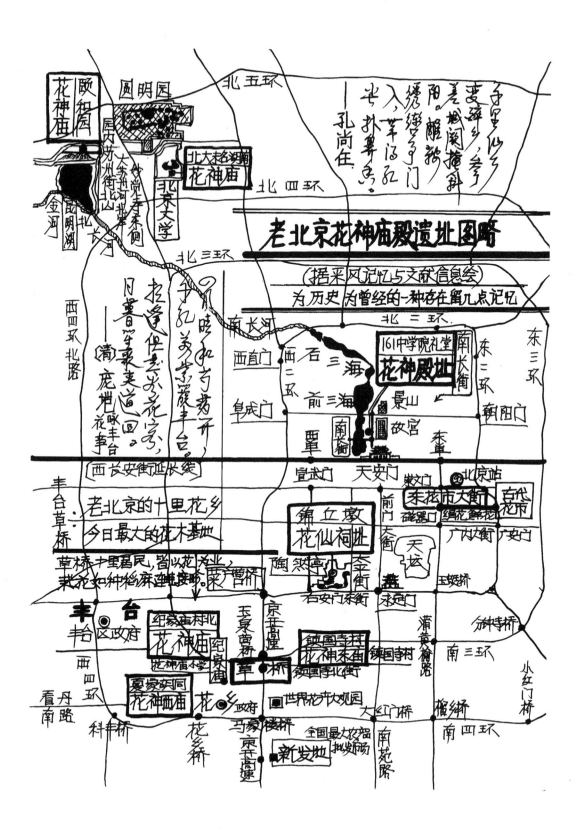

第十一集　嫘祖：“女人喂养了世界”时代的伟大女性化身

——谒北京先蚕坛随笔蚕神传说故事与北海五朝神韵

黄帝居轩辕之丘，而娶于西陵之女，是为嫘（léi）祖。

——《史记·五帝本纪》

西陵氏之女嫘祖为帝之妃，始教民育蚕，治丝茧以供衣服，后世视为先蚕。

——《通鉴外记》

嫘祖首创种蚕养桑之法，抽丝编绢之术，谏诤皇帝，旨定农桑，法制衣裳，兴嫁娶，尚礼仪，架宫室，奠国基，统一中原，弼政之功，殁世不忘，是以尊为先蚕。

——［唐］赵蕤《嫘祖圣地》碑文（赵氏为唐代大学者，大诗人李白的老师）

青青桑叶映回塘，三月红蚕欲暖房。相约明朝南陌去，背人先祭马头娘。

——［清］王士祯《蚕词》

先蚕，中国蚕神；北京先蚕坛，祭祀蚕神的皇家祭坛。

北京的先蚕坛，建在今日北海公园的东北角上，若从北门进入向南不远就是。在湖东一排高大的行道树毛白杨的掩映下，坐落着的那个绿瓦红墙，坐北朝南单层歇山顶山门的古建筑，檐下高悬一方竖匾，金边佛顶蓝地儿上面用满汉两种文字书写着"先蚕坛"三个金字。

这座先蚕坛就是明清皇家九坛之一，建于明嘉靖年间。这个嘉靖帝还真是北京古城的一个大建设者，但他不破坏，而这座先蚕坛却经历了三迁的历史：当初建坛本在安定门外，初建于1530年；不久，因皇后出宫不便迁到了西苑中海文津路南的蚕池口，并在路北的北海南沿辟有桑园。后又迁于北海公园内。现在所见是乾隆年间所建的。

那么，当初为什么要建在安定门外呢？与南城前门外的先农坛对应。九坛中的八坛都由皇上亲祭，只此坛要由皇后亲祭。而北京古城的建筑是讲天南、地北、乾坤、阴阳对应的，所以农、桑也是对应的。这两座坛建立的初心，一为祭神，二为劝课农桑。在先农坛内，专门辟有一块地，面积为一亩三分。干什么呢？年年春季皇上要到这里表演一下耕地播种。民间流行的"一亩三分地"之语，便源出于此。

先蚕坛内与诸坛植柏不同的是植桑种柘养蚕。院内神坛一层，方形；坛东南为观桑台。坛、台之间有座观桑门。坛院为一大四合院，前殿为五开间的茧馆；东西配殿各3间。后殿为织室，五开间。四周沿墙四廊环抱。蚕神殿则设在东南方，坐东朝西；蚕桑属性为东方木啊。神殿3间。殿北有蚕署3间，另有蚕室27间。天坛建筑都用蓝琉璃瓦，以象天；地坛建筑全用琉璃瓦，以象地；蚕坛建筑无论围墙、祭殿与配殿，则全部用绿琉璃瓦，以象五行之木。北京古建的象天法地是毫不含糊的。在殿外东侧还引后三海流来的水源开一条,浴蚕河洗茧丝。院内则开有浴蚕池。

那么，建了植桑、养蚕、析茧、纺织这么一整套的"大作坊"干什么呢？与皇上同样，每年皇后都要到这里亲自来一次从采桑始全流程的"织女"表演。与皇上先农坛的表演合起来，就叫劝课农桑、男耕女织。中国是个农耕国家，历代统治者都重视农、桑，人类生存的两件大事，便是穿衣吃饭啊。明亡后，到了清康熙年间才恢复了祭蚕制度，同时在景山、绮春园、颐和园等地又辟出一些农耕、种稻的象征地块，由皇上躬耕。而且还留下了十分精美的康、雍两种《耕织图》彩色画册。无论是表演、象征，还是作秀，不忘农桑还是值得肯定的。

据史料所载，祭祀先蚕，起源于南北朝与隋唐之间的北周。北宋时期便有蚕神画像流传；而古代则有正月十五祭蚕神的传统。那么这个先蚕之神主是何方神圣呢？黄帝的正妃嫘祖，这个"嫘祖"也只是个封号，原本只是一个农家女，史称西陵女，这个西陵是何处至今不详，四川盐亭与河南的嫘祖镇，还有各地都自称是嫘祖故乡。各引"专家学者"你争我夺，有如诸葛亮隆中地的襄阳、南阳之争。大无必要，各祭各的是了。事实上从远古到明清，江南、西南乃至西北，都以桑蚕织布为业，所以劝课农桑，男耕女织，成为中华民族的一种历史文化。各地所祭蚕神多有不同，而绝非只一个嫘祖；而且不只是女神，还有四川蚕丛、大西北的四臂蚕神便都是男性。就是女神祭主，也是名目繁多：紫姑、蚕花姑娘、马头娘、马明王……不一而足。而嫘祖则是历代官祭的蚕神之祖，而地方、民间的蚕神祭祀则各有神主，亦见桑蚕业在古代的繁盛发达。

嫘祖这个西陵女是个远古采集时代的女子，传说在采集中发现了桑、蚕，又从蜘蛛结网中发明了纺织，因而创造了一个种桑养蚕纺织制衣的"产业链"。这个传说也许只是传说，但在人类进步的历程中，曾经有一个"由女人喂养了这个世界"的说法，且由女人为我们把无花果叶换成了衣服，这都是历史的真实。女人的历史功绩不止于繁衍了人类的子孙，当然不包括那些和坏男人一样专干坏事的坏女人一类。

嫘祖正由于发明了原始的桑蚕织业，上达天听、名闻黄帝，于是被聘为妻。一生与黄帝四处巡视推广桑蚕事业，因而不仅被黄帝封为嫘祖——蚕神，而且还被民间誉为"行神""道神"，以纪念她为了推广传播桑蚕而奔走一生的伟大功业。

关于蚕神的传说，在四川还有一个"马头娘"的传说。《太平广记》载称："蚕女旧迹，今在广汉。今家（冢）在什邡、绵竹、德阳三县界，每岁祈蚕者，四方云集。宫观诸化，塑女子之像，披马皮，谓之马头娘，以祈蚕桑焉。"蜀地至少是古代的桑蚕地之一，古蜀地最早的开发者蜀君便称为蚕丛。传说蚕丛是夏代人，发展养蚕事业由岷山而迁成都立古蜀国，而古蜀字就是野蚕之义。这个蚕丛据说有三只眼，两眼之间的额中有一只竖目。穿着青衣，向国人劝课蚕桑。

那么蜀地的蚕神像为何要披马皮呢？也许由于蚕头与马面极像，因而蚕神又有马明王之称，而荀子的《蚕赋》中也有"身女好而头马首"之句。古代西湖曾建有马明王庙，每年春天，桑农蚕户便都来这里祈蚕。还有一传说：嫘祖乡中一女，因思念远征在外的父亲，便拍着家中的白马背说：你要是能把父亲带回来，我便嫁给你。白马飞驰而去，没几天便驮着女父归来，皆大欢喜。而白马却开始绝食，水草不进。女儿便把嫁马之言告父，并要嫁给白马。父亲一怒之下便杀了白马，把马皮晾在墙上。但马皮却飞了起来把女子卷走。嫘祖与女伴们漫山遍野去寻找这个女子，却在桑间发现了长着马头的白蚕，在桑间如马啮草一样地在吃桑叶。而树枝上挂着马皮，人马皆化为蚕，便以丧之谐音称此树为桑，嫘祖得蚕、桑，于是便有了植桑养蚕事业的发端，也有了蚕马故事的流传。这个传说的脚本是《搜神记》中的《太古蚕马记》。总归都是对先人们创造发明改善人们生存状态功业的一种纪念吧，不可只视为迷信。而由此又产生了许多以蚕母、蚕花、西域四臂蚕神、蚕丛、马头娘为题材的各种艺术、文学作品，也是一种历史文化的传承产物。关于嫘祖的传说，不止于民间，学界也把她当成一个研究课题，来寻求她的起源与意义。有一种说法认为嫘祖就是织女。无论有多少争议，而二者也不是一回事，但无论嫘祖还是牛郎织女，他们都是远古时代的蚕姑织女与桑农的典型化身，男耕女织美好愿景的象征。而非要搞清他们是哪里人纯属徒劳，因为他们都在天上，不是吗？

北海的先蚕坛虽小而全，但却始终封闭，因被一幼儿园占用后把坛拆了，把池平了，虽仍不失为北海一景，终是一种破坏，有如月坛因立一电视塔而毁坛。不只是一种愚蠢的无知，更是一种作恶。至少古人有言"成物不毁"啊。新中国带来了无限光明与福音，却也滋生出一批批蠢货和奸商在不断地践毁文物。相信历史总是进步的，文物古迹的价值越来越被人们所认识。先蚕坛所在的北海公园修葺养护得如此美好便是证明。

北海公园是历朝皇城内最大的御园，也是城内最大的水域。北、中、南海称为前三海，前、后、西海称为后三海，这六海是北京城古今最为夺目的一串明珠。南海是后开的，其他五海大概都是古河道遗存的堰塞湖。尤其是北海水面更为宏阔。元世祖忽必烈对这里是一见钟情。辽、金、元三朝都在此地建有离宫别苑、亭台馆舍。忽必烈建大都，以此为太液池，当初称白莲潭、西华潭，后来沿用京北游牧族把湖泊称为海子的习俗都改成了海。

辽太宗年间，得石敬瑭割让燕云十六州后，便以幽州古城为燕京，这片水面称金海,水中有小岛称瑶屿。便在这里建了行宫。金中都时代,海陵王完颜亮迁都后,于此建瑶光殿。金世宗政变夺权后在此大建离宫,一切仿宋制,把北宋都城开封御园的艮岳太湖山的太湖石全部拆运到北京。今日北京所见的太湖石,多是当年从开封运来。大多都用来在北海堆假山、岩洞,装饰园林。把这里建成了皇家御园。忽必烈新建大都就把北海纳入皇城,当作仿仙界的太液池,先后进行了三次大修建扩大。把开挖、清淤的泥土堆在小岛上扩建为琼华岛,重建广寒殿,把这里当成了天上月宫;又设立了神话传说中的"海上三仙山";琼华岛也改称万寿山、万岁山。

元亡后,明朝建都南京,大都改称北平;朱棣夺权迁都,北平改名北京;英宗又在北海大兴土木,广建台、殿、亭阁,并在西苑中海南端开挖了南海,建瀛台、修宫殿,与中海小岛山台、琼华岛重构了海上三仙山的象征。也有了中南海之称。隋朝初年,应藏教之请,在琼岛上修了喇嘛寺永安寺,建白塔、万佛楼;乾隆年间又大兴土木,在琼岛上建离宫别殿,夏日西观湖景泛舟海上;冬日携母拥妻坐观湖面冰上健儿竞技,极尽骄奢淫逸。又为其母贺寿,在北岸建立庞大的小西天焚境建筑群。东岸建了著名的濠濮间、画舫斋、爬山廊;北岸的静心斋哪里只是一个斋啊?那是一座宫,是乾隆的行宫修养之所。还有琼岛上的仙人承露台;岛北侧临水的大环廊;太湖石假山诸亭;岛西部神秘的古寺;西北岸的五龙亭……极尽了人间的奢华。到了清末,这里则成了慈禧的一大乐园,沿湖修了铁轨,在静心斋前设了个小火车站专供她用。

象天法地效神仙,不仅为后人留下了美轮美奂的建筑,也为当年的统治集团营造了一座极尽人欲的人间天堂。北海之美无以一一言说,就中国第一次把它变成了人民大众的乐园,来自全国各地与国外的游人日无稍减,足见其美奂之大观,还是看图吧,最差的实景也胜似最美的文字。为了拍先蚕坛,多来了北海几次,虽多拍了不少图片,却始终未见一次开放。先蚕坛最不该毁弃、封闭,因为它是九坛中唯一的人神女神祭坛。

感谢一代代的"先蚕"们,有你们,我们才有了从无花果叶时代进入丰衣着裳时代的历史进步。

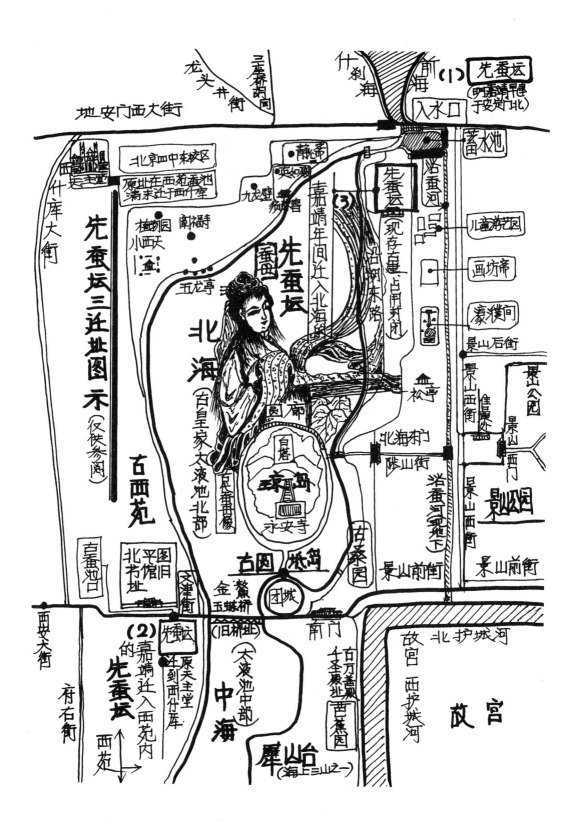

先蚕坛三迁址图示（仅供参阅）

(1) 先蚕坛（明嘉靖建于安定北）

(2) 嘉靖迁入西苑内的先蚕坛

(3) 先蚕坛（现存建，占用封闭）

地安门西大街

龙头井街
三座桥胡同
什刹海
前海
入水口

北京四中本校区
原址在西苑蚕池清末迁于西什库

浴蚕河

萱祐庙
英如庙
九龙壁

横场园
小西天
南禧

玉龙亭

蚕田
先蚕坛

北海（古皇家太液池北部）

沿河东路

儿童游艺园
画舫斋
濠濮间

景山后街
景山公园
景山西街
佳膳处
景山东门

金鱼亭

白塔
琼岛
永安寺
民畜世畜

北海桥
陟山街
景山西街
景山西门

浴蚕河（现址下）

古桑园

古西苑

百蚕池

图书馆旧馆
北平图书馆址
文津街

金玉蟟桥（旧桥址）

古圆纸岛

团城
南门

景山前街
景山前街

西安大街

(2) 嘉靖迁入西苑内的先蚕坛
原关主堂
牛到西什库
西苑

中海（太液池中部）

百万善殿千圣殿址
芭蕉园

故宫 西护城河

北护城河

故宫

府右街

犀山台（海上三山之一）

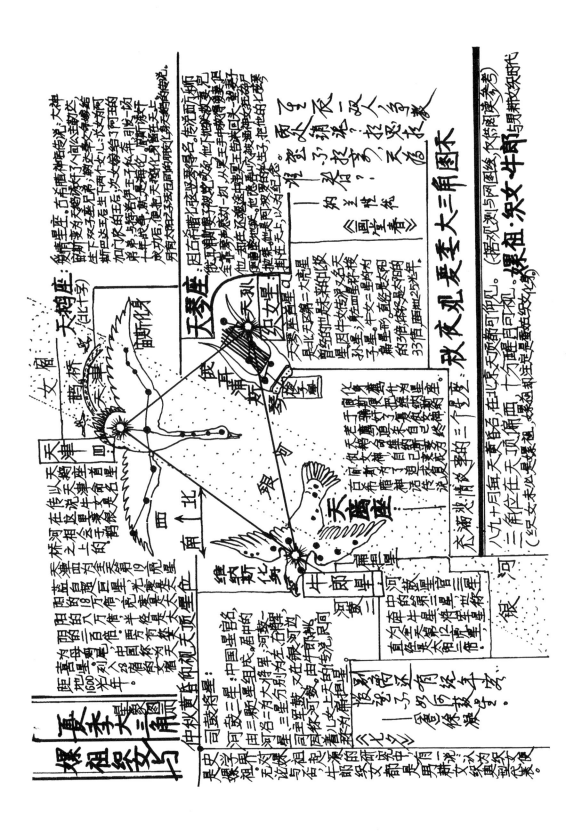

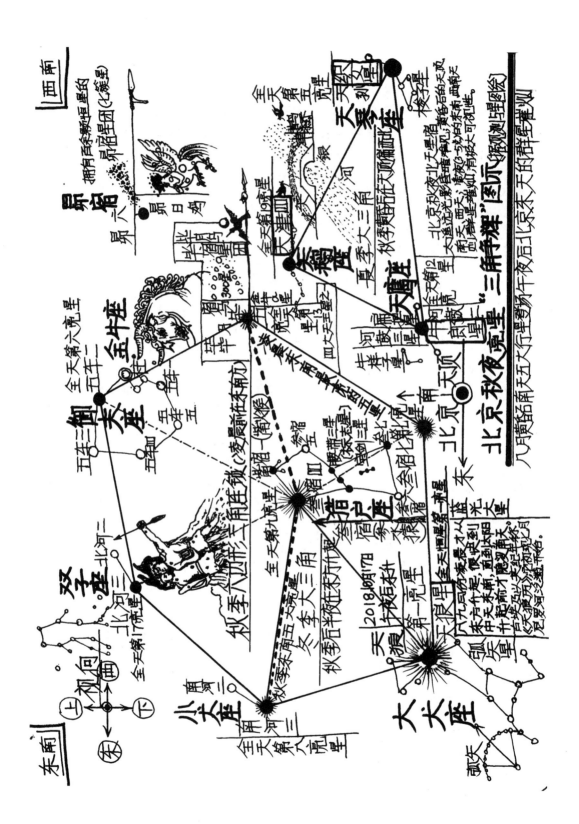

北京秋夜南天五大行星暨"三角冲"图所预测的群星掠测

八月黄昏南天五大行星暨夕夜后引京东天的群星掠测

第十二集　大隐于皇城腹心的九天万法雷坛

——神秘的大高玄殿与雷神崇拜及皇家血腥宫事

迎和门外据雕鞍，玉蛛桥头度石栏。

琪树琼林春色静，瑶台银阙夜光寒。

炉香缥缈高玄殿，宫烛荧煌太乙坛。

白首岂期天上景，朱衣仍得雪中看。

——［明］夏 言《雪夜召诣高玄殿》

夏言，政治家、文学家；因博学、善辩而敢于直言朝政，爱国疾俗，议政多中时弊得宠早年嘉靖，官至首辅。后被严嵩党人陷害，被处死弃市，时年 67 岁。嘉靖身后昭雪。

老北京城中属于皇家祭祀的场所有"九坛八庙"之著名。九坛中有天坛、地坛、日坛、月坛、社稷坛、先农坛、先蚕坛、祈谷坛、太岁坛。这九大祭坛虽名为皇家祭坛，要由皇上亲祭的，却多由亲王或阁臣代祭。只有一座祭坛虽不在九坛之列，却真正是由皇上亲祭的，而是年年岁岁何止一两次。这座祭坛就是雷坛，一点都不出名，却饱享皇家道场烟火。不显山不露水，不仅深隐于市，而且外面还包裹着一层大高玄殿的神秘外衣。

在与故宫神武门隔河相望的东北对过，有一座红墙围定的院落，一年四季大门紧闭，深隐于重重行道树后。虽然就坐落在整日里车喧人沸的景山前街路边，但却令人难识真容。在北海公园东门路南，可见大红墙内露出一层天坛穹顶般的攒尖蓝瓦；在南面临街的红墙中平排的三座门前，可见一方文保牌上写着"大高玄殿"，是很玄啊，神龙，却是见尾不见首，而且它的"龙首"已永远不可再现了。

老北京城自民国以来，最大的破坏者便是"建设"，而首犯则是交通。但有一个十分奇特的现象：为了修路可以扒城墙、破城门，拆毁无数满浸着京华神韵的独特的三座门、大牌楼门，既不心疼更不手软，但恰恰对古木却情有独钟：即使在今日最现代的高架桥下、马路中心仍然得以生存。古人有言"芝兰当道，不得不除"，而北京城中当道的古木却是大幸运儿了。一棵树可以保留下来；为了一个莲花池，可以让西站改址的北京城，为了修路却对古城古建必拆之、除之、毁之而后快。真是天下奇闻，也许是一种姗姗来迟的一种历史进步使然吧！而大高玄殿的支离破碎，似乎与古城墙与城门楼、跨街门楼所遭际的命运完全相同。

从老照片上看，当年大高玄殿的建筑相当气派精美：在神武门西护城河边的大道上，东西各有一座高大的三座门式跨街大牌楼，山门也是三座门市建筑，因而此街命名便是三座门大街，即今日景山前街。路北临街两座习礼亭东西分立。这两座亭子完全是故宫角楼模式，只是没那么高的台基而已。双亭之北便是大高玄殿院，三进殿院：第一进主殿供奉玉帝、三清天尊；第二进大殿便是九天万法雷坛，供奉总雷神；第三进院的北端则是有小天坛之称的乾元阁。这座皇家道观本属故宫的建筑群落之一，但自新中国成立以来便被封闭式占用，内部的建筑根本无法观瞻。而外部气派的建筑在扩修景山前街时，已被全部拆毁，只在护城河台沿儿上竖了两个大牌楼门，一切都已面目全非。

在这座道观中，第一进院只是道教的老生常谈；第二进院设了一个雷坛倒悬奇观，而坛主又是"九天万法雷神"。这又是何方神圣呢？就是道教封造的"九天应元雷声普化天尊"，是上天雷部的最高主神，坐镇"神雷玉府"，总统九天五雷36位雷公、36院府司与雷部天将。道家说他是"主雷雨之神"轩辕黄帝的化身。在大罗天界，则为南极长生大帝。而且道教赋予他极高的权力与神威，不但执掌天、水、地、神、社五雷，职私行云布雨，而且还以雷电为武器惩处妖怪邪恶，拥有生杀大权。虽然，这些都是道教对人类原始自然神信仰中雷神崇拜的宗教性演绎。《诗经·小雅·十月之交》的篇什中就称："烨烨震电，不宁不令。百川沸腾，山冢崒崩。高岸为谷，深谷为陵。哀今之人，胡憯莫惩。"以雷电与地震的神威，教人向善。而民间则认为天雷的发作，是在追杀妖怪。也有说是天磨响了，为人间磨面正由于人类对自然神的原始宗教信仰，雷神不仅在中国成为大神，而且成为一种世界性崇拜现象。

赋予雷神以最高地位的还是古希腊罗马。执掌天界主宰诸神的主神宙斯就是一位雷神，他的武器便是雷电。而在北欧神话中的雷神托尔，则是三界中最有神力的大力神，既是战神，又是主婚配之神、祭祀之神，而且主管农业。他的武器便是能扫平山岳的"托尔神锤"。而中国的雷神形象也常常是手持巨锤的。在中国皇家眼中，对于雷神的祭祀主要是求风调雨顺保证五谷丰登。老北京城中虽然在先农坛、地坛都有对风、云、雷、雨诸神的祭位；而且专建有四神的神庙，但明清皇家祈雨，则都在这个大高玄殿，因为这里与故宫近在眼前，且祭祀的是九天总雷神主，所以明清皇帝多是这里的常客。尽管这座神坛不入皇家祭祀的九坛之列，而帝王亲临的频率却是最高的。而且不只是求雨，也为自家祈福、免灾、避祸，因为这个九天雷神是多功能的。也因此而留下了皇家的许多故事。

这座大高玄殿中的雷坛始建于明朝嘉靖二十一年（1542）。这个嘉靖排佛迷道，所以便在宫侧专建了一座祭祀道教的道场，对玉皇、三清、雷神那是顶礼膜拜、添油燃灯，早晚炷香。前面那首诗真实地记录了大高玄殿的道事鼎盛：在雪夜还召首相夏言入殿，走到北海桥头便看见大高玄殿中香烟缥缈烛火辉煌，而且高张皇宫的灯烛，一看就知道皇上在此。但就在大高玄殿竣工后不久，便发生了壬寅宫变，19个宫女因不堪嘉靖的残虐，联合起来谋杀他。熟睡在翊坤宫曹妃处的嘉靖，四肢都被宫女分别控制，把一根预先用黄绫搓好的绳子打了一个结，七手八脚胡乱地套在了他的脖子上。勒了半天没勒死，嘉靖至少还能挣扎呀，宫女们便又打了一个结。也是心慌智短，这绳索要是系一扣是越拉越紧，再系上一扣就变成了死结。宫女们见勒不死他，便摘下头簪乱扎，把嘉靖扎成了筛子眼、血葫芦。但十几个宫女没一个会杀人的，弄了半天也没弄死嘉靖。一个宫女害怕了，在翊坤宫中潜出，跑到东近坤宁宫向方皇后报告。嘉靖虽然得救了，但已昏迷不醒，醒了也不能说话。太医们谁也不敢下药，怕治不好被处死，还是太医使（院衣）职责所在，大胆下药，救了七八个小时，才把嘉靖救过来。但这个太医官却吓死了，虽然是几天后才死的，自己却知道是受惊吓所积不治之症。

方皇后把这些发难的宫女全部监禁起来，一个姓王的妃子来诬告曹妃是主谋。方皇后对曹、王二妃都很忌妒，便乘机假传圣旨把二妃与16女在第二天便一同秘密凌迟处死宫中。但这个曹妃却是嘉靖的宠妃，他不相信她会害他。经过各方直接询问调查，证明曹妃实属无辜，便从此记恨于方皇后。5年后坤宁宫失火，嘉靖却不许太监、宫人救火，使方皇后活活烧死在宫中。还有说是1547年十一月初一，嘉靖与宫眷一起在大高玄殿内连续做了5天道场。道观失火，嘉靖被救出。但方皇后却烧死在观中，因为嘉靖见死不救。也有说这位方皇后是病死的。但正史均无记载，《明史·后妃列传》"孝烈皇后方氏"条下对于方后之死，只有两个字："后崩。"但却记录了嘉靖给足了方后哀荣，且下诏称"皇后此救朕危，奉天济难，其以元后礼葬"。

那么，制造了这次宫变的16个宫女，都是侍女、奴婢，她们与皇上有什么深仇大恨呢？而且嘉靖在大明朝的金銮殿上已坐了21年，怎么忽然想起修个道观、雷坛呢？求长生不老，他沉迷于道教玄灵。经常于此做道场求长生，此地成为他的别院。有时要在这里连续做道场三五日。虽然明朝自朱元璋、朱棣始，代代崇尚道教，但独嘉靖帝沉溺不拔于此道，而且身边还崇信一位陶姓道士，叫陶仲文，后来与另一位邵姓道士都官至礼部尚书。他讲了一句皇上与太子二龙见面必有一死后，嘉靖竟然终生不立太子，也因为先前立了两个太子都死了。这个老道给他炼丹提高房术，并对他说：处女的经血是炼丹壮阳、长寿最好的材料，所以他便大采宫女经血。又听信这个心理变态道士的话，为了保证经血纯洁，让宫女们只吃桑叶，喝露水。而且随意怒杀宫女，害死了200多人。他身体并不好，但道士帮他服药后，便常常一夜祸害十几名宫女。也正为此，这些宫女们才被逼得造反谋杀皇帝。

这次宫变后，嘉靖虽幸免于难，却从此搬出了故宫，20多年不入宫，只在西苑（今日中海）宫内热衷道术，往来高玄殿醉死梦生，导致严嵩专政近20年，大明国也从此开始衰败，国库空虚。但这位嘉靖帝并非从此什么都不干了，他干了一件大事就是对老北京"大手术"。是今日北京城形制的定型者。雄心勃勃的嘉靖,本计划在原北京城外围再修一重外城,但只修完南面永定门一线的新南城墙后,财政发生困难,于是廷议只在东西修两道半截墙,与前门一线的老城墙两端接上就算了事,于是老北京的方形城变成了帽子城。北京实际上变成了一座南北相衡的双城。然后又把合祭天神地祇的天地坛分开,原来合祭天地的方形大祀殿变成了今日圆形象天的模样;而把地祇分开,在安定门外建了方形象地的地坛;然后又在东面分建了日坛、月坛。这些工程都是在宫变10余年后完成的。

嘉靖离开故宫在外面折腾了24年后,1566年死前才回到故宫,但不久就死了。先后在位长达45年。嘉靖死后大高玄殿仍是后代皇家的道场。他的孙子万历帝宠爱一个郑妃,二人在大高玄殿中海誓山盟要立郑妃所生之子为太子,并有诏书密封匣中交与郑妃收藏,但后来还是在朝臣力主下仍立长子为太子,便追回了郑妃的诏书匣。但打开匣后,匣中只有一张白纸,上面竟然什么字都没有,让万历望之而心下骇然,从此再也不敢入高玄殿。

到了清代,大高玄殿仍是皇家道场,专门用来做求而祈雪的道事,每年都要有十几次活动。而殊宠道教的雍正还专门在大高玄殿前的护城河边,为道观迎门立了一座金丝楠木的大牌楼,与原有的东西牌楼相呼应,相当壮观。而雍正似乎也与嘉靖一样,虽然继任了皇位,却不肯住在乾清宫中,而在圆明园中理政,最后的遭际似乎比嘉靖更悲催。尽管所有野史传闻皆不可信,但所有史料的蛛丝马迹却都指向一个明确而不明晰的结论:雍正的暴毙确属非正常死亡。

这些事也只是与大高玄殿有关皇家宫事的点滴而已,还是来看高玄殿院中的最后一道建筑吧。在雷坛后面的主建筑称乾元阁,是一座纯粹的象天法地建筑物。阁分两层,上层形制是攒尖顶蓝瓦圆形,有如天坛,因有小天坛之称;下层则是方形,黄瓦。前者象天,后者象地,合起来便是天圆地方,天地合一;上者命名乾元阁,下者命名坤贞宇,乾、坤不只代指天地,而且是一种明显的阴阳搭配,太极两仪之形谓。

象天法地,不知在天底下、地上头构造了多少建筑美,全世界也许无以与北京古建之美奂壮观相比肩的啊!

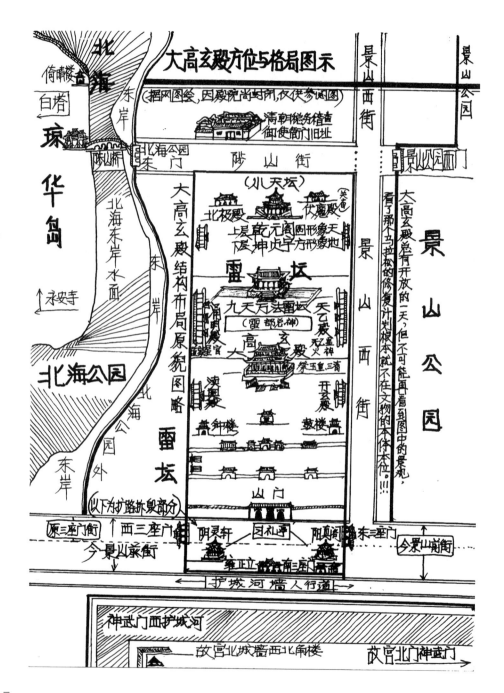

大高玄殿方位与格局图示

（据网图绘，因殿院尚封闭，夜待参调图）

清朝绅务稽查御使衙门旧址

北海

东岸

倚晴楼

白塔

琼华岛

北海东岸水面

永安寺

北海公园

东岸

北海公园园外

东岸

景山西街

陟山街

（小天坛）

北极殿　伏魔殿　（关帝）

上层乾元阁圆形象天

下层坤贞宇方形象地

雷坛

九天万法雷坛

（雷部总神）

保明殿　　天乙殿五神

大高玄殿

拜玉皇三清

演乾阁　　开玄殿

钟楼　　　萱　　　鼓楼

山门

大高玄殿结构布局原貌图略

雷坛

（以下为扩路拆毁部分）

原三座门街　↑西三座门街　阴灵轩　图礼亭　阴真阁　东三座门

今景山永街　　　　　　　　雍正立　南三座　　　今景山前街

护城河墙人行道

神武门西护城河

故宫北城墙西北角楼　　故宫北门神武门

景山西街

景山公园

景山公园西门

景山公园

大高玄殿总有开放的一天，但不可能再看到图中的景观，看了那个马拉松松的修复计划根本就不在文物的本体本位！！！

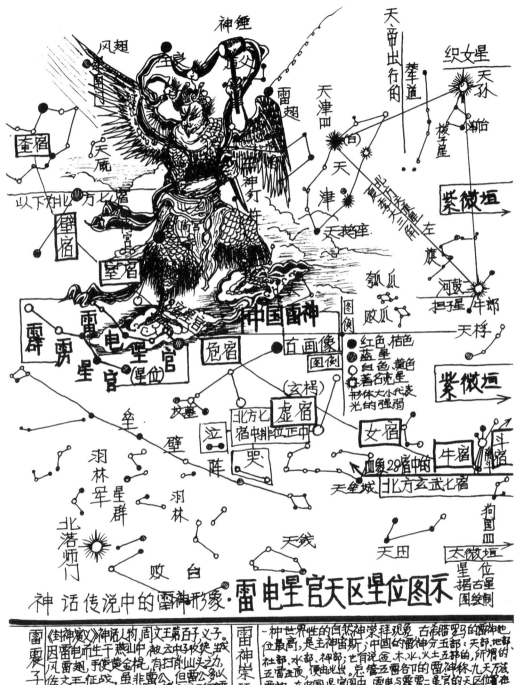

风翅
神锤
天帝出行的
辇道
织女星
天孙
貐胎
神威
梭子星
主鼻
雷翅
奎宿
天厩
天津四
天
神钉牛
紫微垣
津
以下列北方七宿
天捞座
娄宿
娄宿
璧宿
瓠瓜
河鼓
败瓜
挡星 牛郎
中国雷神
图例
天桴
雷群霹雳星官
雷电星官
百画像
红色 桔色
雷霹星官 (星位)
图例
蓝色 白色 黄星
紫微垣
著名亮星
女塞
(玄枵)
形体大小代表
光的强弱
虚宿
垒壁
泣
北方七宿中排位正中
女宿
牛宿
斗宿
羽林军
哭
血象28宿中的
星群
羽林
天垒城 北方玄武七宿
狗国
北落师门
太微垣
败台
天钱
天田
星位据古星图绘制
神话传说中的雷神形象·雷电星官天区星位图示

雷震子
《封神演义》神话人物,周文王第百子义子,因雷电而生于燕山中,被云中子收徒,肋生风雷翅,手使黄金棍,有扫削山头之力,佐文王征战.虽非雷公,但雷公多以他为形象,只是武器由棍变成了钉锤,在民间仍以其为雷公.

雷神崇拜
一种世界性的自然神崇拜观念.古希腊罗马的雷神地位最高,是主神宙斯;中国的雷神分五部:天部,地部,社部,水部,神部;也有说金,木,水,火土五部的,所谓的五雷轰顶,便由此出.总雷王雷祖叫的雷神称九天应法雷神.在中国星图图中,雷电与霹雳二星官的天区位在28宿的壁,室,危三宿区间,在紫微垣之偏左. (国位)

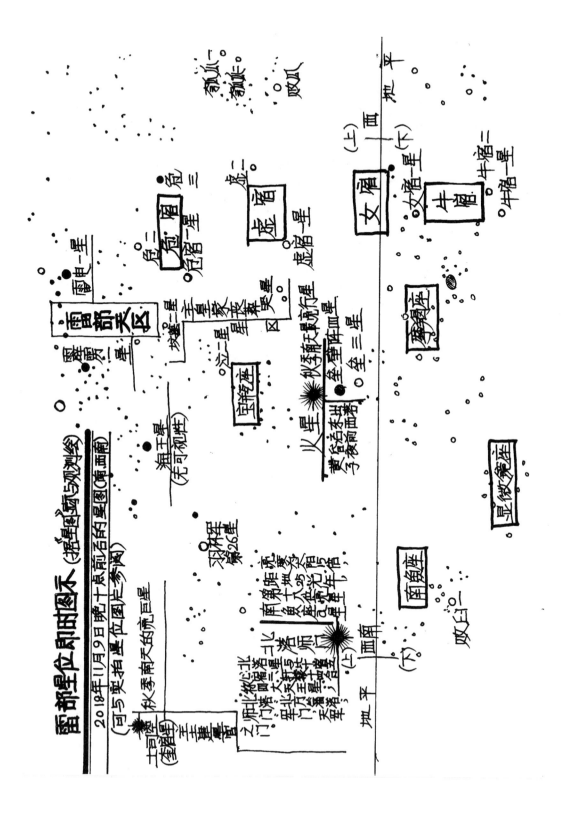

第十三集　琼华岛上："人间唯有广寒天"的历史兴叹

——观北海白塔漫话琼岛广寒殿千年兴废与月相之美

十顷方池闲御园，森森松柏罩清烟。

亭台万事都归梦，花柳三春却属仙。

岛外更无清绝地，人间唯有广寒天。

深知造物安排定，乞与官民种福田。

——［元］丘处机寒食游北海琼华岛广寒殿诗；此地曾为其所居之道院

北京之万岁山（琼岛）……造其巅而飞楼复阁、广亭危榭。东西拱向，俯仰辉映，不可殚记。最高者为广寒殿。崇栋飞檐、金铺玉砌、重丹叠翠、五彩焕焉。轶云霞、纳日月，高明阊爽，而北枕居庸，东揽沧海，西挟太行，嵩岱并立乎前。大河横带于中，俯视江淮，一目无际。寰中之胜，概天下之伟观莫加于此矣！

——明宣宗朱瞻基《御制广寒殿记》摘录

当人们在观瞻北海公园琼华岛上的巍巍白塔时，谁会想到在它宏大的须弥座下，镇压、堆埋着一座古殿，一座叠印着老北京政坛上五朝千年过客依稀身影的广寒殿。它虽然已沉埋于塔下整整370年，却为我们留下了北海千年嬗变的历史记忆，留下了辽金元明清的许多兴替沉浮故事。

当历史的车轮，在中华民族世代繁衍生息的这片广袤、美丽而充满变乱的土地上，一路碾轧到10世纪上半叶的时候，曾雄风万里的大唐帝国，在其5个叛臣贼子手中，又用金戈铁马的血色笔墨，撰写了半个多世纪的五代故事。正在五代残唐的几个旧臣军阀你杀我斫不息之际，早已兴起于北方的契丹族人，已建起了一个誓与他们任何一支势力相抗衡的契丹政权——辽国。到了他们的第二代主子辽太宗年间的918年，以帮助后唐军阀石敬瑭消灭、取代旧主子自立为帝为砝码，一纸契约便把广阔的燕云十六州之地，轻松地纳入了自己的叛国。从此，当年的幽州古城城主，由历来的中原王朝，换成了契丹辽。

中原王朝的北方政治、经济、文化中心幽州城，在城头变换大王旗后，成了辽国的陪都，古幽州城也改名为燕京、辽南京。在那个时代，幽州古城已有2000余年的历史，其富庶、繁华自非西拉木伦河的大草原可比，就是辽都临潢府也只是一个原始的聚居点而已，一座土围子，怎能和蓟幽古城相比。那时的北海一带虽是燕京的东北郊，因水面开阔、水草丰茂、禽飞鱼翔，正合草原民族的兴味，因而辽国不但在古幽州城中的今日广安门、南横街一带构建了一座内城行宫，还在北海中的岛屿上建了离宫别苑，称瑶屿宫。当年这一带的水泊称白莲潭，湖心岛被称为瑶屿，建瑶屿宫时，便在岛顶建了一座广寒殿。历代统治者都是一些既羡鸳鸯又羡仙的货色。北海这片连接前三海后三海的水面，便成了五朝皇族为自己打造天国仙境的首选之地。辽国对这里的开发，主要供王族来驻时消遣。据说辽圣宗年间的萧太后来北京时便以广寒殿为梳妆楼，就是宿舍起居地。明代文献称："大内北苑（明代的）中有广寒殿者，旧闻为耶律太后梳妆楼。"清人亦称："琼华岛在太液池中，相传（广寒殿）本萧太后梳妆台。"萧太后统治辽国十余年后还政于辽圣宗，仍旧要来燕京安度晚年，只是天不遂人愿，让她病逝于来京途中。但老北京城中留下她太多身影。安定门外的黄寺据说也是她当年的一座行宫，现仍存，但已为藏教学院占用而不开放，寺内非凡的宗教建筑已无从得见。高粱河古桥见证了她率军与北宋大军两次鏖战城下，又率铁骑南犯中原的身影；而城东南直通北运河的萧太后河，与通州南那座萧太后桥，则记下了她草创老北京漕运的历史。民间则有更多的传说。

10世纪兴起于北方的契丹辽，历传九帝，享国210年后，在1125年被宋、金联手消灭。但燕京城中仍留下了这个草原民族最后的王朝，北辽；也是契丹政权最后一个萧太后身披丧服，伏剑出悯忠寺率军与宋军血战，两次大败童贯数十万大军的战斗身影；而且亡金后，这个民族的耶律大石又率残部远征西域建立了西辽，在中西大草原上为中华民族扬名，雄民一方近百年。至今在西方的现代世界中，契丹，依然赫赫有名；契丹，在中国的 26 史中，永远占有一席正史之位。对于中原而言，功罪勿论，契丹是草原诸部族中相较而略文明的一支，从他们的太祖耶律阿保机始，便以中华民族的传统文化为自己的"国教"，尊孔而拒耶教。

女真金灭辽、北宋后，贵族完颜亮杀王篡位，在 1153 年迁都北京，于辽南京古城基础上，大兴土木，兴建了金中都，又开始南犯那个由赵氏家族继续统治的南宋半壁朝廷；这个海陵王，却在完颜雍（金世宗）于后方政变后，被部下杀死在长江边上。尽管这个完颜家族比世界大屠夫成吉思汗家族更血腥，远逾禽兽，但在迁都后，尤其自金世宗、金章宗年间，很快汉化，就像春天的檐冰，百无可遏地坠落。中原封建王朝的制度对于统治集团而言，就像可卡因对老鼠，谁吃了都是死路一条，但谁都想吃、爱吃。且无法自禁那种渴欲。金世宗很理性，对这种彻底去族别性的汉化十分忧虑，但也只能兴叹而已；金章宗则被说成是宋徽宗的化身，来还报那笔靖康亡国之仇。而金章宗实不亚于宋徽宗之奢荒。

金国迁都北京后，海陵王完颜亮在此重建了瑶屿行宫，修了座瑶光殿。在二宗时代，对西山与北海的开发下足了力气。世宗时代便在北海建了行宫大宁宫，当在今日的团城一带，然后一切仿北宋首都开封当年汴梁城内宋徽宗所建的御园艮岳园来建设，甚至派人到那里把园中建艮岳山的太湖石全部拆下来，不远千里地运到北京的北海，在岛上堆砌假山、岩洞，北海内到处都是太湖石，为后代王朝提供了丰足的园林建材。而那个被押往北国的宋徽宗还在玩诗词，怀念他的艮岳之高低，宫娥之齿香，李师师之明媚。都讲人的命由天定，其实都是个人的性定。菜性自然成人刀俎之物；木性自然难逃伐烧销朽的归宿；牛羊诸草食动物的懦性，自然是肉食者的口腹之物。到头来，似乎还是天命啊！悲夫，宿命。虽然脚上的泡都是自己走的，弱肉强食的生存之网，逃逸者实稀。

北海经过金朝二宗年间的雕琢，更大有皇家御园的气象，白莲潭成了西华潭、金海；瑶屿小岛堆扩成了琼华岛；而广寒殿则复修得更为豪华美奂，常常成为金章宗与宠妃李宸妃二人世界的寝宫，还留下一段对联合字的佳话。据说有一次二人在广寒殿的月台上赏月，金章宗向李宸妃出了一个上联："二人土上坐"；李宸妃是真聪明啊，手指当空明月应声对出了"月在日边明"的下联。显然在玩"坐"与"明"两个字的合字游戏，尤其那个"明"字，对于李宸妃而言，是太为聪慧了，若非后世文人杜撰的话。

　　这个金章宗不适合做皇上，与宋徽宗一样，只适合做一个白衣秀士，舞文弄墨，不但会玩文墨无所不能，更会玩山玩水，什么八大水院，广寒瑶殿，燕京八景，都出自此人的两支手笔。但金国在他的手上玩散了，从此开始衰败，这个金政权只存在了120年，在他死后的金宣宗继位不久，便被治下的北方另一个草原民族蒙古汗国，打得迁都北宋的都城旧址汴梁，终于在亡人亡国处，于1234年被南宋与蒙古联手消灭而亡国，且族人尽灭。

　　1260年，在蒙古帝国第三位汗王，忽必烈的哥哥蒙哥汗战死四川后，夺得汗位的忽必烈开元立国于元上都四年后，下诏以金中都为陪都，并于1267年改陪都为首都，决定南迁，把上都降为陪都。但金中都在1215年时，便已被成吉思汗破城时一把火焚毁。虽经几十年的恢复，仍无以为一国之都，忽必烈只能新建了一个元大都。忽必烈到过金中都，但他特喜欢北海这片岛光水色，所以刚迁都时，便把临时行宫、大本营设在了金国所建的大宁宫中，直到1285年迁入新宫，忽必烈在北海行政十余年。期间，重修扩建了广寒殿。据文献所载：扩建后的广寒殿坐北朝南仍在岛顶，东西广七开间120尺；进深60尺；高50尺；堂中设小玉殿。玉殿正位设金镶玉龙榻，左右两排臣座。堂中央设一大酒瓮，由玉石所雕，通体遍刻水兽波纹，称为"渎山大玉海"，可容酒三十石。这座广寒殿今日所存旧物，唯此大酒瓮了，今日存在团城承光殿前的亭中。而明代这座承光殿的前身便是元朝所建的仪天殿。仪天殿为敬天而建，承光殿则用来礼佛的。元大都的所有建筑似乎都讲象天法地。仪天殿、广寒殿便是一种代表。

　　忽必烈重建的广寒殿是一个崭新的建筑群：广寒殿前，增建三大殿，正中称仁智殿；左右二殿称介福殿、延和殿。在这两重殿群中间的山腰两侧建有五亭：东二亭分称金露、玉壶；西三亭分称玉虹、瀛洲、胭粉。这里成了忽必烈行政的朝堂。但此时的广寒殿已非昔日金章宗与李宸妃对联合字那座广寒殿了，而完全是重建。因为金代的广寒殿在金亡后的几十年间，同样经历了一次兴衰的际遇。

成吉思汗烧了金中都，北海的大宁宫虽没有被焚，但也一时间成了弃儿，渐次荒芜破败，但仍有宫楼殿宇在，便被成吉思汗赐予了曾随军西域、中亚的金真道首丘处机。广寒殿由此成为道教一时中心而得到恢复。但在丘处机身后，广寒殿反为道众拆毁。是以忽必烈也只能重建，仍复名为广寒殿。而且在元大都建设皇宫时，北海与中海一体划为皇家西苑中的太液池，北海成了真正的皇家御园，而非离宫别殿了。而琼华岛则先后易名为万寿山、万岁山。

1368 年，朱元璋的大明朝定都南京；大将徐达北伐吓跑了元顺帝，北京城头从此易帜为大明。历传五世十一帝，一统了 98 年的大元帝国灭亡，元大都也被易名为北平。据说朱棣当年从南京到北平来就位燕王时，王府就设在这座太液池东岸，而常常登琼岛游观。据他最喜欢的孙子明宣宗朱瞻基亲撰的《御制广寒殿记》载称：在他少年时代，朱棣曾带着他一起登广寒殿，对他教诲称金、元两代都大兴土木，大建广寒殿与皇家园林而不知镜鉴，所以先后亡国。但他与他的子孙们，也与金、元两朝同样不知镜鉴，都不惜大兴土木，来满足各自骄奢淫逸的需要。

永乐年间，北海进行了维修、扩建；宣宗年间复修了受战争破坏的北海，并把水中团城所在的小岛东部填平，修复了元代的仪天殿；又在中海东岸的一处小半岛的犀山台内修了一座圆殿，大概就是今日中海东岸北端处仍可见的那座天坛式的圆顶建筑吧。英宗（或嘉靖）年间，新开南海，建瀛台、宫殿于湖心岛上，与中海北端的犀山台、北海的琼岛，重构了"海上三山"。到了万历年间的 1579 年，历朝用以象天的广寒殿，却因不堪人间风雨而坍毁，大明帝国也开始走上了衰亡的道路。而一座广寒殿能经历辽金元明四朝 600 余年，且一名不易，无非是一种象天之征，它所在的琼岛与北海不知被更改了多少次名谓，但广寒殿自建立时一直到毁弃的 600 年间，却一以名之以广寒，亦无非因其象征月亮、月宫、月神，亦足见人们对月亮的自然神崇拜之久远绵长。宇宙星空中，在世人眼中还有什么比月亮更美丽的呢？人的审美天性似乎是无以改变的。中秋节北海与景山顶聚而观月的人头攒动，"长枪短炮"加手机，振臂向月，便足见众人的心之所属。

1644年，随着李自成进北京，崇祯自缢于景山，大明帝国消亡。清顺治八年的1651年，应藏教以助清帝国"泰国佑民"之名所请，这座曾历时数百年的广寒殿废墟上建起了白塔。广寒殿这座四朝象天的"天上宫阙"，在人间彻底消失。但各种历史文献仍使它以文字形式，存在于历史的天幕上，也记下了天下兴亡皇权兴替的史实。

"拥有者不必是其守护者，守护者不必是其拥有者。"在回望历史时，我们不能不说，金章宗的那位宠妃李宸妃，虽不知是谁家之子，但能讲出前面那样的话语，却实属见地非凡。她也许讲出的是一种历史定理吧！但广寒殿能历四朝兴衰而傲然岛顶六百年，一来广寒殿的名字起得好，仙居之地大有吉祥之意，花好月圆象征人合美啊；而且象征长生不老，广寒宫主嫦娥勿论，连蛤蟆、兔子都得飞升长生天啊，何说真龙天子呢？但身为帝王者也有审美的需求，不但这里适合赏月，诗意无穷，而且月亮自身也很美丽，尤其它的圆缺变化，更在美中增加了一种神秘感，何况竟能影响到陆地上的潮汐涨落，是以无论神之、仙之，便都言之有据了。

月亮运行二十八天一周期，每天住一个星宿，所以便有周天28宿星官之分。年年岁岁如此无穷循环往复，而且在每一个周期内都示人以同与不同的月相。满月便亏，变成凸月，而下弦月而下蛾眉月，面向西方；然后隐没一天变成新月；接着又现出了上蛾眉月、上弦月、上凸月，面向东方而渐圆。这些不同月相的显示规律大体如下。

我们所看到的整体月相，永远都是重复不变的月表图案，因为月亮被地球引力锁定，它只能永远以一面对着地球运行，所以我们只能看到同一种图案纹样的周转。它的公转运行周期为28天左右，而月相的变化周期却有近30天。这30天内它会给我们八种面相：农历每个月最后一天无论是29或30是没有月亮可见的，是以称"朔"。从初一开始的月相为：①新月：初一到初四；②上蛾眉月：初四至初七八前后，我们只能见到一个亮边儿或弯弯的小月牙儿；③上弦月：初七八至十一、十二前后，看到的基本是对开的半月；④上凸月：在每月的十二前后，我们看到的都是中间凸起的月相；⑤满月：十五前后，称"望"，十四、十五、十六左右的月亮，在目视中都是圆的，但最圆的时刻在十五与十六之间，所以民间有"十五月亮十六圆，十七八月亮少半边"之说，事实上十七八的月亮也只缺少一点点；⑥下凸月：农历十八九明显的月缺；⑦下弦月：每月的二十三、二十四左右；⑧下蛾眉月：也称残月，在每月二十七、二十八前后。各种月相的变化时间并无绝对值，大体上吧。上半月出现的月相称"上"，下半月出现的月相称"下"，通俗说法并不严密。

初一升起的月亮几乎与日同升同降；以后便每天比日升要晚50分钟左右，因地区不同而有变化，北京地区的变化较大。这样一来在一月之间便又有一种月相出现：上半月的月亮是在太阳的东边，圆的弧线那边是向西的；下半月的月亮是在太阳的西边，因而，月亮的圆弧线那边是向东的。但也有一个倾斜至平的过程，并不绝对正东正西向。说太阳从西边出来是比喻不可能的事，而月亮从西边出来却很正常。新月出现在人们视野中时一定是西边，黄昏日落前它才能露脸；而凸月则同时与太阳在天上显现；朔日便见不到月亮；上半月的月亮只能在上半夜见到，下半月的月亮只能在下半夜见到，而且越向后看到的时间越短，在西天一现便落了。

月亮由于这些变化，不但给人以不同的美感，也具有一种神秘感。尤其是月食现象，更给人以不同的月相，便有了天狗吃月亮的神话传说，于是，也便有了月神的种种传说。

笔者曾连续追拍过整整四个月时间的各种月相，真真有欲罢不能之感。夜夜不同的气候气象，天上的云气变化，满天的参横斗转众星捧月……时时都在为你变幻出不同的景观与不同的月相。虽然变化万千，但月亮还是那个月亮。不管它照古人还是照今人；也无论它是海上生明月，还是春江花月夜；是缺月挂疏桐，还是花好月圆天；是举杯邀明月，还是无言独上西楼；更不论你是达官贵人，还是渔樵耕读；是受降城外月如霜，还是三潭印月西湖中，它都示人以同一个美好的面孔，从不让任何人扫兴。

尽管人们爱以阴晴圆缺来作献愁供恨的倾诉对象，却无人说其不美；尽管科学昌明发达到如今，几乎足以令它的所有神话传说与示人美好的容颜，都冰消瓦解，烟飞云散，但人们仰望月空依旧情愫深深，咏赞它的人远超过太阳，乃至超过宇宙中所有天体。她绝非天体中的英雄，但是令英雄气短于以假面目示人，又能让天下人为之沉迷倾倒。

　　笔者在镜头中，已大得其素颜真容，甚至在不同模式下，拍成了麻子脸、沙漠体、骷髅头，但仍不失对其美感的依旧。古人言花不迷人人自迷自有真谛三昧，但对月亮而言无效。人所看重的，终归是自己看到的，得到的，美的，喜欢的。这也许便是罂粟花至今仍无以铲除灭族；铜钱虽被称为"阿堵物"，但又有谁怕钱多绊脚呢？何况千古万劫，这轮明月为世人留下了多少得以心灵慰藉的诗情画意啊！

　　月亮，终归是美的，它将永远保有在世人心中的那份美好。因为它既不是罂粟，也不是钞票，而它洒向人间的辉照虽然是借来的，但它不据为己有。也许正为此，才更受人的景仰。一个人一生只为拥有，你又能拥有多少，拥有多久呢？人的一生一无所有，那又有什么意思呢？若将此生此身质押给外物，为一个上帝的保管员、出纳员，与被奴役又有何异呢？什么物事都好，只要"够用"便好，千万别"用够"，那你拥有多少，都没有幸福感了。知道皇上为什么有国而无家吗？仔细思量着。

　　外国的月亮从来不比中国的圆；古希腊月神狄安娜也从不比中国月仙嫦娥的风采更美夬；但北京的月亮则因有广寒殿，便自有心境上的不同。虽然临窗凭栏拍月时，弥天漫地的雾霾与强大的城市夜光污染，加之大货车夜间的狂暴轰鸣，还有二哈的狼号，让人大无心情。但月色无论是清辉万里，还是依稀隐约，都给人以同样的心灵慰藉，都同样美好。而每当登上琼岛白塔前，都会让人想起千年前全真道教领袖丘处机于此的观月身影，还有那句"人间唯有广寒天"的历史咏叹。

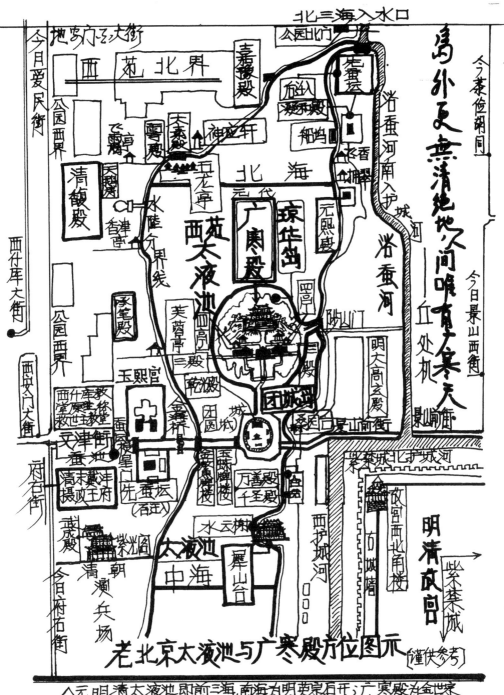

为外夷无清处地人间唯有广寒天——丘处机

老北京太液池与广寒殿方位图元 [谨供参考]

北三海入水口
今菜修胡同
今日爱民街
地安门内大街
西苑北界
今日景山西街
吉福预殿
公园北门
先蚕坛
公园西界
百子殿
花入城殿
浴蚕河南入护城河
船坞
水香
夫素殿
雪禘殿
神应轩
北海
云彩亭
五龙亭
广寒殿
元熙殿
清馥殿
天殿
元代
广寒殿
琼华岛
浴蚕河
清馥殿
水陆分界线
西苑大液池
西什库大街
香津亭
四宫
明大高玄殿
承毕殿
芙蓉亭三殿
沙山门
景山前街
乾殿
景山西街
西安门大街
玉熙宫
教池玉教堂
四宫
团城
团城河
西什库教堂
鑫杯桥
团圆城
明清故宫
府右街
义津蚕
蚕宫
万善殿
千圣殿
蚕宫
西护城河
紫禁城北护城河
清末蚕津
清末摄政王府
先蚕坛
(谕迁)
古城墙
故宫西北角楼
武成殿
水云榭
西护城河
紫禁城
紫光阁
朝
水云榭
犀山台
今日府右街
太液池
中海
清演兵场
明清故宫
紫禁城

△元明清太液池即前三海, 南海为明英宗后开, 广寒殿为金世宗所建, 为离宫大宁宫正殿; 忽必烈重建为大都竣工前会见汉章大殿;
▷清初在大殿旧址处起建白塔与千佛楼。本图建筑大为明代所建。

第十四集　老北京"五大镇物"与"镇山"的前尘后影

——登景山观北京胜境感言历史兴替沧桑

青天有月来几时，

我今停杯一问之。

人攀明月不可得，

月行却与人相随。

皎如飞镜临丹阙，

绿烟灭尽清辉发。

但见宵从海上来，

宁知晓向云间没。

白兔捣药秋复春，

嫦娥孤栖与谁邻。

今人不见古时月，

今月曾经照古人。

古人今人若流水，

共看明月皆如此。

唯愿当歌对酒时，

月光长照金樽里。

——李白《把酒问月·故人贾淳令予问之》

天三巽一含精腴，深山大泽连林扶。

寿突灵椿忘荣枯，所乐不存屣弃渠。

远辞南海来燕都，甲乙青气镇权舆。

足称神木众木殊，春明旧迹久闻予。

便中一览城东隅，长六丈余卧通衢。

围乃不可规矩模，岿然骑者能蔽诸。

四百春秋一瞬夫，雨淋日炙风吹敷。

枝干剥落摧皮肤，隙孔瞋茵郁缪纤。

为想怀材昔奥区，凌云概日垂扶疏。

翩集不胫曰人乎，天也将以为贞符。

试看虚中巨查如，尧年贯月历劫余，

生育盛德厘皇图。

——乾隆视察皇木厂东镇物楠木所写《神木谣》二首之一

镇物，一种纯解心疑，祛除所畏的迷信，无非是为了避灾免祸所设置之物。而最讲迷信的就是皇上，他们不想失去所得到的；其次便是作恶贪腐害人者，他们想免罪去祸；再次便是奢求者，梦想非分之得。与宗教之迷信产生相同。

老北京城中的历代统治者，为了天下安宁太平，自己龙椅坐稳，子孙万代、本支百世，不但建了九坛八庙、四神五顶为佑护，还设了五大镇物，而且各有顺天地物性的说法。镇物按四象、五行、五方天帝位设置。东方属木，苍龙之象，司木青帝之位，所以便以城东通惠河边皇木厂的金丝楠木为镇物，以象东方苍龙青帝主木之属。这是哪来的金丝楠木呢？这里曾是运河漕运码头，为码头岸边卸货的皇木厂，专程从南方运来建皇宫用的名贵木料，也称"神木厂"。剩余的楠木便被指认为东方镇物。这木有多大呢？"京师神木厂所积大木，皆永乐时物。其中最巨者曰'樟扁头'，围二丈外，卧四丈余，骑而过其下，高可隐身。"这是《春明梦余录》所载。而乾隆那首《神木谣》则可证那时神木还在，乾隆还为此立诗碑。而今，东镇物事一切都烟迹难寻了。

南方为朱雀之象，赤帝之位，火神祝融之属，因以烽火台烟墩应之，为南方镇物。初建于元朝。元朝建都时，虽然尚未有南边的"帽子城"，但已经把今日的永定门一带的南口，当作了国门，在那里的官道两边各建了一座烽火台式的土墩，以象征"天阙"国门。为什么要把国门建成两座烽火台呢？五行生克之法。在传统的金木水火土相生相克学说中认为南方是火神的方位，所以造烽火台形以应火德。故称烟墩。

这座烟墩后来也称燕墩，燕京的国门啊，称烟不雅，再后来则变成了明清北京城五大镇物的南镇。

在五大镇物中，这个燕墩又极特殊，同时负有镇火、镇水的两大使命。明清年间，故宫不断失火；永定河水不断泛滥，常常倒灌北京城。因而，在乾隆年间不但重修了燕墩，而且还在十几米高的台顶，设了一通高六七米的方石大碑。上面刻了乾隆的几篇"北京赋"类的文字；周边的花纹刻的则是龙纹，有 20 多条龙在上面。这些天龙，既可以水镇火，又可镇水啊。各方龙王们都在此，水族谁敢来此兴风作浪啊。迷信，但未必是真信，否则清朝康、雍、乾年间直到清末，就没必要下那么大力气，去治理水患了。造迷信以解心疑，求心安而已。

这座烟墩至今仍矗立在永定门外护城河南不远处的路西，碑顶仍遥遥可见，就在 13 号线永定门外地铁站北边。尽管已很少有人知其为何物，但京师五大镇物所赋予它的历史地位是不会失却的；且这里是悠久了 800 年的曾经的国门啊。

西方为白虎之象，属金，白帝之位，便以海淀区北三环联想桥北大钟寺的永乐大钟为镇物，以应五行之金的属性。北方为玄武之象，黑帝之位，五行中水的属性，便以颐和园昆明湖东南岸的大铜牛为北方镇物。这四大镇物，除东方镇木不知做了谁家的棺材板子，还是入灶而薪火不传了，——尚存可观。

五镇之中还一个中镇，五帝星居中的是轩辕黄帝，是五行中的土属，因而便以故宫北屏景山为镇，既应土德，又是北京最高处，至今也是最佳的观景台，晴日里站在制高点上四望，首都形势尽收眼底，连西山、军都山亦尽入眼中。当年这里也是故宫的镇山，自然便以此为中镇了。而这个中镇景山的历史比其他的镇更悠久而丰赡了。这里是元明清三朝故宫真正的后花园。至今仍花木繁多，古木参天。尤以白皮松、松柏、牡丹、柿树林为盛。春观花，秋观果，日眺四极，夜望星月，真是良辰美景、赏心乐事的好去处。历史的积累之功真不可无视。

800 多年前的辽代，这里只是很矮的一处小土丘，本处无山，便以此为山了。因地近北海，辽代在扩建北海时，又把剩余的残土都堆在这个土丘上，便有了山形。金代又扩建北海，便于海东岸的土山南建了一座太宁宫，又以残土加高土山，称为青山。在山上建楼阁，四周加围墙，辟为金中都近郊的"北苑"。1267年忽必烈弃金中都新建大都，这里成为大都的中心地段，便被建为皇家后花园"后苑"，且在西北角上辟出一方田地，元帝于此开始躬耕天下了，并以此山为镇山。明代则改此山为万岁山，当年曾是明宫的煤场，因又称煤山。这里不但是明朝的后院，也是大明亡国的历史见证：山东麓便是崇祯帝在1644年李自成破城后自缢殉国地。那棵树何辜？却被顺治下令锁住称"罪槐"。南唐宰相冯延巳《谒金门》词称："风乍起，吹皱一池春水。"唐主李璟戏言："吹皱春水，干卿何事？"而国之兴替，干槐、干树何事？那棵树被锁死了，后人便又植了一棵，接着续罪吗？

清兵进京后，把煤山、万岁山改名为景山，大兴土木建成更为豪华的御园。在山前建了皇室贵族子弟学堂，山前那座绮望楼便是学生礼拜先师孔子处。山顶沿脉东西横陈，建有著名的五座佛亭。山后则是以寿皇殿为主的一个大建筑群，至今犹存。但偌大一个建筑群至今封闭，那里主要是皇家停灵、思祖处。关帝庙前的将军柏还真像关公般伟岸。但一切都已物是人非了。人在宇宙中真如"天地一蜉蝣"而已。

李白曾有诗称："今人不见古时月，今月曾经照古人。"2018年中秋节之夜曾专登景山拍月出。其实今人、古人所见的都是同一轮明月辉照天地，只是年年岁岁花相似，岁岁年年人不同而已。月光下的景山依旧高踞万家灯火之上；月色中苑松翠柏依旧树影幢幢；月台上的人头攒动，都在仰望月空，谁还会想起辽金元明清呢？历史上所有的兴亡沉浮喜怒哀乐对今人而言，都不过如月光下那片浮云。《巫山一段云》虽然都曾有过自己的朝朝暮暮，而永恒的却是《天净沙》。而今人的一切，500年后又何尝不是如此？人生如水，虽逝者如斯，但人类的历史长河，不正是在古人、今人、后人的前浪与后浪无尽的兴替中，得以奔流不息吗？

"没有忧伤，没有哀愁，唱起它心中充满欢乐。"愿我们的心中，永远都在唱响"童年"这支歌，这才是招引着人类生存的最大魔力。

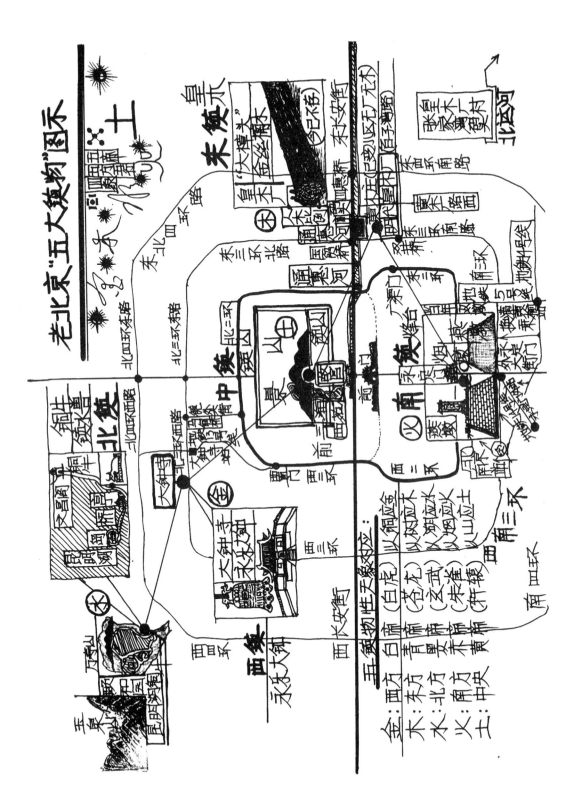

老北京"五大镇物"图示

五镇物性天象反应：
金：西方 白虎（白虎）以铜应金
木：东方 青龙（含龙）以树应木
水：北方 玄武（玄武）以湖应水
火：南方 朱雀（朱雀）以烟应火
土：中央 黄龙（祥麟）以山应土

第十五集　明永乐古城墙与城门楼之峻伟美奂

——观北京古城三大箭楼与城墙遗址感言

明代的北京城建成于永乐帝朱棣将首都从南京北迁的 1421
年。当年初建的北京城基本是座方城，但西北斜角。因此处高梁
河与积水潭之间，所以偏折一角，或另有说法。20 年间城建无大
的变化。到了明英宗正统四年的 1439 年，因蒙古瓦剌军不断入侵，
直通北京城下，英宗被俘回归复辟后，故在各城门加修瓮城、城壕
等城防建设，使古城更加雄伟壮丽。到了嘉靖年间的 1550 年，蒙
古鞑靼首领俺答汗率军南犯直达北京城下，于是嘉靖帝计划在北京
城外再修一座外城来加强城防。因财政不济，只修了一个帽子城，
彻底改变了永乐北京城的结构。而宣南地区则由此从"城外"而变
成了"外城"。从而在事实上使北京变成了一座南北连城，因为中
间的老城墙、城门完全保留。这种形制便一直保留到清末。民国年
间便开始破城毁墙了，老北京因此一步步隐没于现代建筑之中。

——题记

北京，有城墙可以称北京城，没城墙则只可称北京或北京市。城与
市之别，古有所规。

北京城的美奂是多元因素构成，但它的雄伟壮丽则首先在于城墙、
城门、箭楼。而箭楼似乎比正门更加雄风飞扬，令人郁陶驰荡而神驰霄壤。

北京城作为首都，最美的部分与时期，还是永乐年间所建方城，在
1439 年明英宗正统四年为各城门增建箭楼之际。嘉靖年间虽然扩修南半

城，给北京加戴了一个大帽，使城区扩大了许多，但都由于财政的匮乏，帽城无论城墙还是城门楼的规制，都比老城大大缩水。北京现存古城旧物"一门三楼"的正阳门与前门箭楼、德胜门箭楼、东南角楼及其千余米的古城墙，幸好都是永乐古都的遗存。这也是老北京16城门20楼（加四大角楼）36座古城门、箭楼与70余华里古城墙的硕果仅存了，从而尚可以让我们对古城风概管窥一二。

一、"四门三桥五牌楼"的正阳门建筑群

正阳门是一个建筑群。后面是正门楼，前面是箭楼；箭楼城台东西各引一条南北城墙环扣在正阳门两侧的古城南墙上，在两城楼间构成了一座雄伟的瓮城；加之两翼高大浑厚的古城墙东西展开，真是雄风万里，代表了15世纪中叶明首都城门楼的典型规制。至今，这一门一楼，仍是支撑北京风物天花板的两根中心金柱。箭楼前当年还有宽50米左右的护城河，河上并排三座汉白玉石拱桥为正阳桥；桥南六根冲天柱架起一座五间五楼的五牌楼，五楼均为四坡顶；每楼两道额枋间，镂花雕板斗拱承顶，中间横书正阳桥三个大字。

也许因为这里是古城正门，又是皇上出行的街道口吧，所以一切建得都是如此排场。所有城门桥都一座，另有正阳桥是三座；就是门蹲石狮都是金城最大的。那座五牌楼也是北京古城建筑最有特色的京味儿——牌楼群的代表。柱、楼都是最多最豪华的。因而前人对正阳门建筑群有"四门三桥五牌楼"之合称。四门：正门、箭楼门、瓮城东西两座闸门；三桥：三座河桥。其他牌楼都是四柱三间。

正阳门建得中规中矩、方方正正、四平八稳、金碧辉煌，尤其是在晨光中金光夺目是真美啊！前门箭楼则风格迥异有一番开阔风采。重瓦飞檐，前箭楼、后抱厦、三面箭窗虎视。角檐翘翅，歇山顶拉动角檐欲飞。正观之如雄狮当途昂首远视；侧观之如雄鹰振翅；白玉栏从前城台一直环绕到后面的东西马道，有如白龙玉蟠。非八面观而不得此楼风采之全貌。

美则美矣。壮则壮矣。可悲的是挡不住列强的坚船利炮，看到慈禧

当政时，被炮轰、火烧得只剩下一个城台残楼的前门时，顿如冷雪沃面没了心情，如慈禧般地母鸡司晨必破家信非虚言。中国的希望本不在这些败家子、卖国贼、汉奸走狗、垃圾国民身上，自有民族之脊梁，后面广场上的人民英雄纪念碑就是最好的宣言。

二、德胜门箭楼：你倒是展示点德胜史啊

打开电脑，你无论点名山大河、天上星斗、古迹名胜、诗词名篇、专业术语……不是人名、企业名，就是铺天盖地的广告，这个社会是真的发达了。但美国的基因小说讲广告可以一直做到云彩上去。看来，中国还是稍逊于彼啊！资本一旦有了话语权，便会颠覆一切。

德胜门是老北京的西北门，"西北望，射天狼"，苏东坡时代的国患在西北，大明国永乐乃至中明时期的国患也在西北方，因而这座西北城门也名为德胜，并且御定为出征门。朱棣一生五征大漠都师出此方与此门，最多时，随征的毛驴儿就有20万头；英宗北征大国前线蒙古瓦剌犯军时，也有20多万毛驴儿随军。但朱棣打胜仗啊，英宗则全军覆灭在居庸关外当了俘虏；于谦则在此门大败了犯关的也先，还是得胜居多。德胜本是政治真谛，但古代帝王哪个能德胜于占有欲，能德胜太监、奸臣、美女。所以个个都败亡。

德胜门拆了，有幸留下一座箭楼，现在已辟为德胜门公园。护城河水倒映箭楼，初春金丝柳把箭楼画成了一座网线图，"问路旁杨柳为谁春，摇金缕"，不用问，人民公园啊？北观同样的雄风万里；南观，与前门箭楼同样的抱厦，只是多了一个马道半城右祖与城墙；还有一个小院分东西院，一棵黑枣树果实累累有如紫葡萄，真是诱人。院内还设了一个古币展馆。历史文物的使用多是风马牛般地错位。奈何？

抱怨、挑剔，本身就不是什么好德行，改改吧。人性，奈何，可奈何？

三、东南角楼与古城墙：市区政府干的一件大好事

在崇文门东面北京站南面一路之隔，便是明城墙遗址公园。这里如

今是寸土万金之地，但仍能拿出 3 公顷土地来保护一段古城墙实属应该而不易，难得的是这段长达 3 华里的古城墙遗址，修复得恰到好处。角楼城台进行完整修复，但向西一路延伸的古城墙顶马道城台，并未像那些用水泥把残长城抹上封闭的无知者那般处理，仍旧是荒草萋萋的旧模样。连城墙下也是芦荻丛生，野草葳蕤，与绿草坪结合。虽有"故垒萧萧芦荻秋"之感，却无"金陵王气黯然收"的悲凉。让人感受到的是一种历史，一种价值，一种古典与现代美的合璧于残垣之下。而且古城墙包括马面敌台在主体上都磨砖对缝地进行了复修，但仍有意识把原残墙砖口在不影响整体观瞻的前提下，一段段、一片片留下若干。有高手啊！太好了！！无复修不得观整体；无保留则失去了原浆酒味儿。味远，对于文物修复工作与效果太重要了。何况某种残缺本身，便是一种无以替代的殊美。

更为难的是修复的用砖，都是古城墙原砖，有的砖还有明朝所造成砖的文字。神了。据说是动员那一带居民献砖，捐出了数十百万块古城砖，真是了不起。民众的力量真是不得了。这力量无论是拆砖还是献砖，破坏还是建设，都不可低估啊！还好，政府没按毁城处理，若一块砖罚 100 元，修复的费用不就解决了吗？人民政府对人民还是很厚道的，不黑。

城墙虽然已残颓，但城墙外的古木保护得是真好啊，正是这些古树把这段残墙装点得更有沧桑味道，相称相搭啊。而最让人震撼的还是东南角楼的雄伟气象。这座角楼是永乐古城外城四角上的箭楼中的一座，一梁仅存啊。健硕无比的一座方楼，无前门箭楼之秀美，而雄风过之，大有熊抱虎踞之势，犹自东南小桥上观之。城楼内高大粗壮笔直的 20 根金柱，撑起两层重檐，两条大脊相交的十字梁扛起了十字歇山顶。一个大转角楼十分特殊的建筑结构，要与南城墙东城墙交角位相衔合。所以东南外观是一座大方楼，背面城台上观之则是抱厦错落北、西展开，真正的角楼。楼内陈列的南北城 16 座城门楼的图片，十分珍贵。箭楼西侧的大月台是真宽敞啊，在雉堞间看南城墙西延，直衔正阳门城楼。事实上，自崇文门东西至正阳门这段南城墙，无论崇文门、城墙、马面，都已夷为平地一无所存，但距离，距离可以在视觉上弥补缺位的空间，站在城台上西望古城墙尽头处，出镜的本应是崇文门城楼，而赫然入目的却是正阳门。

抱孙不抱子李代桃僵的事早已超越了人、物的界限。求真何易，而假幻仍足以炫人以美感，可叹。

四、老北京为什么讲"南贫东富，西贵北贱"

站在东南角楼高高的城台上，北京站东口列车的进进出出就在眼下；西望这道野草连天夹顶如道的古城墙，正是老北京城"天限南北"的内外城樊篱，虽非天堑之阻隔，却由人手划出了两个不同的世界：这道墙北一度曾经是塞北部族的天地；汉人就是官僚也得屈居宣南，是以外省的会馆（驻京办）在宣南外城中遍地都是，进京的戏班子、赶考的举子，也只能在这里落脚，就是一时深受皇宠的纪晓岚、康有为、谭嗣同，也只能在这片城圈中寓居。而且在民间亦有"东富西贵、南贫北贱"之说，当然这个"东西南北"是指永乐年间所建古城之外的四郊。东富于水、于商。当年的北京所需之物均由东出的通惠河自通州的运河码头进货，水路发货也由此出，因而大商巨贾云聚、大小店铺林立；而皇家的货场、货仓亦多在东城，至今仍有老仓存在于东城。东四十条22号的南新仓便是明清大粮仓，当年这一带都是大粮仓。而且从元代开始便于此建太仓，至明代先后建有种种粮仓，计四百廒左右，这里当年又曾是漕运终点，所以财货自聚于东，富商自多。西贵，是指汉人的高官、士大夫多居于西于西南，南城西门广安门外曾有一地称"达官营"，也许是大官宅区所谓吧，也有说是蒙古军人"鞑官营"的。但这种贫富贵贱分区的说法，似乎只限于某一时吧，几百年通而论之则大不尽然，不一一分述。如西城区古有大量的煤商与晋商所聚；宣南则有许多达官贵人家宅。至于南贫、北贱则多指平民宅区，古今所释多有牵强处。

作为外城的宣南地区与其他三方，与内城都大有不同。但这里似乎称不得贫，反而正是宣南这片土地，积淀了更多北京都城文化的京味儿。大前门、大碗茶、大栅栏无尽的老字号商家；天桥把式杂艺；八大胡同"红灯区"与戏班、艺人、京剧与戏曲艺人大家的混居；无数省区地方会馆的集群；达官贵人的庄园、馆舍；文化名人的宅舍；天坛、先谷坛、先农坛、太岁坛的皇家郊祭四坛的设立；士子学人官绅雅聚私会之所陶然亭；还有一个辽金元明清五代不舍的游猎围城南海子海户、虞人、菜农禽户……还有古老的花农、花市……怎么可以一个"贪"字一言以概之呢？宣南的历史文化似乎占据了北京历史文化的一大部分，只是那些名人故居及景深故事你就说不尽。但作为老北京的一部分，这里与老城南墙以内的都城，还是存在着一种历史积累的黑洞。

从北京的建城史而言，明清时代的内城历经辽金元明清五朝的历史积淀，大约有800年的历史。而宣南一带的外城，在永乐至嘉靖之前的16世纪上半叶，不是城外；只是到了16世纪中叶嘉靖扩修外城，这片土地才由"城外"变成了"外城"。比内城的皇都历史，短了至少300年的积淀。什么积淀？物质、财政的投入。首都的城市建设是国家财政投入。辽金时代的古幽州城、金中都，虽被成吉思汗的蒙古帝国付之一炬，但他们对四郊建设的投资建筑都成了明清北京城的财富。尤其是元大都的主体建筑除了北城割去一块，基本未受到破坏。虽然明清年间进行了许多翻建修缮、搬倒复起，但草创之艰与润色为功是不可同日而语的。在以举国之力投资建设的历史累积之功方面，南部外城与北部内城是无法相比的。所以，至今，你走在这条古城墙以南的大街小巷中，与前门以内至北二环的气象那是大大不同的。在北二环以内你能深深感受到一种昔日的皇城温度，王者气象；而在同为古都部分的南城，你就没有这种感觉，虽然仍不失美丽繁华。

历史之所以称厚重，只因为它有积淀之功。历史有时会留下一些负担，而更多的是一种财富，一种不可再生的文化，一种不可逾越的价值。北京城中各以出奇特色而著名的"大裤衩"、世贸楼、盘古大厦这些斥资豪巨的现当代建筑，抵得过一座小小的万宁桥吗？而明清古城幸存下来的三大箭楼、古城墙、中轴线上那些伟大的建筑，哪个是能靠了真金白银所能再造的？

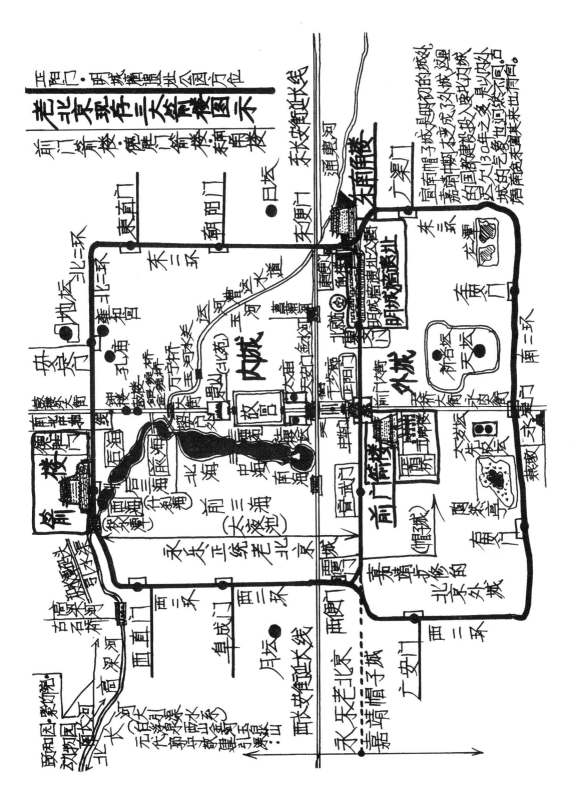

老北京现存三大绝情图示

前门·箭楼·鹰马·综拣·鸡两·相拣·南拣

老北京现存三大绝情图示

正阳门·明城墙遗址公园方位

第十六集　老北京"独有的壮美秩序"是怎样建立的

——通采中轴线现存古建筑随谈老北京"日上日下"

皇城定标，费时五年，皆为定都峰之故也。

——乾隆《钦定日下旧闻考》批语

（五年：指明朝建北京新都费时五年完成）

1264年，元世祖忽必烈弃金中都，在其东北方择址建设元朝国都——元大都，即明清北京城的前身。中轴线的划定，对元大都的规划、建设起着决定性作用。

北京独有的壮美秩序，就是由这条中轴线的建立而产生。

——梁思成论北京中轴线

老北京城的中轴线划定的意义，不可否定。那种把它看成只是一条线而已者，足见无知。但亦不得专美于此。还有一条十里长街、百里长街，对北京城的规划与建设，同样具有重大意义。

在中华民族的历史上，礼敬天地不仅是一种对各种大自然现象敬畏而产生的自然神原始宗教性崇拜，而且形成了一种敬天崇地的政治文化。皇上称天子，国门称天阙，国祭称天神地祇皇天后土。祭祀大典有繁复隆重的祭祀仪式，并要有十分像样的固定祭所，称天坛、地坛，及诸天神、地祇的各种庙宇。而且这些建筑及命名，一定要有天地的象征意义。如明代嘉靖年间，便有朝臣进言称："古者祀天于寰丘，祀地于方丘。寰丘者，南郊地上之丘，丘方而高，以象天也。方丘者，北郊泽中之丘，丘方而下，以象地也。"于是老北京之城南的天坛便有了寰丘之称；京北的地坛便有了方泽坛之谓。明朝从此便由天地合祭于天坛而分祭于南北。

这种象天法地的政治历史文化，是一种皇家文化，因而它自然渗透到皇家建筑与都城建设之中，而且相沿成习地形成了一种特殊的建筑规制，乃至由此而形成了国都与皇家建筑布局与形态的特殊模式。而对于元大都与明清北京城影响最大的，莫过于元大都兴建之初的南北中轴线设立。

对北京中轴线感兴趣，还是从一次次寻觅南苑南海子的历史遗迹与永定门外的燕墩开始，然后一路北寻到钟鼓楼之北。而且渐渐地知道了一点这条中轴线建立的历史；尤其是知道了这条中轴线一直向北延伸到数百公里外的元上都时，不能不为我们先人的智慧与科学技术的发达而感叹。须知那时还是 800 年前的中世纪啊。当然，这绝非忽必烈的智慧，而是刘秉忠、郭守敬那一批中原大学问家与工程技术大师们的功劳。

对于老北京南北中轴线的起止，一般认为从永定开始到钟鼓楼止。总长度为 7.8 公里。这似乎同样只是一个历史的概念。中轴线始建于元朝，但一直到清朝都在不断扩大完善。它的起止处似乎不只限于城内，若仅此就没有什么特色，中国的大城市古城似乎都有一条中轴线；就是大户人家的私宅三进、五进大院也都要有一条中轴线；寺院庙堂三进院以上的也都有一条中轴线。老北京的中轴线及其建筑的特色在什么地方呢？

老北京南北中轴线的设立，最根本的是"象天法地"的产物。有说它是重合于子午线的，有说它偏离了子午线的。二说都没错，子午线本来就不是直的，从北纬 40° 向北延伸的子午线段，是由东南渐次偏向西北的。子午线是干什么的呢？南北通极的，把南北二极连在一起的。而且北极天顶象征天皇所居的紫微垣紫微宫，是以北极星为核心的。而且中国自商周起便有"建极说"——为政首先要建立最高的皇权。《尚书》中的《洪范九畴》有详说。所以故宫三大殿中有两大殿的联额上都带有"极"字。其象征意义不言而喻了。

当然，当年的设计者们自然会考虑到中轴线设立的建筑学意义。中国古建历来以对称为美，讲究韵律、节奏感的错落有致与均齐美的结合。有中轴线才好布局，才能使这些传统建筑规制与美学原则落地。这些是明朝建都除了把元大都北城区割掉一块与翻建新宫外，中轴线是没动的。

连东西城墙也是给元大都的土城包了一层砖而已。有的说明故宫中轴线东移了，其实，现在的中南海也是当年故宫的一部分，那是故宫的西苑、太液池。而中轴线似应在故宫与西苑之间，在前三海的东岸，而非现在故宫三大殿、后三宫那条副中轴。姑妄言之吧。

那么，刚才所讲太液池又是何物呢？中国古都建筑规制讲究"一池三山"。池，象征东海；三山，象征东海的蓬莱等三座仙山。当年的北海、中海都纳入故宫西苑内，有三个小岛象征三山，凑合"一池三山"的规制，象征着仙境。长生不老是历代统治者所神往追求的，也是表示天子与凡人是不同的，天之子得住在仙境啊。秦皇汉武唐宗宋祖皆不能免，何况金元明清。明代的诗人马汝骥写过一首《太液池》的诗：

> 碧苑西连阙，瑶池北映空。
> 象垂河汉表，气与斗牛通。
> 鲸跃如翻石，鳌行不断虹。
> 苍茫观海日，朝会百川同。

此诗足见当年人们对太液池"象天法地"的观念一斑。瑶池是什么地方啊？是天地之界，是第一重天，瑶池是昆仑天山上的天池，是西王母所居之地。瑶池通天接地；明朝太液池称海，又有百川归海之义。所以当年的积水潭便有了西海之称；白莲潭便有了北海之称；扩建清淤的土堆便有了琼华岛之称。而北海、中海则成了元明清三朝皇家的太液池。南海则是后开的。

中轴线设立后，在对称、节奏的传统建筑审美观支配下，元大都与明清建筑都依此展开，方有老北京壮美的布局。而且在所有建筑物的分布与建造上，处处的距离，间隔、制造等数字上，都步度尺量，严守着九五、甲子、阴阳之数，无一随机，可谓费尽心机，把中国的建筑学问与迷信都集合在了一起。

老北京中轴线的最南端就是元明清三朝的南镇烟墩，永定门外路西的一座烽火台。

烟墩向北过护城河就是前几年复修的永定门，尽管是赝品也是有胜于无吧！今天的永定门内已建为公园，一条中轴大道正对着清晰可见的大前门。前门是中轴线上的中心高峰点，前门箭楼后的正阳门，是老北京的南门；永定门则是明嘉靖年间扩修"帽子城"时所建。前门大街至永定门是中轴线的南段，前门附近为著名的商业区，东有骡马庐、珠市口，西有大栅栏。有人说明朝北京城突破了元大都的"南朝北市"，在城南设立了商业区，其实这也是象天法地的产物。北京城建筑布局是仿天区三垣的：故宫象天于紫微垣；今日天安门广场上的文武衙门象天于太微垣；而城南商业区恰恰象于天市垣。中轴线南段中部则有著名的天桥，南段则东有天坛，西有先农坛、陶然亭。然后是永定门一峰突起，与箭楼连在一起的瓮城，形成了中轴线上的第一座高峰。再向南则是烟墩，但事实上这也不是中轴线南部的端点。

中轴线南部的真正端点似应在南苑南海子。那里从元代始就是皇家的狩猎场，建有晾鹰台。明清年间，那里便建了多座离宫，几十座桥梁。而且与中轴线正对应的则是南苑的北门大红门，与永定门南北相望；在门南的南顶村一带则建有"北京五顶"之一的南顶（泰山娘娘庙）。清末则在中轴线上的南苑中心今日的南苑机场设有陆军巡阅署。南苑至今仍保留着四大红门的名称，还有什么旧宫、庞殿村、众多庙宇的遗址，团河行宫则仍有宫室存在。所以说南苑才是北京南北中轴线的南部端点，而绝非牵强、附丽。

中轴线上最为壮阔的景观，还在前门景区的建筑群：与城墙相接的正门为正阳门，前面的城楼是瓮城的箭楼。箭楼前护城河上的三座白石桥为正阳桥；桥南是著名的五牌楼。如此排场宏阔，因为这里是皇帝出宫离城的出口，所以设三桥五牌楼。正阳门也是北京最高的城门，高达36米。站在景山制高点的万春亭上，越过故宫重重高大的殿顶，令人难以置信的仍可见正阳门楼的楼脊。向北的今日天安门广场区域则是象天于太微垣的千步廊两侧众多的文武衙署。在天安门与前门之间今日纪念堂的位置上，还有一座三座门式的中华门（大明门、大清门）；北边的长安街上则有左右长安门、东西三座门。由此而形成了前门与天安门两座高峰间的一片平谷。

天安门是皇城的南大门，也是中轴线上的第三个高峰，由前后华表、金水桥与城门楼构成高峰的中心，东有太庙，右有社稷坛。天安门象征紫微垣的南天门阊阖门，最初为承天门。所以建得十分宏伟，高达 34.7 米。门北则是和端门间拥有的广场形成又一个平谷地带。

中轴线上的第四个高峰则是午门。午门才是皇宫紫禁城的正门，由一个五座门楼、亭阁建成的凹字形建筑群合称五凤楼，总高近 37 米；又有两侧宫墙相拥，显得分外雄伟壮观。在午门与太和门之间有内金水河流过，一片可容纳万人的大广场铺出了又一片平谷。

中轴线上的第五个高峰则是以俗称金銮殿的太和殿为首的三大殿与后三宫中轴建筑群，太和殿原称则是奉天殿，高达 35 米余，殿下的三层宫台须弥座便有 8 米之高。这个主体建筑群落又有东西六宫对称拥戴；故宫最北面中轴大殿则是钦安殿，供奉玄武大帝，前门称天一门，是紫微垣的门星天乙星官的谐音。故宫是中轴线上规制最高，最为豪华雄阔美丽壮观的主峰，无与伦比，世界著名。然而这些当年都是皇权至高的一种象征物，明清许多帝王、宫后都不住这里，至多是个礼仪集会庆典宴会的场所。这座故宫根本就不是人待的地方，皇后的坤宁宫是萨满教道场，钦安殿祭玄武；大佛堂、雨花亭与东北角的梵楼是礼佛之处；还有什么斋宫、奉先殿则是祭祀先人的。哪是活人待的地方啊？

第六个高峰则是路北对过的景山，为金城制高点，高达 50 余米，山上五亭及山前倚望阁、山后的秦皇宫等建筑群，坐落在无数的白皮松与翠柏、花木之间，成为中轴线上的皇家御园。西侧则有大高玄殿的对称，那里不但供奉道家一帝三清，而且是一座雷坛。景山之北则是皇城北门与天安门南北对应的地安门（今已不存）。景山之西一路相隔又是京师大御园北海，从金代起，这里的亭台水榭、皇家离宫别苑便赓续不断。先蚕坛、小西天、濠濮间、琼岛白塔与众多的寺院诸梵建筑尽是天下一流，不可妄言。这个第六峰则完全由皇家御园建筑构成。

第七个高峰便是中轴线北端的钟鼓楼。这从地安门到鼓楼的一段中轴线，又绝对构成了一个平谷，但路西有什刹海的十座古寺，且后三海是当年积水潭漕运码头；东有锣鼓巷。作为中轴线北切点的著名的万宁古桥，则坐落在中段漕运水道要冲，且南北衔接中轴线。在这片平谷中，尽是高官显贵豪宅、皇族王爷、子弟的王府大院与名人故居。又有后三海之水源滋润，不但景美如画游人川流，更是藏龙卧虎之地，无以尽数。而钟鼓楼的晨钟暮鼓，则掌控着老北京人的生活节奏。两座古建筑由中间一座广场连接为南北一体。雄伟的鼓楼高达 46.7 米，超过了中轴线上所有皇家建筑的高度，宽达 50 余米，通体朱漆红甲，又生得是膀大腰圆，充满了阳刚气概；而其后身的钟楼则是灰绿调子，纤而不瘦，壮而不肥，高度超过了鼓楼，达到 47.95 米；登二楼的阶梯便多达 75 级，其陡峻有如天梯。楼内大钟高达 7 米，重达 60 余吨，钟声洪亮悠长可声闻数十里。

钟鼓楼这对老北京城中最高的一对建筑物，难得至今保存完好。它们不仅身高首屈，而且同样拥象天法地的历史文化内涵。元代的大鼓楼初建于 1272 年，本是元大都的中心地标建筑，但不叫鼓楼，而授名为齐政楼，取"七政"之谐音。古代"七政"的含义，象征于日月五星（金木水火土）合称的"七曜"之义。二楼上备有更鼓 25 面：大鼓 1 面，代表一年；小鼓 24 面，代表 24 节气。而钟鼓楼的高度为什么会超过皇宫的建筑呢？古人对中轴线上的建筑物的处理有一句话叫作"前卑、中壮、后崇"，就是说前面的建筑要小些、矮些；中间的要大要充实饱满；后面的不能小，更不能大，但要高。

钟鼓楼似乎是北京城中轴线北端的收官处，但向北则西北有德胜门，东北则有安定门，与钟鼓楼形成三足鼎立、犄角互应之势。中轴线上的象天法地是无以尽说的，北京城的这条中轴线，并非到了钟鼓楼就中断了，今人在它的北端又续接了鸟巢、水立方；又有仰山南北两座奥园。事实上，老北京的北顶庙就在水立方前。而且它不但直指五百余里开外的元代"夏宫"元上都，更指向最高皇权象征的北极天顶。这也许正是北京这条中轴线与一般建筑中轴线的最大不同处。对于老北京乃至今日北京的宏美壮阔的建筑秩序建立，中轴线是功不可没的。但并不可以把北京城建秩序的建立专美于南北中轴线，还有一个长安街是不可忽略的。

单丝不成线，独木不成林。城市建设与宅院不同。中国古城建设的最大的特色是，不论大小，都有一个十字街。那么北京城的十字街口在何处呢？天安门前。构成这个十字的两条线与一般城市不同的是，一明一暗。南北中轴线沉隐于众多的建筑群落中；而东西轴则是一览无余的长安街，这条轴完全由明路构成。而它的完成则是明代迁都北京后，直到嘉靖建了南边的帽子城后才见雏形。虽然当年只是皇城内的一条"天街"，后有东长安、西长安。但经过历朝与新中国的完善，才有了"十里长街""百里长街"的形成。冠绝世界啊，哪个国家有这么长、这么直，又这么漂亮的大街呢？正由于它的存在，才使北京城的建筑格局更显得井然有序，这是毋庸置疑的。

北京城的形制之源，还是要感谢两位大和尚：一个是元初的刘秉忠，一个是明永乐年间的姚广孝。还有一个怎么讲都不能忘记的郭守敬。据说朱棣与姚广孝曾登潭柘寺东的狮山（牛心山），在山顶东观北京地形后，才确定了新都的改建方案，因而此山便被更名为定都峰；而明清北京城才有了当年的天街，今日长安街东西延长为百里长街的可能。而今日的定都峰顶已建起了一座定都阁，可东观北京全景。

那么，乾隆为何有"费时五年"之语？那个"日下"又是什么意思呢？据说朱棣当年由南京到北京就任燕王时，曾到京西潭柘寺拜访大和尚姚广孝，二人言谈甚欢便宿于寺中。次日晨携姚广孝登寺东不远处的狮山观日出。见朝日喷薄而出，把老北京城完全笼罩在一片金光晕轮之下，不仅感奋脱口而出："日上之所，乃我大明千年基业发祥之地也！"姚广孝经过日宿长谈，已窥出了朱棣的心思与不凡之处，便接口说道："此地正乃我大明万年基业发祥之地也！"好像只是对朱棣话语的简单重复，其实大不然，此话大有玄机深意。

朱棣讲"千年基业"，符合他亲王千岁的身份；但姚和尚讲"万年基业"，便有"万岁"之意。朱棣只是会心一笑，却马上转口顾左右而言他："此峰之位，观景之妙，无二可代，真乃天赐也。"扯到观景上去了。但姚广孝何许人也，一句"无二可代，真乃天赐"，仍深隐着帝王之心，他哪能听不出来？也许正是这种禅偈式的政治寓言对话，才把这两个人联结在一起，在危机来临时发动了靖难之役夺取了政权。

朱棣虽然在南京登基坐殿，位就九五之尊，但仍无法忘记当年定都峰上的"日上之所"，便命姚广孝回北京勘定新都之址，要求把金銮殿建在"日上之所"。但这个定址并不顺利，姚广孝屡次易地观测都得不到理想的效果，仍无法确定城标、宫址，只得把调集的工匠、材料先用来建十三陵与其他建筑，所以直到五年后才建成皇宫。当时姚广孝没办法，便让师匠们出主意、想办法。恰好有一位叫蔡信的匠师对他讲道："昨夜刘伯温丞相托梦与我，讲了一句'观日上之所，必观峰日下之地，可为营都是标'。但我不解其意啊！"他不解，可是姚广孝却一语顿悟，马上在日出点与日落点西面定都峰的直线上确定了城标宫址。于是便有了对元大都老城的弃北南拓，便有了明朝老北京的定型。汇报到朱棣那里马上通过，但却发怒戏言道："好个定都峰，你误了我5年，我便罚你500年，让你500年内不得易名封迁。"这些也许都是传说、演绎，但北京却由此而另有日下、日上的代称出现。而乾隆似也在《钦定日下旧闻考》上有批语道："皇城定标，费时五年，皆为定都峰之故也。"而从地图上看，潭柘寺、定都峰确实与大长安街处在一条直线上。

老北京城"独有的壮美秩序"的建立，并非只缘有了一条南北中轴线，实在是由这条中轴线与十里、百里长安街共同架构起一座十字街式的坐标才完成的；而且是在几百年来一代代人的建设中得到实现的，今人真当珍惜这些成之不易、存之百艰的历史遗赠与智慧的结晶。

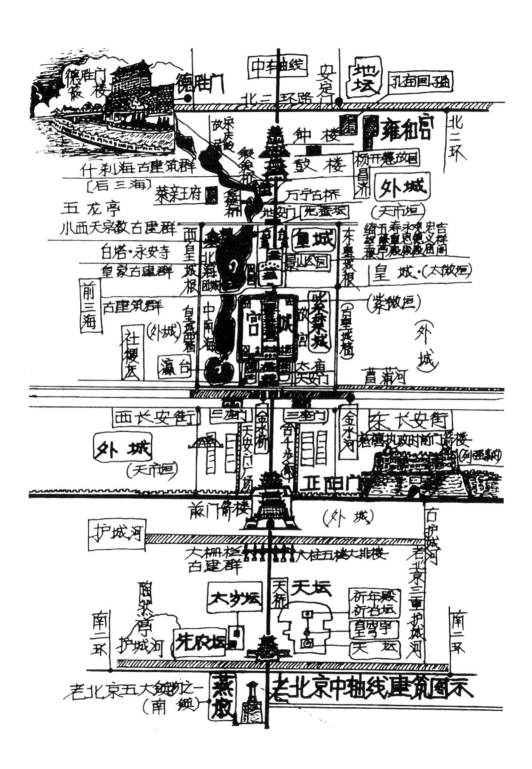

中车轴线　安　地坛　孔庙国孖
德胜门箭楼　德胜门　北三环路　定门
什刹海古建筑群　乐庆宫　故宫　钟楼　国　雍和宫
〔后三海〕　摄政王府　鼓楼　杨开慧故居
恭亲王府　万宁古桥　外城
五龙亭　地安门　先蚕坛　（天市垣）
小西天宗教古建群　西皇城根　皇城
白塔·永安寺　北海园林　景山公园　本皇城根　皇城·（太微垣）
皇家古建群　中南海园林　绍五寿永忠吉
前三海　古建筑群　皇家园林　紫禁城　（紫微垣）
社稷坛　（外城）　紫禁城　古星戒楼　外城
瀛台　交道口　菖蒲河
西长安街　三宝门　三座门　金水河　东长安街
外城　天安门　宫午历卦　慈禧执政时前门箭楼　（双阁）
（天市垣）　天安门广场　正阳门
旅门箭楼　（外城）
护城河　古护城河
大棚栏古建群　八柱五楼大排楼　老北京三重护城河
天街
陶然亭　大少坛　天坛　祈年殿祈谷坛
南二环　护城河　先农坛　皇穹宇天坛　南二环
老北京五大镇物之一　燕墩　老北京中轴线建筑图示
（南镇）

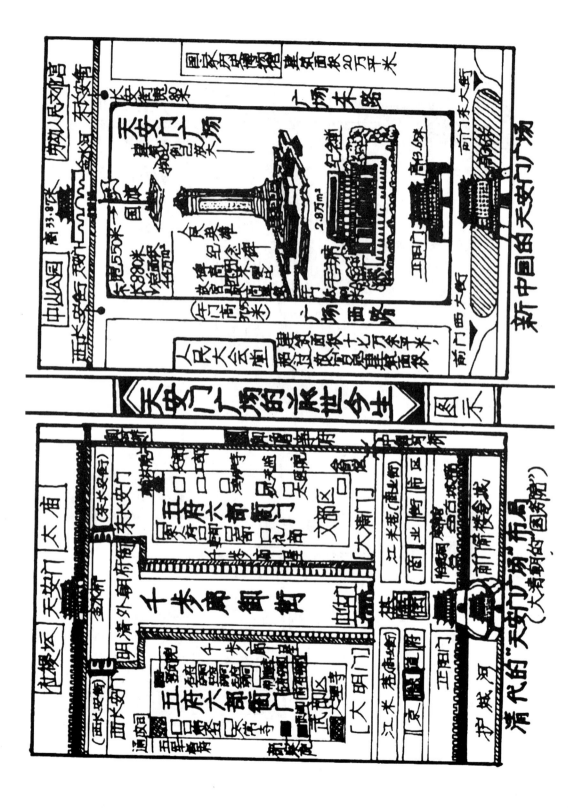

《天安门广场的前世今生》 图示

新中国的天安门广场

清代的"天安门"场"布局
（大清明的"国务院"）

第十七集　天启人类的九大生存定理

—— 参观北京天文台概说北京秋冬可视星与天体的
晓谕

人法地，地法天，天法道，道法自然，也许是人类历史上最高的生存哲理。而"象天法地"的意义绝非只存在于土木建设中。老子把天地人三才之道归法自然，哪里是玄而又玄的玄学，而是显而易见的四法三昧归一的真理。三才四法的自然之道一言以蔽之，就是在告诉我们：人不仅是自然之子，而且是大自然的学生；大自然是我们的衣食父母，更是我们的导师。正是大自然教会人类怎样生活。仔细想来，人类社会的组织结构、存在方式、种种生存智慧与技能，有哪一样能离开象天、法地、格物的大自然天启呢？而何止于"艺术描模自然"？没有动物、植物的前导，初民们何识衣食住行的生存之路？没有天地万物微细的后启，又何来夏商周三易八卦与道德南华二经的高级推理演绎？即在今日，当我们仰望天汉星海时，仍会让我们有无尽的天启开悟于生存之智慧。

—— 导言

对于天文爱好者而言，北京天文台是非去不可之处。这里不仅是中国科学院国家天文台总部，也是一处以天文馆为平台的天文科普教育基地。由于它在京津拥有 5 个观测基地；拥有一线先进的科研成果资源与专业人才，因而各方面的展示都具有提高公众理解科学的水平，既科学、专业，又让人看得懂。文、图、物（模型）并茂，声、光、影结合。北京的孩子们有福了，一队队的中小学生络绎不绝。

国家天文台建在西直门外的动物园对面，一路之隔，交通十分方便。天文馆包括 A、B 两馆，四个科普剧场。A 馆天象厅是我国最大的地平式展厅，数字投影设备可为观众展示 9000 余颗恒星；球幕影像还能进行虚拟天象演示。B 馆拥有多个科普演示厅剧场，设备都极为现代、先进。展厅展品设计也相当漂亮；并为观众提供了科学、权威、珍贵的图片资料、信息。称得上是国际一流水平。在 2007 年，国际小行星中心以该馆名称命名的小行星，称为"北馆星"，而且是永久性命名。笔者在这里拍了许多图片，附在书中与大家共赏吧。美中不足的是，缺少点人文精神，在这方面不如东城的古观象台。若能把天文与人文融合一下，便更是锦上添花了。这里的观众有许多都是少年学生，增加一点人文知识是十分有益的。尽管术业有专攻，职能有分野，而教育目标却是一致的。

笔者去天文馆实事求是地讲，主要目的还是想为"象天法地"收集一些资料。东汉的天文学家不是讲过吗？在野象物，在朝象官，在人象事。而老子所言的《四法》之道，也离不开这些被称为天地之精、阴阳之宗的天体。

人法地、地法天、天法道、道法自然，也许是中国先秦以来乃至人类的最高生存哲学名言，因为它所表述的是一种生存定理。虽然中古以前并无规律这个概念，但却发明了道、理二字来代替万物生存发展的规律。对这两个字形而上观之：道为行首；理为王者之道。道也是讲人应走的路；理也是讲人行所应遵循的内在规律。纯属望文生义了，而事实上汉字之"文"常常与"义"是联系在一起的。

近年来寻拍天体，发觉这些毫无表情的宇宙存在物，既向我们展示出一种无可替代的悠玄美感；更向我们昭示出许多生生之理，无论对思维、职场、人生都大有开悟启蒙之处。

仰望星空，不只是深、远、高、广这些词汇可以描述的。它给人真实的感觉则是一种无限，是玄而又玄。尽管满天繁星密如恒河沙数，但与沙的世界大大不同。它展示给人的是一种神秘之美、序列之美。在无限视觉中给人以无数的有限组合；在这些有限的组合中，又让人产生无限的遐想，于是便有了各种星宿、星座、星团、星群、星云及天象的命名，并分别赋予其不同的人文内涵、功能和象征；于是也便有了"象天"在人类社会生活中的广泛介入。而这些天体给人最大的美感大概便是它的结构与秩序，一切陈力就列、井然有序、繁而不乱、密而不杂、错落有致……而城市建设本质上就是一种结构，一种布局，一种秩序的建立，古城建设的象天法地实属自然。而人类的社会生活又何尝不是如此。

中国的先哲与天文学家们最聪明的，不是他们对天区的划分、星列的组合命名；也不是审美意义上的重大发现，而是深窥到了其中蕴含的"道"与"理"。他们知道这些不在一时一物的表现中，而是深藏于无限叠加的历史运动与参横斗转四时八节的变化中。只有那些普遍的、恒定的、稳固地重现，才体现为"道"；由此而生的种种不同影响，才是"理"。正基于此才有了象天之法、自然之道的产生。而且这些天体在彰显大道的同时，也为我们昭示了诸多的生生之理。

第一，距离产生美，也产生假象，但零距离等于毁灭。在所有天体中，最令人瞩目的当然是日月两个天体，但这只是宇宙中两个十分普通的星体，天宇中许多不入目的星体，都比它们大、比它们亮，但距离却把这种真相掩没了。人们是用眼睛观察世界判断外物的，而人的视力是有限的。无论实际情况怎样，在人的视觉中太阳是最亮的，月亮次之。是以，要令人瞩目、注目、夺目，并不完全在于亮度和大小，首先得要能入目，得能在人前闪闪发光才行。自我张扬无异于自毁，但太退避三舍内向久了，也无异于自我扼杀。是金子总会发光，但总把自己装到罐子里，人眼中你就是一破罐子。人前发光的这种存在方式有一个先决条件：距离。

月亮本身不发光，亮度都是"借光"于太阳，但太阳距离地球17光年，大约1.5亿公里；而月亮距离地球的里程只有38万公里要比太阳近几百倍，所以月亮不仅看起来与太阳同大，而且还可以月遮日造成日全食；尽管它的亮度只是太阳的四十七万分之一；太阳的直径大约为140万公里，体积是地球的130万倍，而月球直径只是地球的1/4，但人们称"日升月恒"，把日月比肩而立，而它不过只是颗卫星，怎能不令那些巨星大佬们英雄气短呢？都讲近水楼台先得月，而天体中则是月近主子先得光。距离的远近虽然直接影响人际亲疏乃至成长速度与生长高度，但零距离有时却会造成毁灭。试想满天星斗间若无了距离，宇宙中似乎便只有毁灭了。距离，有时也是一种生存安全的保护神。生物学家的测验表明，塘鹅虽然集群筑巢，但巢与巢之间的距离一定会大于两鹅相啄、两翅相接的距离。

那么，月亮美吗？月亮很美，无与伦比，但在审美视域中一定要把月亮与月球分开。我们只能说月亮的那个"亮"很美，但月球那个"球"则无纤毫之美可言，用镜头一拉到底，那一脸烫伤般疤痕的真面目登时显现，比卸妆的明星变化还要大得惊人，整个一张伤疤脸。最深的坑深达8788米，能把喜马拉雅山装进去；最大的坑直径295公里，要整个海南岛才能填平。满月时我们看到的亮面是它的环形山与大山脉构成的月陆；我们看到的黑斑是它的盆地、平原，被称为月海——没有一滴水的海。即使如此面孔，一旦从太阳处借得光来，便一亮遮百丑了，温情脉脉而仪态万方绝对的"美轮"一枚。眼睛，是一个人自欺而最不可信又最能征服你的大骗子。怨不得眼睛，它的本能如此。在这里似对月亮大不敬了，但我们把月亮与月球分开来看便好了。月亮是映入我们视域的产物，月球是天体的实在。

第二，最亮的星便是寿命最短的，最红的星便离坍缩毁灭不远了。无论怎么说，天体之美首先发光，即使是借得光来闪耀，也是一种光明福音的传播，也许更是一种自我生存能量消耗的省却。是以，荀子有言："君子生非异也，善假于物"。月亮称得上是善假于物的典范，借光照耀自己的黑暗而又能普照天下，大智慧者。

于今普天之下，在人的视角之内以光亮度而著称于世的大亮星大约有几十颗。除日月之外，便是中国传统与日月合称七曜的五大行星。在秋季的北京，在黄昏后长久照耀于南天的便是火星了，每天黄昏后无论是雾霾的遮蔽还是强大的城市夜光消光，它都顽强地表现出自己的存在；人言月明星稀，但火星在进入月球的光晕中仍闪闪发光。在黄昏后渐次移向正南与西南方时，在它的上方夜空中便有斗、牛、女、虚、危、室、壁七宿陆续显现；还有七宿下方的羽林群星、坟、哭、泣星登场；七宿上方则有雷、电星座的出现，但都亮度有限，需要靠镜头的拉近才能看清楚。所以都远不著名。

火星也是太阳系八大行星之一，虽然直径只有地球的一半大，但由于火星物质重力较小，因而山特别高，最高可达 27 公里；直径最大的山则达 1600 公里，是太阳系最大的山；西部高原高达 14 公里，宽 6500 公里。那座有一个珠穆朗玛峰高的奥林帕斯山顶的火山口便有 8 万米的直径。自转一周要两年的时间。地表遍布火山环，属于沙砾地表尘暴悬浮行星，却由于地表覆盖着赤铁矿，因而闪射出橘红色的光芒；同时距地最近时只有 5500 万公里，最远也仅有 4 亿公里，因此与那些以光年为距地单位的大星、巨星相比，虽实力不济也仍能独曜天庭。大概是距地最近的三颗星之一，距地最近时拉近拍照有如一枚小月亮那般美奂。而且视地平高度约在 45° 角上下，举目可见。但把它当成七月流火的大火星、荧惑守心的荧惑星是不对的，这都是指天蝎座首星、心宿二。此星才是大火星、荧惑星。

天蝎座由 28 宿中的三个星宿组成：蝎螯为房宿四星；蝎胸为心宿三星；蝎腹与蝎尾为尾宿九星。天蝎座全星在北京秋季黄昏后的南天夜空可见，但星位较低，常常在楼空中可见。心宿三星中的第二星最亮，称为大火星、荧惑星，呈淡红色，与轩辕十四、北落师门、大角等四大亮星合称四大天王星。而且在民间、道家更被视为火德星君。老北京有多处火神庙祭祀。今日仍在前海万宁桥西保有复修完好的火德真君庙，设有荧惑殿。

秋季星与火星同曜南天的还有土星、木星、金星等；水星很难见。以上诸星在秋季黄昏后都先后相差无几的粉墨登场于南天和西天。在太阳刚落山时，金星便出现于西方林梢；稍后便有木星从西南移来；又有大角星闪耀在西北林梢之上；但不久便光影西落追随太阳去了。而北极星与北斗星则在北方的地平线上徘徊，有可视性，但很难看得清。笔者从黄昏后到子夜连续寻拍数次，仅得依稀身影。据说北斗七星中距地最远的一颗有 120 余光年之遥；最近的一颗距地也有 60 余光年；加之北京北中轴线上强大的城市夜光消光，夜雾漫空，也仅得身影一见，日常上见首不见尾。此时方觉那些小青年"追星族"的追星之不易。

在北京地区黄昏后的上半夜，还有中天诸星之可观：黄昏后最显眼的便是"夏季大三角"组合群星：织女星——天琴座；牛郎星（河鼓二）——天鹰座；天津四——天鹅座；及其左近的狐狸座群星等，都一起在中天偏西天区当空闪耀，同样需要靠镜头拉近才可看清；东北天区则有御夫座的五车星群从黄昏后可视，到不了下半夜东南天区或中天偏西天区的诸星就都看不见了。这些都是上半夜的可视星。

南天区的诸星在上半夜很少，除了黄昏后诸星闪耀一阵儿，只剩下火星了。近午夜才是群星荟萃时。天狼星是全天最亮的恒星，但很慵懒，直到午夜前后，才从北京偏东南方向升起至树梢、楼顶，莹莹闪亮水汪汪亮晶晶的一颗夺目的蓝巨星，拉动着大犬座的弧天星群向上汇入星空。与早已等候在左上东方的南河三星（小犬座）、右上西方的参宿四星（猎户座），合构成著名的"冬季大三角"。大犬座、小犬座、猎户座三个大星群，还有猎户座著名的大星云，参宿的七大亮星，觜宿三星，参旗星，井宿诸星，占据了东南天区；还有北部御夫座的柱星、五车星十几颗亮星，与三个大星团；南天区近于天顶的华宿五星与毕宿星团的200余颗恒星群；以昴宿六星为首的昴宿七颗亮星及其环周百余颗恒星星团；北接天顶诸星，从午夜到天明；期间又有狮子座在东南地平线上升起，东南天区与南天区真是一片星光灿烂啊，间或有各种月相行经南天区，更是如同白昼，星月交辉。

这些星座、星官、星团、星云的辨识，要靠即时显示的《星图》软件的帮助；更重要的是熟记它们的时空星位，如此，只要熟识几个标志性的星座、星官便可逐一识别。但在北京的高大楼群障目，强大的城市消光条件下，真是太难了。还有秋夜的浓雾重霾几乎夜夜不期而至，令人无奈。

显然，所有标志星的特点是体积大、亮度强、结构清晰。天宇中星海的迷人之处，往往在于星座的结构造型上。以轩辕十四星为首的狮子座，由十几颗亮星点画出的外轮廓，真像一头奋鬣跃扑的雄狮；大犬座以天狼星为巨嘴，以弧矢星组为狼身；耳、足、尾齐全，完全像一头狼立在南天之上；所有的亮星似乎都有一种特定的图案。只有八大行星例外，它们虽多有卫星，甚至多到几十颗，有的还是双星，还有伴星，但我们看到的只是孤家寡人，而看不到结构。不过它们都以高强亮度而著名，但与那些恒星中的巨星相比就显得十分清孤了。如果说这些行星很像山林中的独行虎，那么这些恒星星座、星团就像非洲大草原上的狮子群；那些大星团则更像京北大燕山中的山鸦群与京华上空的鸽阵。毕宿五星以毕宿五为塔尖，像一个大"A"字，但拉近一看则是一个撒豆成兵般的星阵；昴宿七星以昴宿六为中心，极像一个横躺着的紧密如簇的"丫"字，但拉近时却同样是一个密密麻麻的亮星群。

显然，从北京上半夜观南天区、中天区；下半夜观东天区、南天区，都是一片亮星统治的世界，但可悲的是越亮的星越短命。

第三，有所为的能量释放，带来无上的荣光，却是以生命的燃烧消耗为代价的。全天恒星中的第一亮星天狼星比太阳亮 23 倍；太阳的温度只有 5000℃，而它的温度高达 10000℃。它的寿命大约有 20 亿年，是太阳寿命的 1/6。全天第四亮星大角星，直径是太阳的 21 倍，亮度至少是太阳的 90 余倍，还有说是 215 倍的，但它也已是一颗老化的红巨星了。不过它不发烧，温度低于太阳，虽然寿命不会很长，但是也不会很短。全天第五亮星织女星，质量是太阳的 2.6 倍，体积是太阳的 33 倍，表面温度高达 8900℃，每秒钟释放的能量是太阳的 51 倍。太阳每秒钟便要燃烧掉 400 万吨物质，若以此计算，织女星每秒便要消耗掉 2 亿吨物质，它有多少原料担得起如此惊人的消耗啊？尽管在 1 万多年前它高居北极星的位置；在 1 万余年后，它仍将成为北极星，但大约只有 10 亿年的寿命，只是太阳寿命的 1/10。太阳也是同样，几十亿年后同样因燃烧而耗变。但它不会变为超新星，只能耗变为红巨星、白矮星或星云而毁灭。

也许正因此，越大越亮的星，寿命便越短。任何物质的存在周期都是有定数的，如同大黄蜂的翅膀扇动到 400 万次时便要死掉一样。同样容量的灯盏，火苗越大、越亮，不但浓烟滚滚污染空气，而且自己也很快便油枯灯灭了。天体中訇然爆炸、毁灭坍缩、消变的，都是那些最亮、最大的巨星，无一例外。

第四，上帝要让谁灭亡，便先让它膨胀，北京秋季的夜空，下半夜出场的冬季大三角星组中，右上部那颗橘红色的角星是参宿四星。它大概是银河系最大的星。虽然它只位列全天第九或第十亮星，但它的亮度却是太阳的 7 万倍，只因它距离地球太远，有 640 万光年之遥，我们才无以感受到它实际的亮度与体积。它有多大呢？它的体积是太阳的 16 亿倍，它的最小直径为 10 亿公里，最大直径为 16.8 亿公里，比木星公转的轨道直径还大。至少是太阳系中最大的恒星之一。而且它还不断自我膨胀，每秒要增长 10 公里，因而它已进入了生命的末期，有的人预测它只有几百万年的生命周期了；有的人说它在数千年后便要爆炸为超新星。或数百年后即将变成星云。人啊，想望着大饼变成面包无可厚非，但面团发大了便臭了；气球不吹是个瘪的，但总是不停地吹，便会爆了。那些超大的巨星多是气体星，自我不断膨胀的泡沫天体，所以没有生命力。膨胀得越快，离死亡便越近。世间事又何尝不是如此？

第五，低温运行是一种生命能量的节省；最高的养生之道。月亮与许多亮星、巨星相比，无论是体积、亮度、光能，都不是一个档次的。但它有自己的生存之道。其一，它的体积小到只能进入卫星的行列，它的直径是地球的 1/4，大约只有 3000 余公里，即便如此，它也不贪大，也不膨胀；其二，它是一个"冷血"天体：地表日均温度为 120 余度，夜均温度为零下 180 余度；就是地核深处也只有千度左右，但它不想热，不想红，只要亮就可以；其三，虽然地表遍布火山环，但近 1 亿年来也没有火山运动，它不想轰动，不想学太阳，因而有"熄灭的星球"之称；其四，它本身不燃烧，也不发光，即使反射太阳光也只是太阳亮度的四十万分之一。仅此足已，不想为赶超什么而浪费生命的能量。所以它的寿命注定要比太阳还要长。尽管太阳一旦毁灭，它便也很难存在了。即使物质不灭，也是另一种存在，但它仍有存在的能量。月球是围着地球转的，地球是围着太阳转的，太阳是围着银河系转的，只是银河系中 1000 亿颗恒星中的一颗而已。这个世界没有老大，别装。所以月亮不装大、不争大、不争光，永远冷漠地自守，守得久长。

尽管人类对宇宙天体的研究是有限的，对北京地区可视星只是这种有限中的一个小碎片而已，但已向我们昭示出许多生存定理。

天体中最聪明的还是月亮，它不争大，也不燃烧，也不发高烧，就那样低温运行。即使不甘寂寞，也只是借太阳光来照耀；就是借来的光也不肯挥霍，只反射9％的可见光。所以它永远不会自我毁灭，有人说它是"熄灭的星球"；有人说它照耀而不温暖，但恰恰不燃烧，不发热，使它节省了生命的能量得以长寿。冷，也许是最高的养生之道。月亮虽然得不到生养万物的大德礼赞，但它得到的礼赞远比太阳和地球多得多，唯美似乎是它的所有价值所在，它却从来不会像不冷不热的地球那般受到人类的荼毒、祸害。

第六，存在是一种互连关系；对自我的漠视之大，无过于对这种关系的漠视。自从西方舶来了"自我实现"后，自我的旗帜张扬了几十年，但早已不是马斯洛的"自我"味道，而以此教人的"导师们"更是误人不浅。你自我能实现什么呢？"我的地盘我做主"，你能做什么主啊？在这个世界上，所有的存在都是有联系的，都是互相借助与支撑的。无视这种关联度便是无视自身的存在，又谈何发展呢？如果没有了月球，那么地球也许不会存在，曾闻"没谁地球都照样转"之语，但地球要没了月球，它的转速就会变，我们也许都被甩成太空人了。它的存在则会完全是另一种方式，秋季黄昏后，在北京西南天、西方见到的木星只是一个小白点，似乎与地球无任何关系，但谁知道它的存在为地球吸纳截取了多少撞过来的小行星与天体碎片，而让地球免遭劫难呢？如果没有月球拉偏了地轴，哪有地球上的四季分明啊。是的，月亮也没什么群体结构、社会关系，但没有太阳，它哪来的光彩？而没有地球的绑定，它也许早被太阳吞噬了。没有银河系就没有太阳系，没有太阳系便没有地球，没有地球、月球，又哪来你我？苏东坡就比现代人聪明，他就把自己看成宇宙大磨盘上的一只蝼蚁，寄寓天地间的一只蜉蝣。而曾国藩更聪明，曾自言："古今无穷，人生须臾。事变万端，美名百途。人生才力之所能办者，不过太仓之一粒耳！做人当知天之长而自历者短；知地大而自居者小；知书多而所见者寡；知事变之多而所能者少，便自当退雄守雌，不敢以一得自喜，以功名自矜。而当思举贤而共图之。也正为此，此公才于乱世之中，位极人臣而得终老天年。"

第七，"自由"是人类永远无法企及的生存境界。作为反抗压迫、奴役，争取自由无可厚非，天经地义。人是不能压迫人的。但作为张扬个人主义的，实行个人可以我行我素为所欲为不受限制的"自由"，那是永远不可能的。美国的独立先驱帕特里克·亨利的"不自由，毋宁死"喊得何等慷慨激昂、激动人心，这对于一个民族的独立、解放是一面最撼动人心的大旗，但对于个人绝对自由而言，等于废话。事实上，你就是死了也得不到自由，墓葬也有习俗、规定等诸多限制。在现代社会生活中大喊种种"自由"的人，多是别有用心的个人主义者、政治骗子与沽名钓誉者。那些什么公知、达人、教授慷慨激昂的演说除了废话便是鬼话。而掌声与哗笑也许更是一种别样的嘲讽。

　　人是宇宙中极微妙的一种存在物而已，而整个宇宙秩序的建立，都是在一种强制中完成的，所有的恒星都是定位的；所有的行星、卫星，都有强制性的运行轨道。若失去了这种强制性，天体只要拥有了离开轨道运行的自由，那么宇宙除了重新陷入毁灭与混沌，还会有何存在物呢？社会生活又何尝不是如此？而现代人为了标榜自己的前卫、先锋，竟然提出什么要控制宇宙秩序，来摆脱宇宙的控制。真正的大知识者是不会如此狂妄的，只有那些什么本事都没有，又十分渴望名利的小知识者才不断地故作耸人听闻之语，以博取关注。

　　那么，我们生存于大自然中很不自由吗？生活在社会群体中很不自由吗？一个人若是时时、处处、事事都从自己的角度来审视，那么你就永远没有自由。人与自然、社会、家庭、人际交往有几分和谐，便有几分自由。在天宇中，在太阳下，哪有不受到限制的存在物呢？在汉代画像砖中有一幅女娲伏羲分别以一手托日、月，一手执规矩的浮雕，那就是我们自由生存的真实画图。古人比现代人伟大，伟大在他们可以任意想象，但不胡说；他们也有飞天之梦，但不自拆自窝，哪怕是土窝、草窝；他们也给我们留下开天辟地、移山填海、屠龙射日的故事，但他们不干损毁地球的蠢事。无意以古讽今，过去并不都是美好的，而今人实在心术邪恶，好在总归是邪不胜正，有民心向背、法律惩戒，尽管道德洗庭的审判台，已被现代人的无耻，拆扒得一塌涂地。

第八，恒定者才有恒定的名位与事业。在天上所有星座中，知名度最高的也许就是北斗星了，因为它恒定到可以成为指路星、指北星。天上所有著名的大星座在我们的视线中，都是一组相近相连的平面组合，而事实上它们之间的左右上下前后的距离大到不可思议，甚至要以几十光年来计算。但它们都恒定，无人跳槽，也无人计较高低大小，才有了满天完美的组合。跳槽、分荆、拆零都是自毁自残自斫自弱。那些行星再亮，也只是"走星照命"无限奔波而成何事业？月亮再美，每个月里有28天也是住在同一个地方，夜夜住在28宿的屋檐下。就像人间的皇上，贵为九五之尊，却没有自己的家，夜夜不知宿于何处，要靠太监天天翻牌，打着灯笼引路。也是，君看随阳雁，各有稻粱谋。也许正因此才有丰富多彩可观。天性、物性、人性，谁能改得了呢？

第九，你跟谁在一起，关键在于你是谁。当下最流行炒到人人耳熟能详的是：你是谁并不重要，重要的是你跟谁在一起。这是从老外那里的舶来品，但老外的话已经说倒倾了。是的，星星和月亮可以在一起，恒星和卫星可以在一起，但麻雀和老鹰能在一起吗？羊和狼能在一起吗？汉奸走狗、精日分子能和共产党在一起吗？农夫和蛇能在一起吗？南郭先生和吹竽者在一起，也是音盲；梭子星和织女星在一起10亿年，星星也还是那四颗小星星；月亮每天晚上换一个星宿，可是几十亿年过去了，28宿的满天星谁也没变成月亮；火星每年秋天在上有雷、电，下有坟墓、哭星、泣星的"死亡六区"走过，而至今仍是红光满面。至于向太阳借光而亮的事，全天区只此一个月亮。民间有言"跟着凤凰走是俊鸟"，乌鸦跟着凤凰走一辈子，不也还是老鸹吗？

近朱者赤近墨者黑，古人重染，今人重熏，的确很重要，布投错了缸便无法再还原本色；豆腐熏成了腐乳便失去了豆味。你是谁，你和谁在一起都很重要，自不可偏废一歧，但什么是根本要分清。有道是人以类聚，物以群分，同气相求，同义相投、同仇敌忾，你是谁，便自然会和"谁"在一起。为人还是先做好自己吧。老百姓知道"爹有娘有，不如自己有"，孔孟之道人爵、天爵：别人给你的一切都可被剥夺；天赐予你的天赋、德性、能力，是谁也夺不走的。

天体对人生的启谕多多，我们在天地面前，于今也仍不过是学语学步之初的稚童，以天为法才是聪明的选择。而北京古城建设中的象天法地也是历史的自然，因为人从动物中分离出来，就是从大自然中学会生活的。

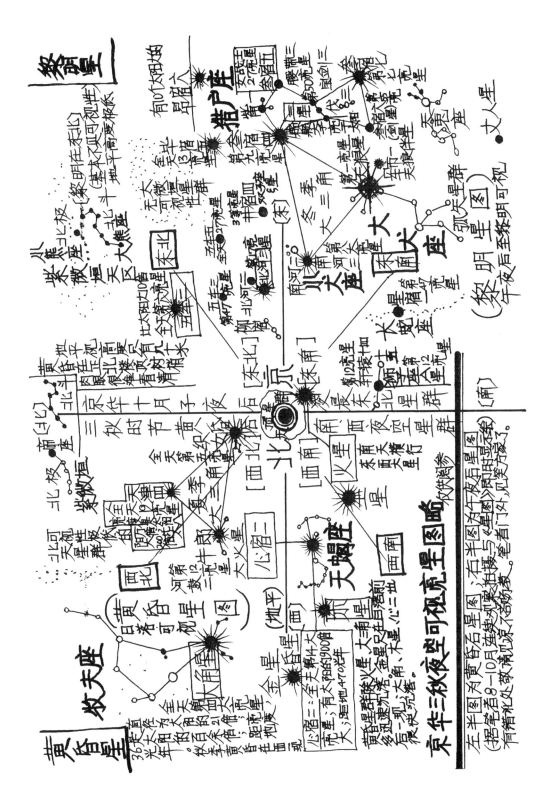

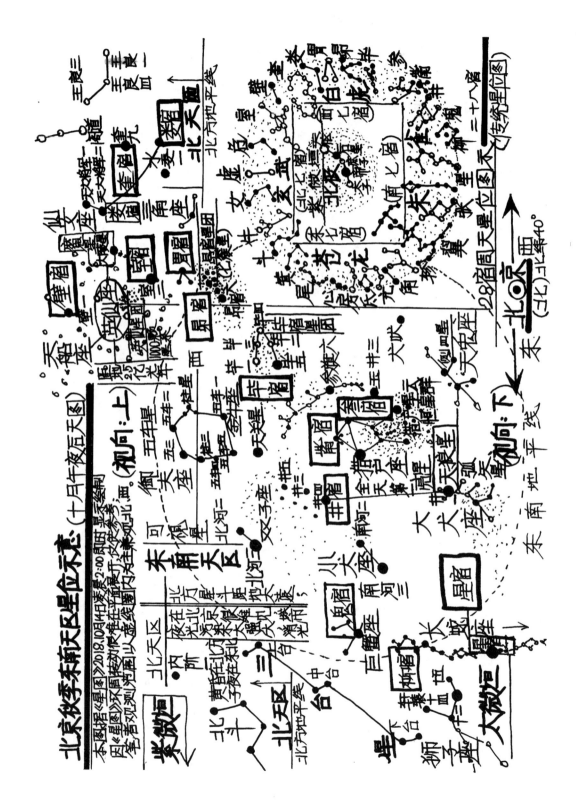

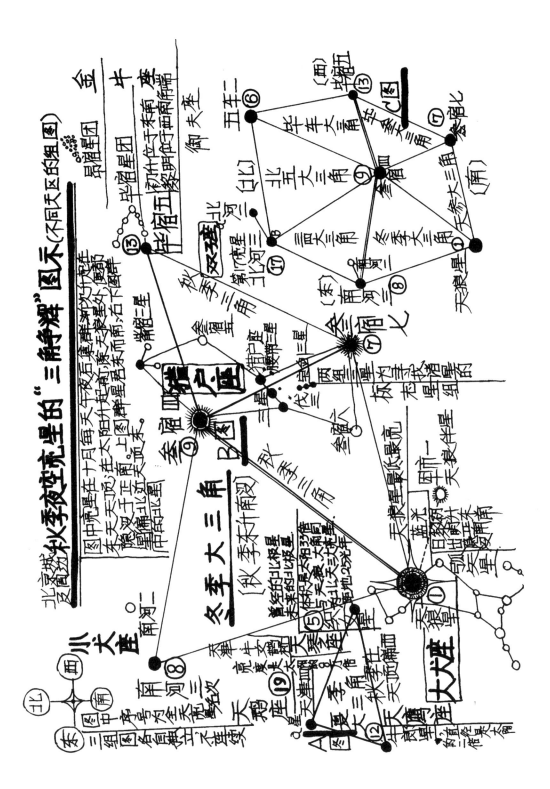

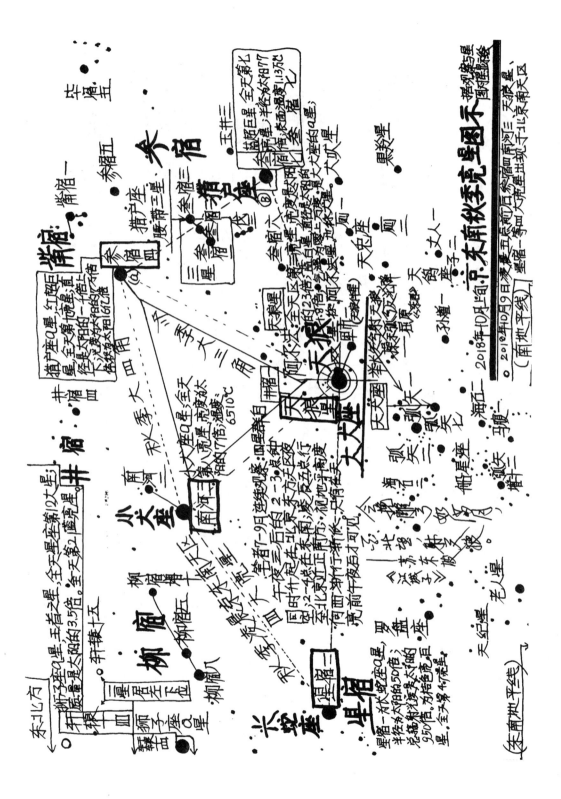

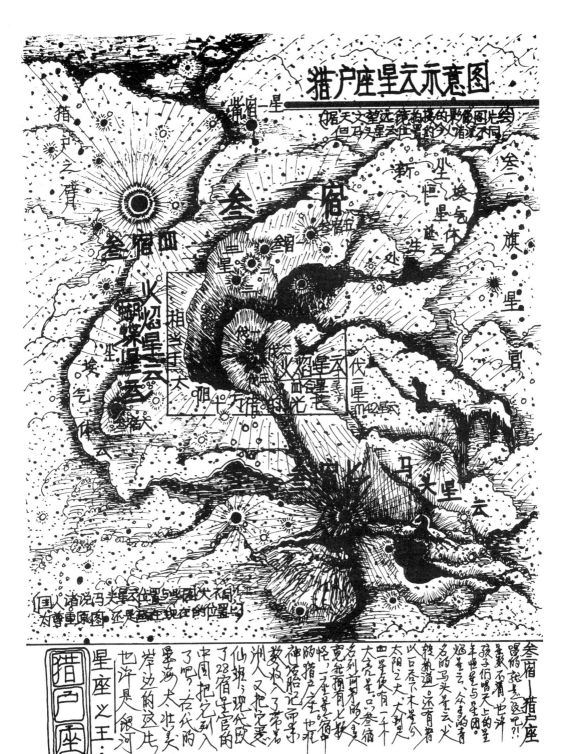

猎户座星云示意图

据天文望远镜拍摄的影像图片绘
但马头星云位置与火焰不同

参宿一星

参宿

斩

坐埃气
恒星体
延生云处

旗星官

猎户之盾

参宿四

新恒星延生云

参宿五

火焰星云

相当于大祖

平万宿

火焰星云
而光星

代二星
而42星云

埃气体云

参宿獃

马头星云

国人诸说马头星云位置与地图大不同
为尊重原图，还是画在现在的位置上

第十八集　帝俊：被历史遗忘的上古东方神祖

——观瞻北京日坛小集《山海经》日神渊源神话传说

大荒之中有山，名曰孽摇頵羝。上有扶木，柱三百里，其叶如芥。有谷，日温源谷。汤谷上有扶木，一日主至，一日方出，皆载于乌。（《大荒东经》）

大荒之中，有不庭之山，荣水穷焉。有人三身，帝俊妻娥皇，生此三身之国，姚姓，黍食，使四鸟。（《大荒经》）

东（南）海之外；甘水之间，有羲和之国，有女子名曰羲和，方浴日于甘渊。羲和者，帝俊之妻，生十日。（《大荒南经》）

有甘山者，甘水出焉，生甘渊。（《大荒东经》）

大荒之中有山名曰合虚，日月所出。有中容之国，帝俊生中容。中容人食兽、木实，使四鸟豹虎熊罴（《大荒东经》）

帝俊生禺号，禺号生淫梁，淫梁生番禺，是始为舟；番禺生奚仲，奚仲生吉光，吉光是始以木为车；少皞生般，般是始为弓矢。帝俊赐羿彤弓素矰，以扶下国，羿是始去恤下地之百艰。帝俊生晏龙，晏龙是为琴瑟。帝俊有子八人，是始为歌舞。帝俊生三身，三身生义均，义均是始为巧倕，是始作下民百巧。后稷是播百穀。稷之孙曰叔均，是始作牛耕。大比赤阴是始为国；禹、鲧是始布土，均定九州。（《山海经》）

有西周之国，姬姓，食谷。有人方耕，名曰叔均。帝俊生后稷，稷降以谷。稷之（子）曰台玺，生叔均。叔均是代其父及稷播百谷，始作耕。（《大荒西经》）

西海之外，大荒之中，有方山者，上有青树，名曰枢格之松，日月所出入也。……大荒之中有龙山，日月所入。……大荒之中，有山名曰日月山，天枢也。吴姬天门，日月所入。……山名曰嘘。颛顼生老童，老童生重及黎。帝令重献上天，令黎邛下地。下地是生噎，处于西极，以行日月星辰之行次。……有女子方浴月。帝俊妻常羲，生月十有二，此始浴之。（《大荒西经》）

东北海中……有女和月母之国。有人名鹓……处东极隅，以止日月，使无相间出没，司其短长。（《大荒东经》）

——先秦《山海经》

中国的日神崇拜虽然一以贯之，且日神为"七曜"之首，在皇家祭祀中也称为大明之神，但神主却"日"出多门。

最古老的传说是盘古开天辟地后，左眼化为太阳，右眼化为月亮。也有称炎帝为太阳神的。春秋战国时代便有了月神望舒、日神羲和与风伯两师的自然神系形成；而且日神有了东君、东皇太一之称；月神有了嫦娥的出现；日神的形象是一只飞鸟负日、日中二足乌、三足乌；月神的形象则是月在鸟腹中，月中又有蟾蜍、桂树的出现。这些形象在楚辞与汉代画像石、画像砖与红山文化出土文物、楚汉墓出土帛、漆画中都多有出现。

道教兴起后，便有了东王公的出现，又有大明神（日）、夜明神（月）之分。明清之际便以此二神位祭祀日月，而日、月二神的神主却更加模糊化，就是两个天体了，都被纳入了皇天上帝的星官体系，成了什么太阳星君、太阴星君……不一而足。

有意思的是，古代的星神体系还要去看《山海经》。前面引文基本上涵盖了日月神系神话传说的基本内容。

其一，日月都是上古东方天主帝俊的子女。帝俊娶妻羲和生了10个太阳；娶妻常羲生了12个月亮。

其二，日月运行都是由鸟驮着的。都是一个接着一个运行的，并非10个太阳、12个月亮在天上一起照耀。那么它们的运行秩序谁来保证呢？

其三，在东北方有一个"女和月母之国"，国中有一个叫鹓的人，住在东方的边极之地，负责安排12个月亮运行的周期，保证12个月亮的运行不能出现差错。

其四，在西海之外的大荒中，有座叫日月山的地方是天的中枢，天枢处有日月进入的天门，有一个叫噎的大神在这里总管日月星辰运行的次序。那么这个噎神又是何方神圣呢？颛顼有两个了不得的孙子：一个叫重，一个叫黎；重，受命力举青天向上；黎，力压大地向下；天地始分上下。黎留在了地上生了个儿子叫噎，黎便让他住在了最西边，来总管日月星辰运行的次序。

其五，日月运行一天后，都要沐浴一次。太阳的浴池在东南海外的羲和之国，那里有一座山，叫甘山，有山泉流成的一座甘渊，每天都要由日母羲和在这里为他们洗浴。然后住在一个叫汤谷的地方，那里有高达300里的扶桑树，轮休的太阳们就睡在那棵树上。月亮的沐浴地则在西方天枢日月山的吴姖天门山的天池，由月母常羲为它们沐浴，歇息在大荒方山顶的叫作"柜格之松"的青树上。

其六，后来，这10个太阳一齐出来祸害人间，百害并生，于是帝俊便派天上的神射手大羿下到人间，射落了9个太阳。于是便在后来又引出嫦娥故事的演绎。而在民间则有"二郎担山赶太阳"的传说：十日并出，玉帝与天神都制止不了，杨二郎自告奋勇，挑起龙、凤两座神山下凡来镇压太阳，压死了9个，剩下一个躲在了蚂蚱菜下才得以逃命。后来不管天怎样旱，太阳都不会把它当年救命恩人的子孙晒死。（南方称马苋菜，北方称蚂蚱菜，极抗旱）。

这就是笔者在体系庞杂、支离破碎的日月神话传说中，读到的唯一有渊源神系的一种。

那么此间所说的日月神之父又是何等神圣呢？他没有西方日月神之父宙斯那般荒淫无耻暴虐，而是东方民族一位了不起的祖神人物。前面引文中谈到创造舟、车、弓矢、琴瑟、歌舞、能工巧匠、百谷、农耕等大神都是他的子孙。他是中华民族最早的开拓文明的英雄祖神。虽然《山海经》中也记叙了炎帝、黄帝、颛顼乃至诸多神话人物，但帝俊的位置比他们都要高，可是无论司马迁还是补史者们，在中国神话历史中，几乎把所有著名神祇都收入了，但却把他拒之门外，甚至把他的子孙都分配到了其他族系中。甚至诸多子孙都给降为了二帝三王时代的人臣。

神话毕竟是神话，但这种取舍与移花接木也是一种不公正。好在对日月二神与后稷的世代祭奠，也便是对这位老祖父的敬慰了。直到明清年间，日月二坛仍在皇家祭祀的九坛八庙中。

明清年间，日神的地位还是不低的，始终在天、地、日、月四大郊祀神坛中雄长一方，而日坛所在的东城门也命名为朝阳门，今日已成为日坛公园。

日坛与地坛、月坛都建于明朝嘉靖年间，初建明朝日坛，坛口坐东朝西，以象征日出东方而西行；坛壁为白石、方台，坛西则用红琉璃瓦铺覆，以象征日出光芒，红色自古为太阳的象征色。一应祭器都用红色，就连皇上亲祭的祭服都是红色的；祭礼的乐章、祭舞都用天子礼仪，祭品牛、羊、猪三牲齐备；每年春分为祭日，早5至7点日出时间为祭时，向太阳神进早餐。但到了清朝则将祭坛改为青砖砌面，取金砖之意。附属建筑一应俱全。坛周围的墙为红色缘瓦戴帽；四面白石棂星门。西面为正门，三棂门；其他三面棂门各一。但四门紧锁，如今只能从门空间远观祭坛。公园内的古建筑仍十分可观，多为明清遗物，文物保护程度远胜月坛。尤其坛周的森森古柏真有一种朝天气象。

从建坛始，明朝嘉靖、崇祯；清朝乾隆、嘉庆、道光、溥仪都有来此坛享祭。但在清末时期已荒祭近废。直到1968年这里的管理复建仍不完备。因这里与使馆区很近，1968年周恩来总理在使馆区顺便两次来月坛视察（4月和7月），认为太荒凉了，要求把这里建成日坛公园，向人民群众开放。自 1969 年，这里才成为对外开放的人民公园。20 世纪 70 年代初在周总理的关怀倡议下，园内又种植了 180 株日本赠送的大山樱花。

日坛公园的位置是在朝阳门外日坛北路 6 号。占地面积达 20 余万平方米；古建筑面积占有万余平方米；水面近 5000 平方米；多为古柏参天，园林气象森森。日日往来游人络绎不绝，为周边居民提供了一个皇家级的大花园。

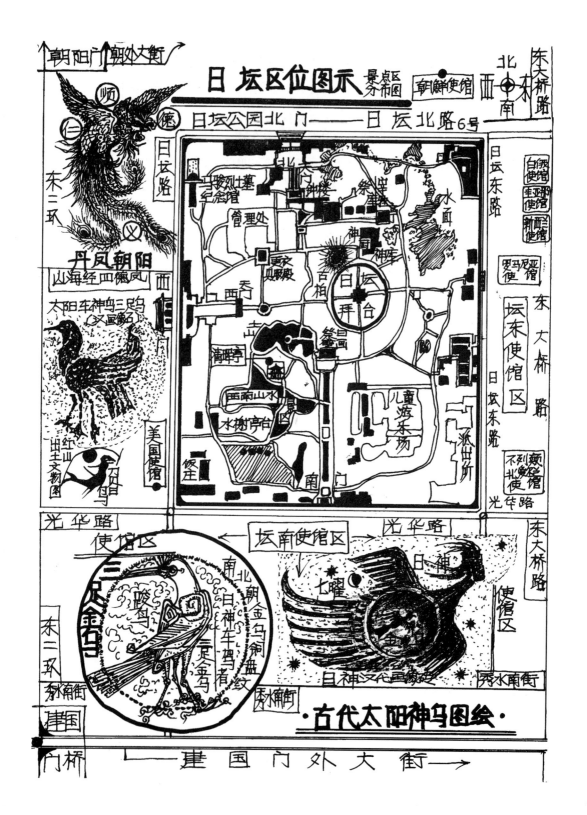

日坛区位图示

景点区分布图

日坛公园北门 ——— 日坛北路6号

朝阳门朝外大街

顺

仁

德

义

东三环

丹凤朝阳

山海经四德凤 西

太阳车神鸟三鸥又画铜

红山出土文物图

美国使馆

日坛路

北

马骏烈士墓纪念馆

管理处

永眼殿

西天门

百柏

神厨神库

祭器库

水面

日坛东路

日坛拜台

朝鲜使馆

东大桥路

北

南

白使馆 德使馆 荷使馆

罗马尼亚使馆

坛东使馆区

日坛东路

东大桥路

南山

西南山水景区

水榭亭台

清晖亭

饭庄

儿童游乐场

派出所

日坛东路

不列颠使馆 意使馆 奥使馆

光华路

光华路

使馆区

坛南使馆区

光华路

日神

七曜

东大桥路

使馆区

东三环

秀水南街

南北朝金勾铜盘日神车鸟有纹

三足金乌

秀水南街

日神汉代画像砖

秀水南街

·古代太阳神鸟图绘·

建国门桥

建国门外大街 →

第十九集 小雪月落：星海云涛中一场豪华壮观的告别式

——观瞻皇穹宇月神殿冬夜寻拍北斗观月落絮语

"天空一天上演一次的悲剧，是气吞山河的日落；大地一年上演一次的悲剧，是红褪香消的花落；人间一生上演一次的悲剧，则是死神之镰对生命之花的收割。"这是笔者在《生命美学的诉说》中的一段诉说。

在人类草昧未开的年代，太阳升自升、落自落；月亮圆自圆、缺自缺；花儿开自开、谢自谢；人也是生自生、灭自灭，并没什么月缺花飞的感伤、人生如梦的慨歌，至多只有物伤其类的本能恻恻。

可是，自从人类大脑中有了思维的角突，便有了生命的自觉。于是这一切似乎都有了神话，有了传说；有了生命的天启，有了种种的象征意义，更有了"象天法地"的智慧，有了被称之为"文明"的种种造作。于是，也便有了象天法地的老北京；有了笔者碧海青天寻紫微、夜夜凭栏拍星斗、寅卯无眠西天观月落的年余沉溺；于是便有了这本书。

——题记

老北京留下来的月神祭坛、神殿大约有四处：其一，阜外夕月坛；其二，北海广寒殿遗址；其三，天坛公园南部皇穹宇西配殿的月神殿；其四，前海东南岸火神庙中的月老殿。

天坛公园中的祭天处在最南端的圜丘，那里才是真正的天坛，而那座最壮观的三重圆檐穹顶式的建筑是祈谷殿。那么天坛都祭哪些天神呢？

皇天上帝与周天主星神。但祭坛上的祭祀大典就那么几次，日常祭祀怎么办呢？于是便在坛北建了一座皇穹宇，明代初建时称泰神殿，始建于嘉靖年间（1530）；1538年改称皇穹宇。这里实际上是明清两朝集中祭祀周天日月星神之处。

皇穹宇主殿就是那座坐北朝南蓝瓦攒尖穹顶，像大粮囤子形状的大殿。殿堂建在有五六米高的圆形白玉栏台基之上，殿高近20米。建筑之精美豪华犹如故宫三大殿。圆形殿内由高高的金柱撑起一座穹顶；北面正龛位上的木主是皇天上帝，两侧是皇家祖先的牌位。这里的神主都无塑像。

殿前左右两厢建有东西配殿，都是单层单檐歇山顶古建筑。东配殿为大明神殿，是摆放太阳神与北斗七星、金木水火土火星等木主神位的；西配殿便是月神殿，这里月神的木主神名称为夜明神，与云、雨、风、雷诸神及周天28宿星官同殿共祭。

大殿环周300余米的围墙，构成回音壁；正南为三座门，与圜丘的北棂门相对，直达祭坛。皇上来祭祀时，先到这里落脚，然后登坛祭天。日常这里便是摆放诸天星神牌位之处，供人们四时八节祭祀。

皇穹宇建筑群整体上仍奉守"象天法地"的规则：主殿为圆形，蓝瓦穹顶以象天；围墙为圆形以象征"天圆地方"；东方为日升处，东配殿便设为太阳神殿；西方为月落月宿之处，西配殿便设为月神殿。明清古建筑尤其是皇家建筑，处处离不开象天法地这一通则，就连天顶藻井都要构筑起天的形状。尤其是太岁坛的藻井中心，便是一幅天象星图。

日、月、五星、风云雷雨四神作为大神祭祀容易理解，为什么北斗七星也会与太阳神合祭呢？不只因为它是指北星，更由于它是一座政治星。我国最早的《甘石星经》（西周）就称："北斗星谓之七政，天之诸侯，亦为帝车。"而且北斗星神又有"斗姥（mǔ）"之称，道教中的经文称斗姥元君便是北斗七星的母亲，她的诞辰为农历九月初九；又有"九章生神"之称，生有九子为北斗七星与勾陈星、紫微星二帝。而且主管人间生死，"人面有七窍，内应乎心；魄有七真，受魄于斗"这个斗姥是道教中的先天之神，所以祭北斗时，要先拜斗姥。斗姥的诞辰为九月初九；我的母亲却是九月初九凌晨去世的。但斗姥是主生的，母亲一定是永生的。世有母亲花，天亦当有母亲星，画一颗"母亲星"吧，相信天下人看到都会珍爱母亲，忆念母亲。

北斗星有这样高的地位，进入皇家祭祀星神之列也就自然了。而且它是围着勾陈、紫微二帝运转的，因而传说天皇是以它为车来巡行天下四方的。而且在新年伊始的春季，它是从东方开始四渐的，因而把它放在太阳神殿中合祭顺理成章。尤其在文人士子中，它是最受崇拜的，因为北斗之"斗"合称为"魁"，魁首是代表第一的意思，象征着状元及第，许多迷信的举子进京赶考前，都要拜魁星北斗，所以各地都建有魁星阁供人礼拜。在北京东城区府学胡同东口的原顺天府学，今日的小学院内，仍有一座魁星阁；颐和园内还有一座文昌阁，文昌帝君也是主管文运的星官。魁星在民间流传下许多朱笔点额、独占鳌头、魁星点斗、魁星踢斗的神话传说，更留下了许多科举故事。

民间传说魁星便是鬼主钟馗；也有传说是个跛足麻子脸的丑人，但学问很高，科考一举中第。但在皇上面试时，遇到了麻烦。皇上问他怎么会一脸坑啊？他答道："麻面满天星"；皇上又问他怎么跛足呢？他答道："独脚跳龙门。"于是便被御笔钦点为当科状元，死后成为主管文运的魁星。

在老百姓那里，北斗就更有名了，称得上是"天下谁人不识君"的大明星了。但老百姓称它为勺儿，饭勺子，喂饭的量；斗，是装米、量米的量，谁不喜欢啊？但更因为它的形态美丽、奇特、恒定、夺目。尤其在农村的夜空上，举目可见。但在北京要看到北斗可太难了，秋夜最好是在午夜后黎明前，在东北天区还好找一点。

沉溺于天体组合绚美的寻拍已近年余，也许不只为《图说大北京》这部书有个丰赡的开头，不只为了"象天法地"的配图，也许更是一种对天宇大美的神往。自觉有点老夫聊发少年狂了。但仔细想来，说神往，毋宁说是天体之美的引力使然。一介小小的卫星月球，便让地上的大海夜夜不息的奔跌千古，何况身同草介的凡夫俗子面对浩瀚星海了。

人在向着既定目标前行时，最误事的也许不是途中的障碍，而是在过程中为诱惑而产生的偏离。在这种偏离中，人也许会得到某种预期之外的审美体验与满足感，但终竟不是目标。

明知天体是可望不可即的，却总怀有一种捕捉的奢望；每拍到一个新相识的美丽星座，就像是猎人捕到了新猎物一样的喜悦。一种贪得，一种无厌，就像一头狼一夜间会咬死一群羊一样，虽然它明知吃不下也拖不走。人啊，与动物性的贪婪又有多大的区别呢？也许正是某种贪欲的原始驱动，本能地构造了人类的世界，而何须那汗牛充栋的理论学说与皓首穷经的探求？

该有一个终结了，年来为了拍星星、月亮，耗去了许多时间，且几乎完全是黑白颠倒了：白天睡觉，晚上就像个夜行人，不偷物而偷天，常常一直偷到黎明日出，成了日落而作，日出而息了。就这样从年初的残冬一直拍到了又一个初冬的降临，小雪时节啊！

2018年11月24日，小雪刚过，农历十月十七。改稿子改到午夜时分，临窗眺望，却见北京城特有的几乎夜夜雾霾，不知何时已散尽，明月当空照得如同白昼。虽然有"十五月亮十六圆，十七八月亮少半边"的古语，但今夜的月亮仍是十足的圆，至少在视觉上。拍啊，拍完月亮拍星星，拍完南天群星，又下楼去寻拍北斗与紫微垣群星。北京的秋夜，北斗的星位太低了，紫微垣的星位更低，是以始终未窥全貌。

谁说月明星稀？北京的夜空拍星月却一定要在月下拍，月光可以洗却满天的夜雾，居住强大的城市夜光污染啊。

夜深了，北斗、北极、紫微垣群星的星位，比上半夜的星位高多了，已升起在树梢、楼顶之上。跑到楼外的一架四层"舷梯"之上，一拍3个多小时，北斗、北极、勾陈、紫微左垣、右垣……已尽入镜头之中。还有东南天宇上的狮子座、太微垣。为伊消得人憔悴的紫微群星！

已是凌晨四五点钟了，却见一轮团栾仍西悬树梢间，这落月依然辉煌灿烂。月光下的秋树虽已绿叶飘零殆尽，而松针挺拔依旧；杨柳枝头的残叶，在嫩寒夜风的吹拂下，仿佛都在摇曳着旗子在欢迎着落月的光临。《古月奇谭》的作者若见此月，断不会再有"你们飘零去，何以少团栾"的问叶、问月之语了。

奇了，正在枝叶扶疏间的落月，在西边天际就像舞台布景中的烟雾一样，漫天长毛儿，涌起白浪涛涛般的层层云波来，瞬间便裹住了那轮落月，却被月辉照得如同日间的白云般雪白，更加璀璨炫目。见过日升的霞光万丈秒杀启明、天狼；见过日落的夕照烧天飞丹流彩气吞山河，但从未见云旆雪涛簇拥下如此壮观的月落：北方的紫微大帝携北极、勾陈诸位星官，莅临云波之上探望；北斗七星也升位于东北高天云头为它送别；东方尚未放白的天际上，太白金星也匆忙升起，与落月相视而笑；狮子座群星也在轩辕十四的带领下，在东南天翘望遥祝走好；南天的大犬座、小犬座诸星群在天狼星、南河三的带领下，猎户座、毕宿、昴宿布满南天的明星、星团、星云；看见的或看不见的，煌煌的隐隐的，都在参宿四、毕宿五、昴宿七星的统帅下，从东南一路追随陪送到西南天；御夫座的三大星团高悬在西天白云之上，五车二与五车星官群星、柱星群星从来没有这么明亮过，而且五驾御车的矩形车阵一起来送行……落月则以自己的万道银光，向周天星宿一一谢过告别，乘着自己的驭手望舒女神所驾的宏大云车，又去照耀另一片世界。

　　站在北京南北中轴线北端的庭院中，望着天国这场月落的盛大典礼，不由得想起了屈原《离骚》中，上下求索于九天时的神游诗句："前望舒使先驱兮，后飞廉使奔属。鸾皇为余先戒兮，雷师告余以未具。吾令凤鸟飞腾兮，继之以日夜。飘风屯其相离兮，帅云霓而来御。纷总总其离合兮，斑陆离其上下。"多像啊？还有《神曲》天堂篇中，当但丁与贝雅德上升至第九重水晶天时，看见人类始祖亚当与圣彼得出现，众天使环绕欢歌的那幅插图。但丁听着天国的歌声，沉醉了，"似乎我所见的是全宇宙的微笑"，"欢乐呀！不可言说的喜悦呀！充满爱与和平的生活呀！使人不生觊觎的稳当的财富呀！"

　　《神曲》是一部神游之歌，但讲的都是人活、人世、人事、人生。人事力不能及，便有神话、神游之作的衍生；人世不平，便去想往天堂、天国；人间太肮脏，便去幻构西天净土、琉璃世界；而人生，只是天地间一种有限的、无奈的，又充满了希望与美好诱惑的存在，所以人才锲而不舍、不辞劳苦地活着；活在天地之间，活在美丑之间，活在苦乐之间；活成了伊壁鸠鲁夹缝中的神祇，活成了高扬自我旗帜的废墟上的侏儒……且为此而有了"象天法地"的绵绵不绝，而何止于北京古城的砖瓦土木结构铺作？人类不正是在天启地悟中走向文明的吗？

月亮落了，今晚它会宿于28宿中的哪座星舍呢？今天是周六，大概是宿在了胃宿吧？但这也只是一个形象的说法，它哪里会有睡觉的时间呢？大概只是指它每天月落于哪个星宿天区吧。在这边刚刚落下，便"那边才见，光影东头"。一个月28天，一年12个月，天天有作无息，够辛苦的，它又何曾有过停歇？就像这世间辛苦劳作的人们一样。也许只是为了每一天的照耀；也许本来什么都不为，只是一种天性的催动。

面对月亮经行周天四象28宿的轨道，就那样如信风般地周而复始千秋不变的对应着，怎能不浩叹古人料天理地的智慧，难怪有仓颉造字而鬼夜哭之语。

我们来看一下月亮运行周期间的"夜宿"对应表；不知古人是怎样把这些天体运行的规律，如此精确算定的。

曜日	周四	周五	周六	周日	周一	周二	周三	四象28宿
星宿	角宿	亢宿	氐宿	房宿	心宿	尾宿	箕宿	东方苍龙七宿
	斗宿	牛宿	女宿	虚宿	危宿	室宿	壁宿	北方玄武七宿
	奎宿	娄宿	胃宿	昴宿	毕宿	觜宿	参宿	西方白虎七宿
	井宿	鬼宿	柳宿	星宿	张宿	翼宿	轸宿	南方朱雀七宿

月亮运行28周天为一个周期，每个周期的每一天沉落于28宿中的哪个星宿天区是固定不变的，当然是我们的可视天区，只是一种天体间的对应关系。此表根据黎明曙光网文《28宿是怎样值日》绘制的，仅供

有兴趣爱好者参考。

28宿属中国古代传统星相学范畴。古代的天文学家,以北极星为中心,为东、西、南、北四方划分命名了四个天象,东方称苍龙,西方称白虎;南方称朱雀;北方称玄武。然后沿周天黄道每象选出七个星座,四象计28个星座,每个星座占据周天360°的12°51′。这28个星座每个星座都是月亮28周天中要经历的,因而合称28宿。就是说月亮每天要换一个星座"住宿"。后来又演变为28宿为值日星官。但28宿终归是月亮的星宿,所以皇穹宇中把它放在夜明神殿中合祭。可惜的是古人如此精确的天文学成果,却成为道家宗教神祇的蓝本;更成为现代老少算命先生与游戏骗人赚钱的工具与手段。

转眼已是午夜时分,缺了半边的凸月已在东南天夜雾茫茫中经行;说来也怪,这月儿越是在云遮雾障中,它的光芒、光射便越强大;就是天狗、天狼也挡不住它;天地主子,也只能让它有所亏缺,而挡不住它的圆满之夜。这也许正如同人类的希望所在吧!

天亮了。月恒日升,又是一次太阳的升起;又是一片光明,在这个红尘滚滚的阎浮提世界的照临。

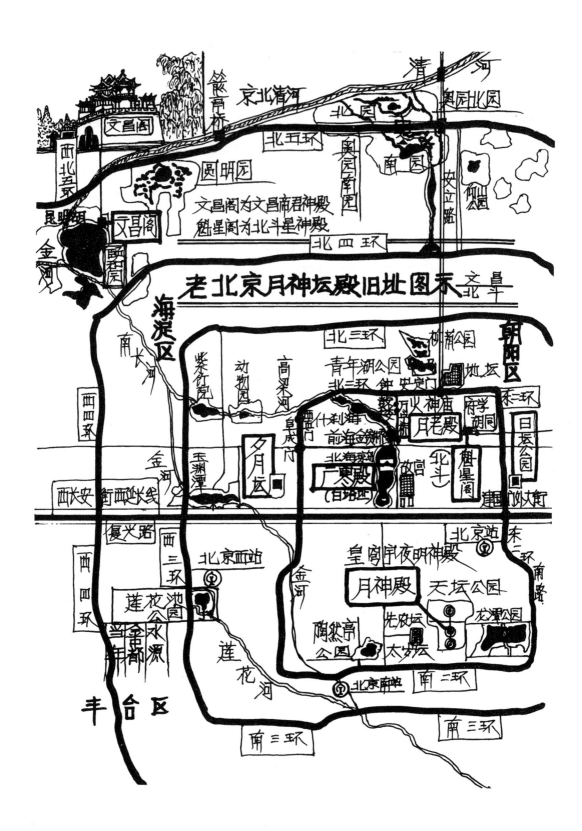

老北京月神坛殿旧址图示

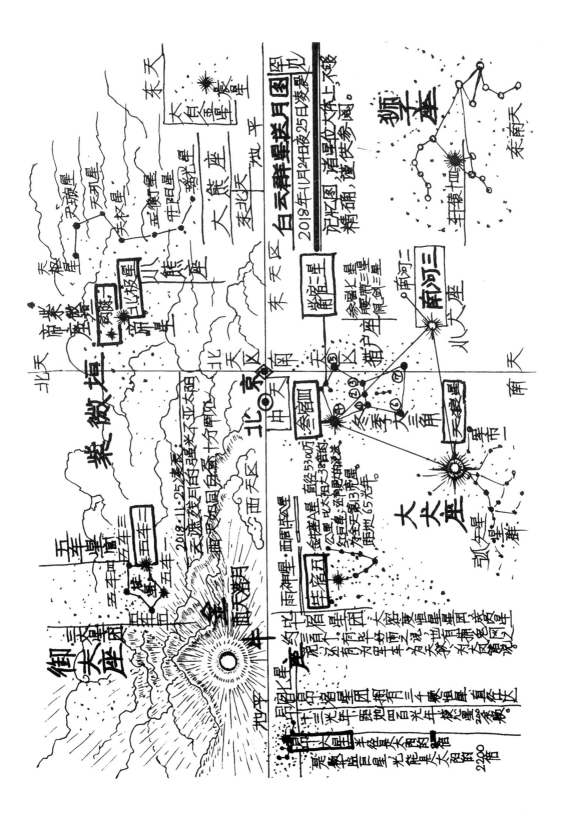

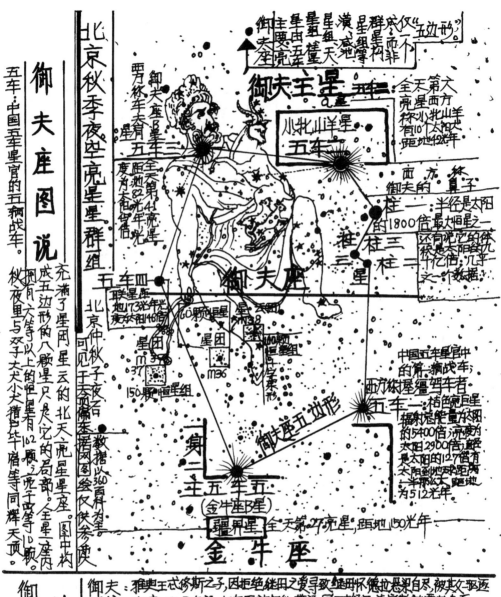

御夫座图说

北京秋季夜空亮星星群组

五车·中国五车星官的五辆战车。

御夫主星

全天第六亮星，西方称"小牝山羊"，有10个太阳大，距地42光年

小牝山羊星
五车二

西方——御夫的鼻子

柱一：半径是太阳的1800倍，最大恒星之一

柱三　柱二　三星

中国五车星官中的第一辆战车；西方依据掌缰驾车者

五车二：桔色亮星，辐射总能量为太阳的5400倍，亮度为太阳2900倍，直径是太阳的127倍，太阳到地球距离，离地为512光年

御夫座五边形

五车五（金牛座β星）

疆界星：全天第27亮星，距地150光年

金牛座

充满了星团星云的北天亮星星座。图中构成五边形的八颗星只是它的局部。全星座内可见于天顶。

五车Ⅲ

北京仲秋子夜名

御夫座五车二全天第41亮星

数据以360百科为准

秋夜里与孪子天犬尖猎巴牛宿等同辉天顶。

御夫座的神话传说

御夫（1）：雅典王忒修斯之子，因拒绝继母之爱导致其册怀德拉恶罪自尽，被其父驱逐出境，死于车祸，好女医神把他救活，冥王怨诉诸神斯被雷电击死。

小牝山羊：星图中御夫怀抱山羊为母羊阿玛尔泰娅，曾在最秀淹上的巨神持哺乳幼年的面期。另有神话传说，御夫为雅典王埃里克托，火神之子。

御夫（2、3）：福里俄救其驯马术，为世间第一个会驾马车的人。另传为赫尔墨斯之子弥尔提洛斯，为厄利斯国王驭手。国王有公主，出嫁条件为与他赛车获胜方可。公主所爱的人来求婚，公主要御夫放意落败，御夫也爱公主，便帮公主在赛车时驾翻了车却令国王摔死。但御夫却被负约成全者抛入大海溺毙，其父赫尔墨斯清演斯将其升入天空为御夫座。

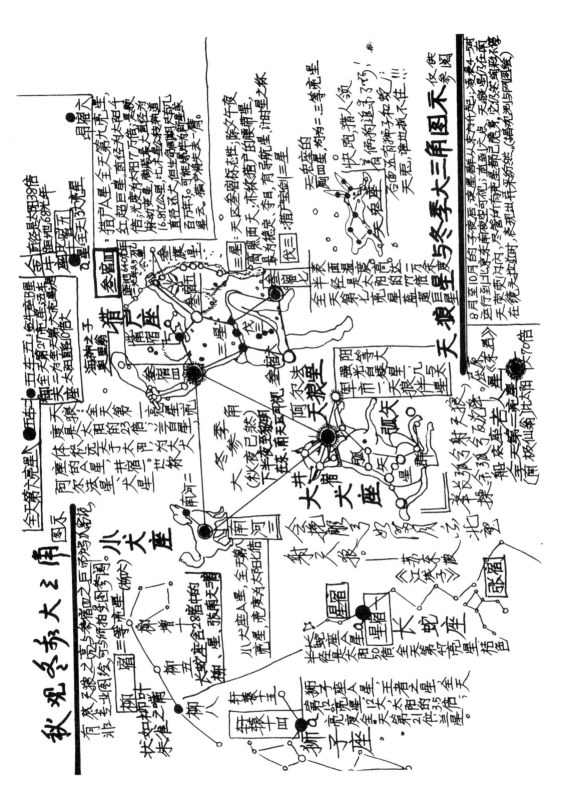

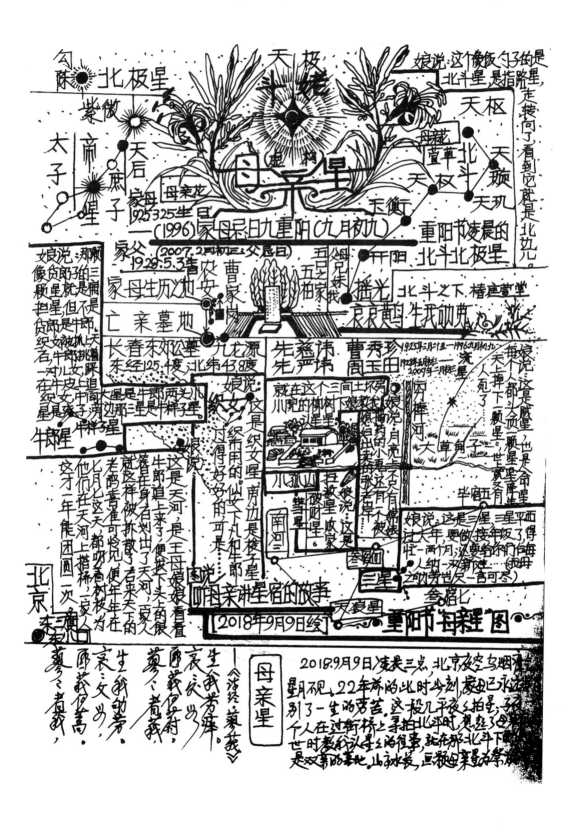

母亲星

重阳母难图

2018年9月9日绘

——《蓼莪·蓼莪》

第二十集　白云观：唐玄宗奉祀老子圣地与丘处机旧事

——北京"金星天"拍"金星合月"与星神传说

维天有汉，监亦有光。跂彼织女，终日七襄。

睆彼牵牛，不以服箱。东有启明，西有长庚。

有捄天毕，载施之行。

维南有箕，不可以簸扬。维北有斗，不可以挹酒浆。

维南有箕，载翕其舌。维北有斗，西柄之揭。

——《诗经·小亚·大东》节录诗句

白阁他年别，朱门此夜过。

疏帘留月魄，珍簟接烟波。

太守三刀梦，将军一箭歌。

国租容客旅，香熟玉山禾。

——［唐］李商隐《街西池馆》

　　北京，2018年12月的天气，如同昏昏沉沉的金星天，尤其夜晚，难见开晴。若见星月，便更难了。许多美丽、壮观的天象都被雾霾拉黑屏掉，好在此间难得一见的"金星合月"，终天开一隙，只露脸半宿，便又是日夜一副金星天面孔，就差没洒硫酸雨与电闪雷鸣了。而一心寻拍金星，大抵为了被道教奉为道祖的老子。而那位被成吉思汗终生称为"神仙"的丘道长——丘处机。

　　在道教观宇丛林中，北京白云观相当有名，素有全真祖庭、天下道教第一丛林之称。而它的出名多因这里曾是道教全真派元初的总教。丘处机不但是这里的掌门人，而且留下了许多传奇故事；丘道长仙逝后，遗骨尚存此处。但白云观却历史更为久远，大约初起于唐玄宗开元29年，公元741年，于今已有1200余年的历史。而唐玄宗崇道亦有渊源。

隋末唐国公李渊乘乱起兵，开创了李唐王朝，取代了隋朝一统天下。这个甘陇军阀世家也成了龙子龙孙，位极九五之尊。寻常人家对于根祖渊源并不刻意，大多比较老实。一旦鱼龙变化，小鱼穿大串儿，嘎伢子跳上了金銮殿那就不同了，一定要寻一个不同寻常的人物来做自己的根祖。这哪里是布衣百姓可及。就是朱元璋在登基坐殿后，仍老实地自称"脱本淮右布衣"，世代"服殷农桑"；仍用着拼接的百纳被单；每餐只食用蔬菜加豆腐，也并不想去寻一个好根祖，但他人不肯，还是上溯一百多代，一直上溯到了轩辕黄帝为本家族的第一世。

大唐开国君主李渊虽非布衣出身，但至多为大西北的甘陇望族，这与皇族差得太远了，于是便寻了老子为根祖，都姓李啊。而且把隋代长安城中的大兴殿改称太极殿，以与所选的根祖老子相符。由此而道教成了大唐的国教。武则天夺权后为了根除李唐的影响，则大力发展佛教，各地大建寺庙，僧尼由国家奉养（占有土地，不纳赋税徭役）。唐玄宗政变从韦后武党手中夺权后，则重新恢复道教的地位，并下了四道禁令：禁建佛寺、禁造佛像、禁传抄佛经、禁官员与僧尼往来。佛教虽大受打击，但唐玄宗并未搞灭佛运动，他只是想恢复道教的地位，来显示李唐从武周的回归。而且他确实信奉道教，曾经御注老子的《道德经》，所下注语多经典。由此道教在唐朝有了极大发展。

北京的白云观正是在这种形势下兴建的，但当初叫天长观，唐玄宗对此观十分重视。在7年后，唐玄宗又将长安城中的千秋观改名为天长观。这两个天长观都是唐玄宗崇奉老子的圣地。

到了金代金世宗年间对此观大加扩建，称为十方大天长观；1192年，金国重修，更名为太极宫，仍为敬奉老子的圣地。

蒙古帝国西征时，成吉思汗在大雪山以西的中亚，召丘处机赴西域会见。成吉思汗为什么在戎马倥偬间有此万里之召呢？丘处机名气太大了。此人是山东古登州栖霞人，幼失双亲，历尽苦难，却天生仙家情结，少年时代便想修炼成仙，一生献身道家，投到全真派道教祖师王重阳门下，得名处机，号长春子。王重阳身后又得道兄马钰栽培。曾在陕西宝鸡的磻溪隐居潜修7年；又到甘陇龙门山潜修6年，钻研道学、历史、人文知识，广交士子、学人，因而声名鹊起。在1188年受到金世宗的召见入燕京，并受命主持多重道事，很得金世宗赏识。后于1191年回登州栖霞创建道场，又得到金章宗赐匾"太虚观"。一边修道，一边布道于四方，以学问、诗词、技艺之高超，在民间、士子、道众、官家都有极高的声誉。其间又受到南宋宋宁宗与金宣宗的诏请，但他都不肯应召，即不肯南下临安，也不屑西入开封。他认为金国有"不仁之恶"，宋朝则有"失政之罪"。而事实上则是他已把这两具政治僵尸的本质与结局看得一清二楚。这个丘处机真是了不得，哪里只是空门虚境中遁世之人物。而是个冷眼看世界，静心观南北审时以保身、度势以避祸的大智者。所以只一心在莱州昊天观中传道于全真教主之位。1203年他已继任全真教第五位掌门了，全真教在他手上到了全盛时期，并拥有一批著名的高足弟子。

　　1219年，正在西域中亚征战的成吉思汗，派专使持诏赴山东，召请丘道士赴行在会见。这个两拒宋、金二帝诏书的丘道士，这次竟然没打奔儿便一口应召，而且谦称不敢违命。人啊，趋炎附势也许是天性，佛道也皆不能免。当年丘道长虽然已年过古稀，73岁高龄，仍挑选了18名弟子，开始了万里迢迢的西行征程。3年时间往返行程3.5万里，一个已过古稀的老人。

　　1220年先至燕京，因为他想与成吉思汗在燕京相见。怎么可能？成吉思汗根本不可能丢下战事回师。丘处机毅然于1221年4月出居庸关西行。一直走了整整一年，在1222年四月到达了中亚，在铁门关外大雪山下八鲁湾大汗行宫，见到了成吉思汗。这个杀人不眨眼的大魔头一见须发皤然银须飘飘仙风道首的丘道士，怎能不激动呢？第一次见面只称真人；第二次便尊称他为丘神仙，一直到后来信件往来仍以此称。

　　丘处机在成吉思汗军中待了十多个月，直到第二年的三月间才告辞返回东土。两个人的会谈都由随军的耶律楚材记录整理编为《玄风庆会录》；而丘处机的弟子李志常则把这次长达三四年的万里经行，整理成为

《长春真人西游记》（西译《炼丹师纪行》）。从这个阿瑟·韦利的英译本书名可见，成吉思汗召请丘处机的基本目的。

治国之道的咨询，对于成吉思汗而言，身边有一个耶律楚材就够他征询一辈子了，没必要再问一个道士。而炼丹是道教的本宗行当，长生不死不太可能，养生之道似有所长；而且蒙古人信长生天、萨满教，与道教有很大的相似之处，道教教首为之清，但最高教主还是玉皇大帝，次为五方天帝，他大概想物色一位以道教抚慰人心的代言人吧。这些未必是成吉思汗头脑中的思想，但他有外脑耶律楚材啊。

那么在大雪山下的八鲁湾与花剌子模名城撒马尔罕的十多个月中，两个人都谈了些什么呢？大体谈了三个主题：养生之道；人伦之道；治国之道。

丘道长到了阿富汗北部的八鲁湾后，与成吉思汗第一次见面会谈便十分开诚。成吉思汗直接便问："真人给我带来什么长寿的药啊？"丘道长很老实地回道："有养生之法，无不老之药。"想不到成吉思汗对这个回答却很满意。是的，丘道长可能讲过"养生的关键在于好生恶杀"的话。但只这样讲一定会让他很反感，丘处机既不讲反战，也不讲民族平等，而只讲养生，讲"内固精神，外积阴德"，因为他知道蒙古人的信奉，便大讲生前要积阴德，而最大的阴德便是不杀生、不作恶。而且在"内固精神"方面，也从医学、生理角度来讲授，这本是他的长项。

这个丘真人虽非炼丹术士，但他懂医术，隐居悟道十几年间用心研究黄老之术，花了许多功夫研究医学，而且发明了四季养生法，并有专著《摄生消息论》，所以讲得头头是道，加之道家经典中的天地之道、阴阳学说、五行生克，成吉思汗是闻所未闻，便马上由真人改称神仙了。人啊，若要赢得社会认同、他人尊重，还得要有真学问、真本事、正道真理。这是丘处机与秦皇汉武年间以骗术为生计的方士与历代炼丹术士的不同之处。因而结局也自是不同。丘道士的养生之道讲得十分成功。

接着他开始向成吉思汗讲人伦之道。他对成吉思汗讲道：你们蒙人有许多好生之德之事，如狩猎、采集中都有许多不得滥猎、滥采的规矩，对动物、植物的生息之爱护是美德。并不是大德，像蒙古人中有许多不尊重父母的行为，那怎么行呢？孝才是做人的根本，是大德；而不孝有三，无后为大。条分缕析地向他讲孝义之道，而且都针对蒙古人中的陋习风俗而言，听得人脑入神动心，竟然把他的家族子弟与官员召集来一起听丘道长讲孝义之道。然后又回到养生上来，讲人要长寿首先要清心寡欲，不杀生，这是最大的养生之道。那么这个丘道人怎么知道蒙古人的那么多事呢？书上得来终觉浅，丘道人提前搞社会调查了。看看他所行的路线就知道了。

从燕京去阿富汗大雪山，本来有近路可走，但他出居庸关却一路向北，过宣化、张家口，一路走到成吉思汗家族的故里呼伦贝尔大草原去了。第二段行程则从呼伦湖出发，然后沿着额尔古纳河下游流入蒙古高原的克鲁伦河，一直向西走到了蒙古帝国的发祥地乌兰巴托南部，去了蒙都哈剌合林。这不只是真正的读万卷书、行万里路，而且他这段行程正是这个家族从大兴安岭西迁蒙古高原的路线，去抄这个黄金家族的老底去了。搞医学最浅显也是最基本的原则便是对症下药。这个老道真是不简单，这也是他在行程上花了一年时间很重要的一个原因。所以他才能讲到成吉思汗的心里，在分手后数年的通信中，仍讲：你说的，我都听。以致后来元代历朝都讲：我元自太祖视丘长春有道，聘为玄门后，厥后太、定、宪三宗及今皇帝，皆禀孝自天，善继以述。由此可见丘处机对成吉思汗的天道、孝道说教的成功。

治国之道则仍是讲敬天、爱民，不滥杀。而且是从一统天下的王道讲起，君王得以民心所向。尤其是一统天下，把人杀光了，你统谁去呀？你总杀人，人心怎么能向着你呢？若只想着像强盗一样无长远打算也就无所谓了，而要一统天下，就必须爱民才行，是不能屠杀百姓的。这些话都不是原话，但也都不是笔者揣度的，而是把各种文献、传说的东西梳理一下，为阅读方便，便没引原文原话，也算一种意译吧。道教中后来玄教的第二代教主吴金节讲道："丘真人之所以告太祖皇帝者，其大概不过取天下之要在乎不杀；治天下之要在乎任贤；修身之要在乎清心寡欲，炼神致虚，则与天地相为长久矣。"

丘道长无论向成吉思汗讲养生之道，还是人伦之道、治国之道，都不离"奉天之道"，这也是"象天法地"在社会生活中的干预作用吧。但无论是耶律楚材还是丘处机，都阻止不了这个野蛮帝国的杀戮、劫掠，而息兵罢战则更不可能。尽管如此,有了这两个人对成吉思汗的开悟文明，至少减少了他们在战争中的屠城兽行，不知由此而保全了多少人的性命。因而这两个人在民间自是口碑极佳。

耶律楚材得蒙古帝国三代君主宠信，不足为奇，因为他是这个新兴统治集团的谋主，而丘处机与成吉思汗的交集不过十余月间，有记录的谈话只有十几次；而且这个老道又喜清净、独处，不入蒙古人军营，而成吉思汗又处于第一次西征最后的战事之中，那个花剌子模的王子扎阑丁十分英雄了得，尽管成吉思汗亲自出马，但仍让他在被逼入绝境时殊死一搏，而且终于纵身从他的眼皮子底下跳入申河（印度河）中逃生，惹得成吉思汗望河兴叹、赞许良久，大有"生子当如孙仲谋"之态。而且此人始终不放弃复国斗争，大概是他此次军事行动中唯一的不可征服者。所以，此间成吉思汗多忙于战事，而丘处机既不随军也不入幕，只是以客人身份在此，而仍让成吉思汗终生不忘，除了他那一套让人入脑入心的"道"外，他做人的操守也让成吉思汗佩服得五体投地。

70多岁的老人、一道之长，能不辞风霜劳苦、跋山涉水、不远万里的应召，自会让他心有所感所动。而且此人不贪权不贪财不好色。在中亚期间，他并不肯与成吉思汗多有交集，因为每次会见，成吉思汗都会送他许多掠夺来的礼物，他都不肯收受。又怕由此影响感情，因而尽量用各种友好的方式，减少与成吉思汗的接触。还有传说成吉思汗要把自己的一位公主赐给他，他竟然以阉人的方式来婉谢。成吉思汗送他大批的马匹、牛羊，他一概谢绝。这些都让成吉思汗对他十二分的敬重，不仅派大将保护他的安全，每次会见都要派太师去迎请，而且每次请他共餐，都要事先征求他的意见。在战事紧张时，前线军营很不安全，便把他送到撒马尔罕城保护起来，而且为此还要亲自去与丘处机商量。分手时正逢成吉思汗班师还军，便邀他同行，他也婉辞谢绝。而且在军营期间无心国事，只是与成吉思汗个人布道交谈。这哪里是常人能做到的，所以成吉思汗在分手时，不仅将燕京北海的广寒殿赐予他，并给了他一道免税诏，天下府道不得向他征税劳役，这个赏赐老道可是接受了。成吉思汗回到高原后，不断派人来问候，即使在与西夏战事胶着时也仍不断书信往来，而且又给了他一道诏书：一是将北海、白云观处的长春观都改为宫，这是给予帝王级的待遇；二是道家之事由他来总管处置。并致信说：我很惦记你，想念你。你劝我的事我都听。恕笔者不引原文了，太烦琐，有碍行文也影响阅读节奏。

在丘处机时代，道教大发展，北京的长春观改名为长春宫。1227年，80岁的丘处机去世。同年，成吉思汗也去世了。全真教大弟子尹志平继任掌门，在宫外东侧建白云观，为丘处机的葬骨处，就在今日的丘祖殿内。元末长春观独存。明初以此观为中心重建，正式命名白云观。明末毁于大火，康熙年间大兴土木复建，今日所见多为清代建筑。清末渐次荒废，直到20世纪六七十年代，仍很简陋，成为一处招待所。笔者出差来京时曾在那里住过，很冷僻萧条。前几年旧地重游早已非旧时模样，已复修为一座规模宏大、殿宇整齐、烟火鼎盛之地。主要供奉玉皇、三清及道教诸神；全真祖师、丘处机及同代全真七子等，而且留下许多故事，但已经难找到当年天长观、太极宫中太上老君——老子的踪迹了。

关于老子与道教的关系，在传说中混乱无比。道教显然附丽于道家而生，但两者完全不是一回事，道教是晚生的宗教；老子的《道德经》五千言是先秦玄学、道学、哲学，与后儒的道学有所不同。老子是受人尊重的，纳入道教则被奉为道祖并不奇怪，乃至人们把他当成金星的化身，说他是作为道祖的老君十八世化身，道经中还有言称："老子者，老君也，此即道一身也。元气之祖宗，天地之根本也。"不再为此浪费笔墨了，老子受尊重总之是好事，我们还是看金星吧。

金星在中国民间也有众多名称。《诗经》讲"东有启明，西有长庚"，因而太上老君又有李长庚之称。其实，启明、长庚都是金星，只是金星每天只早晚可见。早晨在太阳升起前一两个小时才从东方升起，太阳即出前便隐没于晨光中；几乎和太阳同步运行一天，直到太阳落山后，才在西方天际出现，也就几个小时便西沉在地平线下，对太阳可谓是晨迎暮送的忠仆了，所以《西游记》把他写成玉帝的使者也不足为奇。

金星在早上出现时被称为晨星，黄昏出现时称为昏星，以此来区别它出现在人们视野时的不同位置，而不是两颗不同的星。

金星是太阳系八大行星之一，是一颗类地行星，结构、半径、体积、质量也都很相近；离地球远近与火星差不多，最近时距地只有3800万公里。因而又有地球的"姊妹星"之称。金星与地球不同的是缺少生命存在的条件。尽管它的平均密度小于地球，但金星上的石头却比地球上的石头坚硬；而且有一个稍大于地球内核的核心，厚达3100公里的铁质内核；因而它的外壳不会因内部运动而破坏，是真正的"铁板一块"。由于岩石的坚硬使山脉更加陡峭，最长的大峡谷长达1200公里；而且也不像月球有那么深的陨坑，但有高大的火山。玛亚特火山高达9000米，宽达200公里；球体上遍布十万余小型火山，几百个大型火山，星体表面85%都覆盖着火山岩，最长的火山熔岩沟竟然长达7000公里。但这里的火山只有岩浆流溢而没有爆发。

还有一个十分奇特的现象，这里的大气层不仅都是二氧化碳，而且云层是黄色的，由浓硫酸构成，不断下硫酸"雨"，且会雷声隆隆，闪电长达15分钟。这里没有白云蓝天的白昼，日夜都同样昏昏沉沉。

金星在我们的视觉上最大的特点，怎能用一个亮字表达。全天除了太阳、月亮，第三便是金星了，比全天最亮的恒星天狼星还要亮14倍，也是一颗蓝白星，但偏于黄白，所以称金星、太白星。而且秋冬每天从东方升起，与天狼星的升起位置完全相同。东方出明星啊，一个是全天第一亮星；一个是全天第一亮的恒星。黎明前，二星时常东西方同时闪耀，很是夺目。

金星在西方人眼中却是一颗"女神星"：金星的神主是美神维纳斯，而各种地形、地貌都以女神、女性命名。而在中国最早的金星神主也是一位黄衣、凤冠的琵琶女神。后来道教兴起才成为一个须发皤然的太白金星。而且也有说他是李白的星名，大抵因李白有李太白之名谓吧。

北京12月的后半夜黎明前后，也许是观测金星最好的时节。一次在东方楼顶上见到时，正是黎明前拍东南星，竟然把它当成了附近的日光照明灯而根本就没有拍摄。虽然在拍昏星、拍北斗时都拍过了，但哪有那么亮啊？前几天黎明，它的星位正好在天狼星的升起位置上，还以为是天狼星变相了。拍入镜头那些大角芒就如电脑制作出来一般。12月连续追拍了各种月相，还想拍一下最小的下蛾眉月，但连续几夜都是大雾，适逢北京最重的一次雾霾，北京的天空变成火星天了。便放弃了对月的拍照。但每天入睡前已经习惯到窗前张望一下，望着南天、楼前城市夜光下，浓雾重霾紧锁的昏昏沉沉的夜空中想到的却是金星上没有白昼的硫酸云，也只能望天兴叹，这个小蛾眉月是拍不到了，要等到下月吧。

没想到12月4日奇迹出现了：午夜后夜空竟然晴朗起来，拍了星星便等月亮，等到快三点了还不见月出，便睡下。也许睡梦中感受到了一种照耀的呼唤吧，爬起来到窗前一看，简直惊呆了：东南夜空地视平45°角左右的夜空上，有两个月亮在争辉闪耀，那个美呀！一弯银钩的下眉月怀抱饱满的月魄，就像一只秋季抱子半开的栗子壳，剔透得像是件冰种玉雕的耳饰；若说金星如月，那是夸张了点儿，但在此时却如另一只小太阳一样闪闪发光，真是绝美的一幅星月交辉二人台画图。

拍过照片后便觉有异，蛾眉月与金星拍过不止一次，却没有如此漂亮，便去查12月天象，果然查到了一说：2018年12月2日凌晨，金星合月，金星此时会最大最亮。虽然迟了二日，但并不懊悔，这几天都是彻夜迷漫，而且二星真正相合时，必不如这样二星争辉来得动人。有人说自1980年以来30年间，可视性的金星合月只有6次；有人说28天合一次，这种说法虽为专家所言，但一点都不可靠，因为笔者连续追拍月相、星座已长达几个月，几乎天天夜兴日寐，也只见此一次。也许人家说的对，是自己错过了也不一定，但专家在网上毫不负责的胡说也是司空见惯的事。

太珍贵了，也太值得珍惜了。"金星合月"后又偶有几次晴夜、半晴夜，拍了不少星月图，都是后半夜、黎明前的南天诸星；还拍到了人马座，都很珍贵。也许正为此，本册"象天法地"本已收稿，又为这次金星合月增写了此篇，来与有兴趣的读者奇观共赏吧。

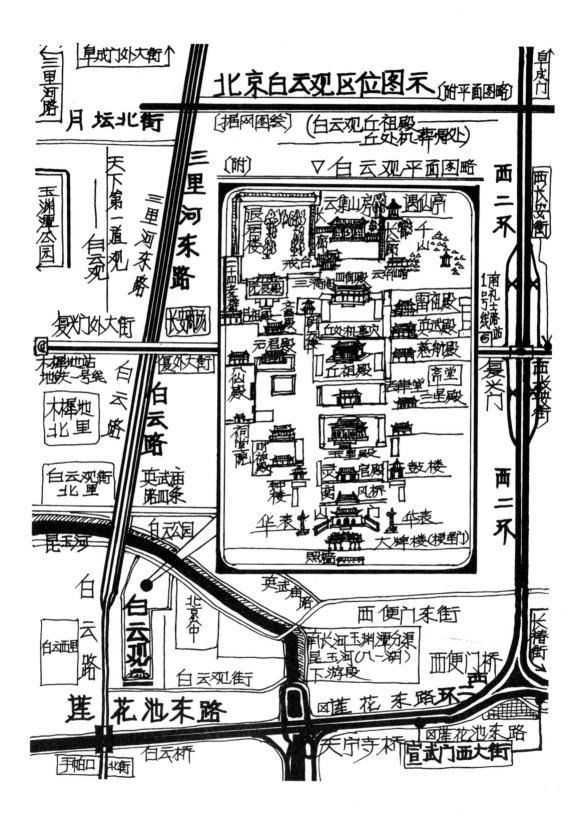

北京白云观区位图示 (附平面图略)

(据网图绘) (白云观丘祖殿 丘处机葬尸处)

(附) ▽白云观平面图略

三里河路
阜成门外大街↑
月坛北街
三里河东路
天下第一道观——白云观
三里河东路
玉渊潭公园
西二环
阜成门
西长安街
西二环

云集山房
遇仙亭
辰居楼
长廊
长廊
千山
戒台
元辰殿
三清阁
四御殿
云华仙馆
雷祖殿
文昌殿
真武殿
白处机葬处
慈航殿
元君殿
丘祖殿
斋堂
三星殿
律堂
仙殿
有堂院
西德
灵官殿
玉皇殿
官殿
鼓楼
风桥
华表
山
华表
大辉楼(棂星门)
照墙

南礼士路站 1号线可
复兴门
西长安街
复兴门外大街
长安场
复外大街
木樨地站 地铁一号线
白云路
木樨地北里
白云观街北里
英武庙路四条
昆玉河
白公园
白云路
英武庙路
西便门东街
白云观
北京中
白云西里
南长河玉渊潭分渠 昆玉河(八一湖) 下游段
白云路
白云观街
西便门桥
西
莲花池东路
莲花东路环
长椿街↑
手帕口北街
白云桥
天宁寺桥
凹莲花池东路
宣武门西大街

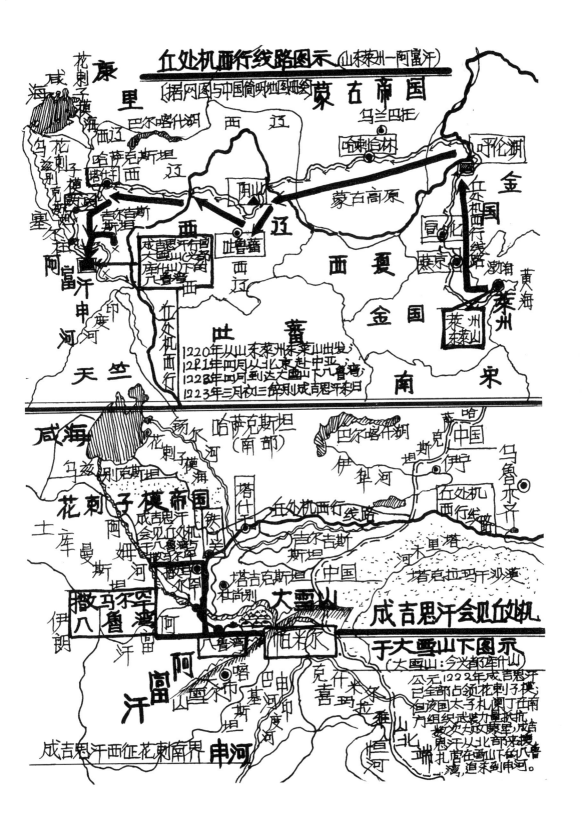

丘处机西行线路图示 (山东莱州-阿富汗)

蒙古帝国

康里

花剌子模海

咸海

巴尔喀什湖

哈萨克斯坦

西辽

阴山

吐鲁番

乌兰巴托

哈剌和林

蒙古高原

呼伦湖

金国

丘处机西行线路

宣化

燕京

渤海

黄海

莱州

丘处机西行线路

莱州 莱山

阿富汗

印度河

申河

天竺

世界屋脊

丘处机西行

1220年从山东莱州莱山出发
1221年四月从北京赴中亚八鲁湾
1223年四月到达大雪山下八鲁湾
1223年三月初三告别成吉思汗东归

西夏

金国

南宋

成吉思汗画像
大雪山(今)
库什山下
八鲁湾

咸海

锡尔河

花剌子模海

哈萨克斯坦
(南部)

巴尔喀什湖

中国

乌鲁木齐

花剌子模帝国

乌兹别克斯坦

伊犁河

吉尔吉斯斯坦
中国

塔什干

丘处机西行线路

丘处机西行线路

成吉思汗会见丘处机

铁门关

土库曼斯坦

阿姆河

塔吉克斯坦 中国

塔克拉玛干沙漠

撒马尔罕
八鲁湾

伊朗

阿富汗

阿富汗汗

八鲁湾

喀布尔

印度河

大雪山

喀什米尔

喜马拉雅山

北印度

恒河

成吉思汗会见丘处机
于大雪山下图示
(大雪山:今又都库什山)

公元1222年成吉思汗
已全部占领花剌子模,
但该国太子扎阑丁在南
方组织武力量抵抗
数次大败蒙军,成吉
思汗从北部来攻,
端扎阑于雪山下的八鲁
湾,追杀到申河。

成吉思汗西征花剌南界 申河

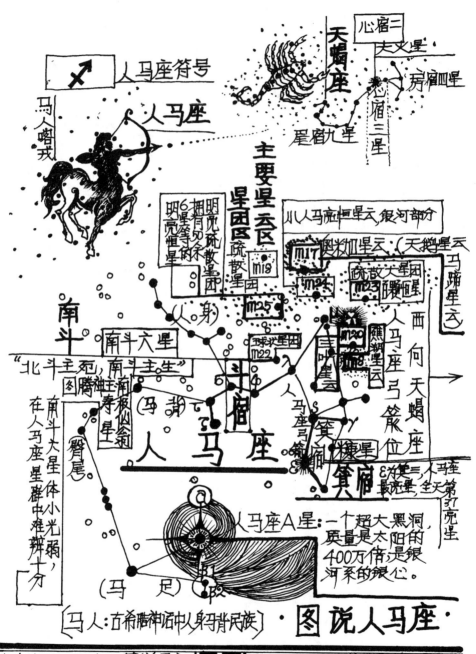

人马座符号

人马座

马人喀戎

天蝎座

心宿二 天文星

房宿四星

星宿九星

心宿三星

主要星云区

星团区 疏散星团

明亮疏散星团拥有6颗亮恒星

从人马亮恒星云,银河部分

奥米加星云(天鹅星云)

M17

M24

疏散大星团

M23 颗亮恒星

M25

M20

马蹄星云

西向天蝎座

三叶星云

人马座弓箭位

熊猫星云

南斗

南斗六星

球状星团

M22

斗宿

人马座弓箭

"北斗主死,南斗主生"

图腾神王寿星 南极山翁寿星

人马座弓箭

S 箕

γ 糠星

(马背)

人马座

箕宿

人马座全天第37亮星

臀尾

人马座A星:一个超大黑洞,质量是太阳的400万倍,是银河系的银心。

(马足)

B1

B2

[马人:古希腊神话中人身马背民族]

·图说人马座·

人马座

银河系中心黄道星座,面积之大排全天第十五位,世称射手座。星主图腾是古希腊活的英雄之父马人喀戎。

主要中国29宿中的斗宿箕宿为明星;但却是一个庞大的星云星团集中地,拥有65颗亮恒星;星云星团数十;A星为质量超大黑洞,距地2.6万光年。是一个庞大的星群天体区。

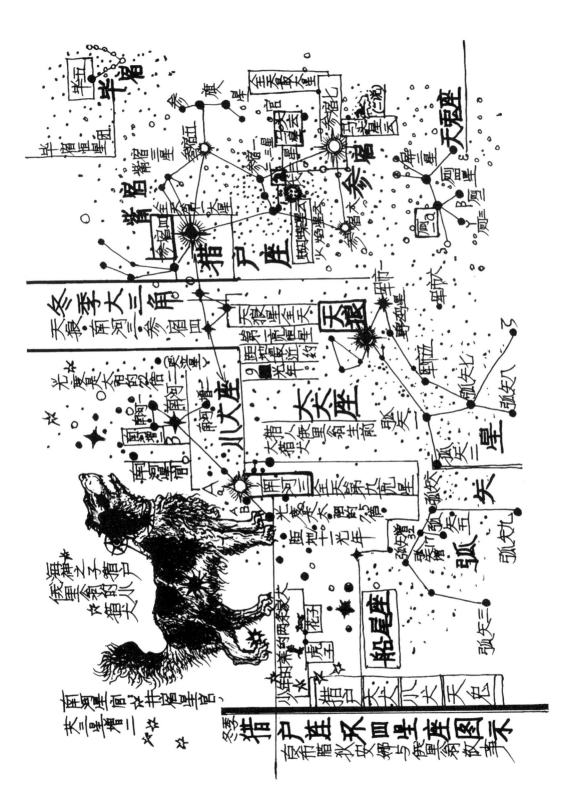

第二十一集　东岳大帝与盘古氏的神话传说

——观北京东岳庙有感阿马希斯王的洗脚盆与
红鞋子

首生盘古，垂死化身，气成风云，声为雷霆，左眼为日，右眼为月，四肢五体为四极五岳。

——［三国］徐整《五云历年纪》

昔盘古氏之死也，头为四岳，目为日月……秦汉间俗说：盘古头为东岳，腹为中岳，左臂为南岳，右臂为北岳，足为西岳。

——［南北朝］祖冲之《述异记》

盘古终世之时，其子名赫天氏。时有三皇代出，赫天氏乃入居一山，于此世代相传，故其山后即名岱宗泰山。赫天氏有子胥勃氏……（其次孙）少海氏妻弥轮仙女……夜梦吞二日入腹……生二子：长曰金蝉氏，后称东毕帝君；次子金虹氏，后称东岳帝君。

——［汉］东方朔《神异经》

（查此经并无此条，不知出处。也是一家之言，录此存照吧。）

今奏太上元始敕命……敕封尔黄飞虎为五岳之首，仍加敕一道：执掌幽冥地府一十八重地狱，凡一应生死转化人神仙鬼，俱从东岳勘对，方许施行。特敕封尔为东岳泰山天齐仁圣大帝之职，总管天地人间吉凶祸福。

——［明］许仲琳《封神演义》封神榜辞

谈天说地，似乎不该忘了盘古，不该忘了这位中华民族"创世纪"的神话英雄。

历代文献中关于盘古的文字并不多，但他却是中国人心中的创世英雄。尽管这个古老传说中的主人公有点孤独、悲凉，但世间英雄人物的命运大抵如此。

盘古毕竟是人们心目中创世神话的英雄人物，与世间的英雄人物还是不同的，他的结局乃是自然规律的结果，而非外力所致。而生命的终结又是一种化身方式，所以入道教神祖也是自然的首选。

说他的后裔是东岳帝君差强可以，而说他便是东岳大帝则降低了他的身位。至于说黄飞虎是东岳大帝，则完全是明代以后的事，完全出自明人许仲琳所著神魔仙道小说《封神演义》。其中许多人物都来源于民间的神话传说；有许多的人物与星宿的对应，及故事情节则纯属小说的演绎创作。而恰恰早期道教创设的星神，多为有神无主，有主无"话"可说。而这部小说恰恰填补了这些虚空，甚至不惜把宋金人物塞入远古神话中的神位。但神话是不讲逻辑的，人们要听的是故事、是情节。只要故事讲得好，人们就会当真人真事真神真仙，去添枝加叶的进行"二度创作"，来众口相传且活灵活现；最后便当成神灵去崇拜。

亚里士多德在他的《政治学》一书中，讲了公元前 6 世纪上半叶古埃及一个平民出身的君主阿马雪斯（今译阿马希斯二世）的故事：这个平民出身的王坐上宝座后，捧臭脚的人如茅厕的苍蝇一般多，很是感慨地叹道："朕本贱器，一旦登王位而成偶像，遂受万民崇仰。"于是便命人把自己的金质洗脚盆改铸为一尊神像，同样受到人们的顶礼膜拜。这位法老王被称为古埃及历史上的贤君。据说他有一位十分美丽贤惠的妻子，但这个女子却是从苦难中走来：生在古希腊，从小被海盗掠走，到处被转卖，后为一个大商人收买为养女，带到了古埃及。长大后出落为一个冠绝一方的美女，成为了阿马雪斯的妻子，成就一段美好姻缘。于是人们便开始为法老王编神话：这个小美女在富商家大理石游泳池洗澡时，把一双特别珍贵的红鞋子放在了池边，却被神鹰叼走了一只，且一直飞到王都宫殿上空，把这只鞋丢在了阿马雪斯王的怀中。这位法老王便派人四处寻找另一只红鞋子的主人，于是这位小美女便成了王的妻子。所以便又有了"灰姑娘"的童话流传于世。

人啊，也许就是这样一种极端的存在，要么去崇拜虚无的，由人的意象打造的种种神灵偶像而失去自我；要么便目空一切，一手指天一手指地地唯我独尊般自私自利。中国的古人一崇天地，二敬祖先，三畏自造的鬼神；而现代人却只会嚷嚷"我的地盘我做主"。前者麻木，后者无知。

中国人的宗教信仰，早期多为自然神崇拜，有"六宗六神"之说：日、月、星为天宗三神；河、海、岱为地宗三神。另有以水、火、雷、风、山、泽为六宗的；还有一些其他说法。而泰山神自然为地宗中岱神体系之首，因而最早的东岳帝是指泰山神。后来大概自唐宋开始，代代加封为种种名号的天齐帝君，并赋予其总管天地人间生死祸福的神权。而明清年间道教的泰山神大约有三位：东岳帝君为黄飞虎；太子炳灵公为黄飞虎之子黄天化；碧霞元君是黄飞虎的女儿。后来碧霞元君又有种种出身传说，而且脱离了东岳庙独建娘娘庙祭祀赵公明的三位妹妹"三霄"女仙，都是《封神演义》中的人物。但娘娘庙庙主仍为泰山神系，别称泰山奶奶庙。而且东岳大帝还掌管地狱的 72 司。这个神系虽非如阿马雪斯王的洗脚盆变神像，却与"红鞋子"的杜撰没什么不同。人们信不信就无法知道了，但崇拜、求祈却是真的。这些神祇的前身连自己都保不住而死于非命，怎么能保世人呢？崇拜大自然、圣贤、英雄本是一种敬意、美德，若是为了祈保什么就失去了本来意义。而人类恰恰正是"礼下于人，必有所求"；因有所求才上香、燃灯、进供的现实物种。

北京的东岳庙显然是祭祀这个泰山神系的，大约初建于元代的元成宗年间，至今已有 600 余年的历史。这座大庙是北京城中继全真教长春宫白云观之后，又一个著名的宏大道场。虽然成为历代的皇家道场，当年却由玄教教首张留孙（张天师 38 世孙）所建。这个教主也是正式受元成宗皇封的，但玄教在北京却无一座观宇，便个人出资与募集资金，建起了这座大庙。

那为什么是玄教呢？由张留孙创始的一个道教分支宗派，崇奉符箓法术。也是元朝统治者在成吉思汗身后，忌于全真教在全国的影响力而扶持起来的一个教派。从忽必烈时代自他总理漠南事务开始，一方面网罗儒士，复修孔庙；一方面网罗道士，派使赴江南寻正一道 35 代天师张可大。建立元朝后，便封 36 代天师张宗演为正一道天师。这个从正一道中分支自立的张留孙当是张宗演的孙辈了，曾与乃祖一同晋见过忽必烈，忽必烈便把他留在了身边做幕僚。立朝后便封其为天师，总摄道教，参议朝政，先后历任五朝，荣贵尊崇无比，累加封号之多，长达四十余字。由此亦可见元朝的朝政之一斑。

忽必烈之所以看重玄教而开始打击全真教，因为全真教兴起于宋、金时代，元兴后许多宋、金残余都投到全真教中，引起朝廷的极大猜忌，所以一方面采取兴佛抑道来阻遏道教的势力发展，甚至明令道教归还侵占的佛寺；一方面扶植与全真教完全不同的天师后续的玄教发展。但这个玄教也由此随着元朝的灭亡而灭亡了。他们在北京所留下来的东岳庙虽也历经损毁，但都被复修重建保留下来。因为明代也极崇道教。尤其是嘉靖帝生病曾到此庙祭拜而得病愈，这里便更受宠敬而香火鼎盛了。以致成为了明清两朝的皇家祭祀道场，也是帝王、皇后、太后所常临施舍捐助之地。

北京现存的东岳庙占地仍有 70 余亩，房舍 400 余间，罕见的六进院落。除中轴建筑外，东西各有跨院。最壮观的是庙院路南的琉璃牌坊，高大、厚重、雄伟，虽仍为三座门建筑，顶部却是大小七楼不同凡响。而心门则在修路时被拆除，这个四柱三门七楼的大牌楼门，只能与太庙隔路相望了。

庙内主殿为岱宗宝殿，供奉东岳大帝塑像，今已无存。而其他殿宇与东西跨院，供奉着道教人物自玉帝始的道教诸神。还有东岳帝君的妻子儿女神位；还有东岳庙玄教的宗师们。而最有特色的则是 70 余间地狱殿，七十二司（加 2）各有一间小殿，殿里都有司主与鬼卒、幽灵等塑像，而不是神位木主，远胜似京师的帝王庙、孔庙等皇家庙宇。

农历三月二十八是东岳大帝的生日，所以历来这里此日都有庙会。如今在春节期间这里仍有庙会。观东岳庙真有一种地狱气象。但这里的本质乃是对地宗岱神之首泰山神的道场，是祭祀地宗神的，神主到底是谁并不重要，它所代表的则是中华民族自古以来的一种敬天礼地的传统。而泰山自古便是帝王们封禅之所，就是皇上要在这里敬天、祭地，向天神地祇"汇报工作"。而明清帝王们似未闻有泰山封禅之事，但这里却成了他们祭拜天地，礼敬泰山诸神的场所。

在北京巷里胡同的宅院门前或墙上经常会看见立有刻着兽头的短小石柱或石牌，有的写着"石敢当"三个字，这也是很流行的一种与泰山相关的民俗。据说汉武帝去泰山封禅，带回四块石头，压在皇宫四角，传说泰山石有驱邪镇宅的作用。后来又传说泰山有驱鬼避邪的勇士名叫石敢当等传说。因而从泰山始，宅院立树"石敢当"成为流行全国的一种风俗，至今而犹存。而娘娘庙的普及度与影响力，后来则远非东岳庙可比。任何迷信都不值得提倡，但对大自然存有敬畏心理却是一个民族的福音。只有敬畏，才能爱护、保护，才是改善我们生存环境最好的方式。

纵观中国古代的天神地祇，尽管神出多门，星主杂乱，但有三个不变：天不变、地不变、道亦不变，至少在原初都是对天地之道的礼敬奉守，反映出了人们对崇善惩恶、求福远祸、扶正祛邪的美好愿望。而一旦沦为统治者的工具；种种恶欲在人们的头脑中占据主导地位，便一切都走样变味了。但错不在天地之道的本身，"象天法地"在老北京城建构中，为我们创造了那么多美的形式；灌注了那么丰赡的美之神韵，至少证明了"天地有大美"非虚言，而更为有价值的是天地之道所深蕴的生存定理。

东岳庙方位图示

［附录］ 吟夕咏月古诗八首

一

东方之月兮，彼姝者子，在我闼兮。

在我闼兮，履我发兮。

——《诗经·齐风·东方之日》下节

一说幽会之诗：月光之下，女子跟随男子的脚步入室；一说为新婚男女形影相随。

二

月出照兮，佼人燎兮。

舒夭绍兮，劳心惨兮。

——《诗经·陈风·月出》尾段

朱子谓《月出》乃男女相思之词。想着所爱美女的形态却不得相见，为此忧心不安。

三

群泯百姓，遍为尔德。

如月之恒，如日之升。

如南山之寿，不骞不崩。

如松柏之茂，无不尔获承。

——《诗经·小雅·天保》

《天保》：西周臣子为居王颂德祝福之作。而以月之圆满为"四祝"之首。

四

青云衣兮白霓裳，举长矢兮射天狼。

操余弧兮反沦降，援北斗兮酌桂浆。

——屈原《东君》节录

五

夜光何德，死则又育？厥利维何，而顾菟在腹。

——屈原《天问》节录

六

湖上风高动白蘋，暂延清景此逡巡。

隔年违别成何事，半夜相看似故人。

蟾向静中矜爪矩，兔隈明处寻精神。

嫦娥老大应惆怅，倚泣苍苍挂一轮。

——［唐］罗隐《咏月》

七

可怜今夕月，向何处，去悠悠？

是别有人间，那边才见，光影东头？

是天外，空汗漫，但长风浩浩送中秋。

飞镜无根谁系，姮娥不嫁谁留？

谓经海底问无由，恍惚使人愁。

怕万里长鲸，纵横触破，玉殿琼楼。

虾蟆故堪浴水，问云何玉兔解沉浮？

若道都齐无恙，云何渐渐如钩？

——［宋］辛弃疾《木兰花慢·送月》

八

一轮秋影转金波，飞镜又重磨。

把酒问姮娥，被白发欺人奈何？

乘风好去，长空万里，直下看山河。

斫去桂婆娑，人道是清光更多。

      ——［宋］辛弃疾《太常引·建康中秋为吕叔潜赋》

跋　人类始祖亚当的"天国忏悔"与黑格尔"最后的愿望"

黑格尔在完成了他那部泱泱百万言的巨著《美学》时讲道:"我的最后一个愿望,就是美与善这种较高的不可磨灭的理想的联系,把我们永远牢固地结合在一起。"而亚当在《神曲》的天国忏悔中说:人类被逐出乐园,并非是因为偷食了智慧的禁果,而是由于采摘的过度。

——题记

　　窗外夜雨菲菲,夜色缠缠。北京的十月已是暑去寒来时节。没有了夏夜里鸣蝉在枝叶间高卧而放肆嚣张的大吵大嚷,也没有了秋凉中蟋蟀在月下草丛中羞涩地浅吟低唱,就连京北中轴线大道上的机动车与夜夜狂啸的摩托车声,似乎都被这夜雨浇灭了,难得的清泠寂静。但这难得的寂静却被几声悠长的"呜——欧——"长嚎所打破。显然不是狼嚎,不知是谁家宠物犬的返祖天性,被这雨夜情境所诱发。进化,绝不等同于进步;而人类对野生动物界的所有干预,都是一种对自然生态的侵扰与破坏。对自然之物最大的爱心,便是让它处于自在地生自然地死,这才是天地人道的公正践履。

　　望着刚刚整理完毕的书稿,无来由地叹了一口气,舒了舒写得发僵的手指,还是要写点东西来收官吧。有道是,善始者繁,善终者鲜。

　　在这个世界上最聪明的人是读书人,最傻的人是写书人。我是属于哪一种呢?几十年都在读与写中走过,不渔不樵,耕而不收,读则喜获。算不上聪明人但也算不上傻吧,收支平衡。似也只能这样走下去了,已形成了生活方式。

为了这个选题计划的完成，似乎耗去了我几年来尚足可有效利用的所有时间。几年来，就连除夕之夜、节假日，似乎也少有辍笔之时。案头的典籍、资料、书稿一摞摞堆积得有几尺高。2.5米长的书桌，也只有3尺容肘之地书写，却是在书写着两种伟大的存在与曾经——以北京为中心的中国北方自然历史与人文历史，虽然也只是沧海拾贝、汗青片言，但也终胜似对所见之物只知其然，不知所以然；只知其所存，而不知其所源，其所往。对我而言，那就是一种无知、一种白活，是无法忍受的。

为了这部书，我与王海燕女士几年来围绕着拟定的题点，四处采风、寻觅、拍照，几近于专业"驴友"。从北海（渤海）古大幽之国、燕旧都、蓟城、幽州城、辽南京、金中都、元大都上都中都旧址，一直寻找到明清故宫、京北行宫龚华城、避暑山庄；从古城墙、古城门遗址等古建筑的传说典故，到历代名人故居祠墓的历史追踪；从元大都时代布局的胡同、里弄，到著名的四合院门墙的种种不同；从著名的古典名园北海，到几乎难见踪影的南海子——辽金元明清五朝晾鹰台演武阅兵的城南大红门方圆百里的南苑；从后三海京内运河遗迹，到通州古运河遗址、北运河、张家湾各码头遗址；从京北白浮泉、西山永定河、金水河，到京都御河、通惠河，城南清凉河、萧太后河、龙凤河，京东沟河、潮白河、滦河的水系寻觅；从京师皇家七坛八庙，到京周山乡村落的一些大小寺院观庵……北京是真美呀！气象万千包罗万象，几乎就等于是中国自然历史、人文历史文化遗产的北方露天博物馆。

完成了京城的选题采风计划，便以北京市为圆点，开始向冀晋蒙鲁辽各方辐奔，去寻找它的历史源头。

北京沧海变桑田的第一块陆地在哪儿？

在门头沟沿河城碾子村找到了；"北京人"从哪里来？在阳原泥河湾、周口店龙骨山、鸡骨山找到了，在涿鹿黄帝城、蚩尤寨、尧舜城找到了，在辽西山戎三国旧地、孤竹古城、京北正蓝旗乌桓大本营、奚人古崖居找到了；北京亿万年前、五千万年前、一千万年前是个什么样？便跑去拒马河、十渡地质公园景区、上方山云水洞；延庆千家店硅化石地质公园；

桑乾河大峡谷、承德双塔山棒槌山；张北汉诺坝地质公园；内蒙古大沙漠、克旗世界地质公园……这些古老的喀斯特地貌、丹霞地貌、河流冲积与侵蚀、侧蚀、深度切割力量所雕塑出的奇特壮美景观，一一为我们展示了这个"北海大幽之国"童年时代的历史容颜，也让我第一次领略到了大自然造物的伟大。

京北东西一线，历来是中华民族的北方游牧族群与中原农耕民族纷争的分界线，正是这种胶着了几千年的纷争，在决定着中国的历史走向与中华民族族群的结构特点，于是我们从大燕山北麓一路西行跑到了大青山、阴山脚下；跑到了京北坝上高原；金莲川大草原、锡林郭勒大草原，跑到了土默川、敕勒川，跑到了黄河几字湾底的库布齐大沙漠南缘；跑到了辽东、辽西。只是这里的高原地质物产条件与山原河流，似乎就足以告诉我们这几千年金戈铁马、弯弓圆刀、毡房幕帐、牛马驼羊的"征服文明"与峨冠博带、稚稚斯干犁锄城堡村落"文明的征服"两种力量之间交战的渊源。

还有这种征服的文明与文明的征服两种力量催生的伟大长城，在北京南北内外两线便留下了2000余里的各代各色城墙。于是我们又从山海关外的九门口长城，穿过京北纵深横亘方圆千余里，横历了大明、九边、中辽、蓟昌、宣大五个重镇的古城堡、碉楼、烽台、燧墩残存遗址于今仍密如梅花桩般的战区，一直跑到了蒙晋交界处的新平堡、白羊口长城。那些遍布于蒙南京北山川高原平畴上的古烽台城堡的废墟遗址，各种类型长城那些依然巍峨入云的身影，送给我们的不只是叹讶咨嗟，而是向我们无言地讲述着3000年来，在它两边发生的那些铁马冰河、金戈喋血的悲壮故事。

渤海、黄河，历史上所有的"北京对"中的谋士、策士、术士，无不将其作为高谈北京王者气象、阔论幽燕山川地理形势之优越的注脚。所以我们又从山海关老龙头海湾，辽西滦河三角洲、碣石山的黄金海岸，一路跑到鲁东北黄河三角洲的大口河堡、黄河口，跑到辽东湾底的辽河口去观沧海。而让人忧心难遣的是2016年黄河口淤沙量之大已阻塞了入海的航道；大口河入海口与辽河入海口的海水都是黄的，那哪里是海水呀？一浪浪的全是纯粹的黄泥汤子。而更令人惊心的是，一些科学家们已开始直言不讳地预警着渤海湾已开始死亡，污染已令其失去了与外海交换水流的足够时间，从而令其丧失了自洁能力也便失去了生殖能力。而周边地区却正在拟定、签批着一个个宏大的发展、开发、建设计划。"蓝色梦想"本应用在拯救渤海湾、母亲河上，而今却被用在了扩大城市化，利用水源大力发展产业上。一种时代的悲哀。好在国家提出了"绿水青山就是金山银山""再也不能以 GDP 论英雄"的崭新发展思路，相信一切都会好起来的。

大自然本来是万物并存共生而不违的一个体系，它本有足够的净化、分解分散人类所产生的各类污染物的能力，但人口的高度集中与产业开发集中于水源地，则令大自然失去了这种平衡的机会。而且这"两个集中"不仅极大地破坏了自然体系的功能，而且给人类自身也造成了诸多生存的困窘：人口集中区的环境、空气污染，交通阻塞，还有医疗、教育、住房条件的紧张……如此下去，北京城煌煌千年帝都古城早晚有一天会崩溃。但中国向来不乏有识之士，有人指出"北京的问题北京自己解决不了"，终于有了京津冀一体化协同发展，既缓解北京城市人口过剩造成的各方面负荷、超载，又加快了周边中小城镇与乡村发展步伐的方案出台，但愿能有效的实施。

几年下来，拍下了十余万张图片；案头的文字已如积薪近百万言。而所得不过悲、美二字。白日采风出行时，都是"满眼风光北固楼"，美不胜收；晚上归来查阅典籍梳理史实时，却是"千古兴亡多少事？悠悠。不尽长江滚滚流"的难过悲忧。每当看到那壮伟奇绝的山川风物、古典建筑艺术，美得让人直想浮一大白引吭高歌"这世界，我来了"；而此时才理解了席慕蓉面对故乡大草原时的"泪如雨下"，才理解了为什么一位小朋友来北京看了故宫角楼就说美得总想哭。啊，原来歌与哭可以表达同一种感情啊！可是当看到那些被人类毁灭、破损、遗弃的古迹时，看到被人类糟蹋得疲惫不堪、千疮百孔的自然景观时，心头升起的却是无奈、激愤。

出行归来的晚上查阅典籍，看到那些历史人物的命运；读到当代文氓的那么多无耻、无知、无聊的澜言……除了沉重、愤怒与诅咒，似乎把那日间所有的感动都被扫除净尽，大自然是真的美好；而自命不凡的人类，怎么会有那么多的卑鄙猥琐的丑陋嘴脸与不堪的恶劣行径？！想起了两句话：若要爱人类，就不要对他们有期望；把人类看得与动物太远，是一件很危险的事情。仔细想来也是，越是干净的地方，垃圾桶便越大，世界上的美好那么多，我们为什么要成天守着那桶翻垃圾呢？想起了每天午夜后，在我书房的楼下，夜夜准时来垃圾桶翻捡垃圾的老人。心平了，气也便和了；心不脏了，物也便美了！

自然的，人文的，所有的历史遗存，为我们留下的景观，并不全然是为了让我们当作审美、怡情、赏心、悦目的，尽管这些本都是现代人生活中不可或缺的，但若仅作如是观，那就是对历史文化遗产价值的一种亵渎，也是对自我生命的一种奢侈浪费。

自然历史景观的存在，也不只是一种凝固的永在的空间占位，它是这个蓝色星球上所有血气生灵的大供养者，不要再称它为盖亚、母亲，于今的人类已没有再这样称呼它的资格。想想，自从6000万年前的第五次大灭绝后，人类才有了生存的空间与机遇。但我们从与禽兽为伍甚至只有充当猎物资格的时代，发展到了今日的人模人样，哪一代哪个人、哪一天离得了大自然的供养？

土地、山川、江河、湖泊、海洋、草原、山林、飞禽、走兽，都是这个比大马猴好看不多少的两足物种的大供养者。草昧初开的童年人类很懂礼貌，知道敬畏，连石头都崇拜，连树木鸟禽都奉为图腾，江山社稷则奉为神灵。所以大自然很开心，所以天是晴的，云是白的，河是清的，海是蓝的，山是青山，地是绿地，连空气都是甜的。尔今又如何呢？看来达尔文的进化与进步并不是一回事。

大自然也是有生命的，它的成长、衰老、死亡和再生，也需要足够的周期，它也需要休养生息，也需要爱护、保护、养护。它不是阿拉丁神灯，更不是善财童子，能供亿万人所需各物而取之不尽。地球也不是无限的宇宙，它的一切也都是有限的。当人类攫取与毁灭的速率一旦高于它自我修补、恢复、生息的速度时，它就会走向衰败，走向死亡。甚至用灾难向它的破坏者来报复。大自然是无言的，天地有大美而不言，行大恶也不言。它对它的破坏者是有报复能力的。当你把大地的腹部掏空时，它便会把如蝼蚁般的掏挖者众生一口吞噬，但有谁肯警醒啊？当你把它的植被剥光时，它便会把你生存的土地剥光，让你衣食无着流离失所。当江河被你祸害得连眼泪都无以流淌时，它们的灵魂便会从天而降，把你投入连诺亚方舟都救不了你的滔天渊薮之中。当海洋被你污染得失去自洁与生殖能力时，它便收回赐给你的所有馈赠，包括陆地70%的氧气，让这个地球上所有的生命都窒息而亡……如果真的还会有第六次大灭绝，就一定会是这个样子。但愿是杞人忧天。

人类的始祖亚当，在天国的光环中，对但丁早就说过：他并非因为偷食了禁果被放逐而失去了伊甸的乐园，而是因为过度……"超过界线罢了""因为人类的理性不能永久坚持""人类的习尚，譬如树上的叶子，这一片落了，那一片又生了。"欲壑难填啊！那么界线在哪里呢？只在平衡二字，这个世界上万物的存在，无论宇宙、地球、生命体，都是一个叫"平衡"的仲裁者在维系。在今日的人类与大自然的天平上，人类肯向大自然这面倾斜一分，这个世界就多了一分平衡，人类自身便少了一分危机与祸患。

人文历史景观的有幸遗存，都是历史对后人的恩赐。一座古城、一座王宫、一座庙寺、一座废墟、一处遗址、一面壁画、一处祠堂、一处故居、一处古墓……都是不可复制的无价之宝。

如果一个民族已贪婪到连前人的墓祠都不肯放过，要开垦为耕地；连民族英雄烈士陵园都逃不脱房地产开发商的黑手，那么这个民族便离走进坟墓也不远了。而一个民族对本民族历史文化遗产的毁灭程度，最能说明这个民族统治者与毁灭者的无知程度。正如康德在他的《论优美感和崇高感》一书所言："伊索寓言中的公鸡虽然不少次都发现了珍珠，但一颗平凡的大麦粒倒是对它会更合适一些。"而现代人可笑亦可悲的是，一面把遍地"珍珠"毫不留情地扫入垃圾堆；一面把手中的"大麦粒"在苦心孤诣地打磨包装为"珍珠"。大概认为那历史的珍珠虽真，但与他无关；这假珍珠虽是赝品，却是他的作品，他的"业绩"。这就是习近平同志所说的对历史文物的"建设性破坏"吧。

望着满台的书稿与书籍，倏忽间想起了龚自珍的一首诗：

霜豪掷罢倚天寒，任作淋漓淡墨看。

何敢自矜医国手，药方只贩古时丹。

花了数年的功夫，一边踏遍京周青山寻寻觅觅，一边夜夜驰笔不舍，写了这么多东西，为了什么呢？仔细想来，无非是为了心中一种鼓荡不息的冲动:喜欢。爱这美好的无限江山，爱这美好的大自然，爱这尘封、蛛网、损毁都遮不住的民族历史文化遗产的美轮美奂，爱那废墟中的黄土残垣，爱那城头的老瓦青砖，爱大地之花草树木的清新灿烂，更爱那些悲剧英雄、历史人物掀天揭地的胆色与浩气凛然……总归也是一种美的张扬吧。至少让这些美在这纸笔中得到一种永存，而不再毁灭，不再凋残。同时也让笔者的生命受到了一次充实、陶冶、洗礼和净化。亲近自然，便活得自然。敬畏历史，面对现实向前走，也许便不会成为不远的殷鉴。

黑格尔在完成了那部泱泱百万言的巨著《美学》时，讲到了他的一个"最后的愿望"——让美与善这种较高的不可磨灭的理想的联系，把我们永远牢固地结合在一起。

这世界是美的，但需要发现；凡美的、好的都脆弱，所以，美是需要守护的。你爱它，那么就去保护它。真善美的存在并不是为了被占有与攫取，更不是为了被践踏。

作者

2018 年夏于北京寓所

周殿富　王海燕　著

图说

大北京

卷一　下册

象天法地　古都神韵

吉林出版集团股份有限公司

图 录

第一集
故宫与古城墙建筑篇

一、故宫景观图

北京故宫：景山观故宫全景

故宫护城河南河东段

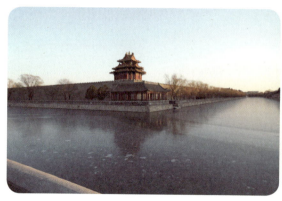

西北护城河

外金水河与天安门观礼台

太和门外广场上的内金水河

金水河东段南池子南口红墙内菖蒲河

菖蒲河桥

故宫外南池子南口内路东皇史宬（清朝史志办）

东北角楼与护城河

东南角楼

西北角楼与西北护城河

东南角楼

西北角楼三连搭檐角

景山观西北角楼

午门：紫禁城南门正门（五凤楼）

午门的东燕翅楼背景

午门的左掖门

午门的东马道

午门西燕翅楼

午门前广场

北门神武门，原名玄武门，清朝避讳玄烨改称神武门。

紫禁城东华门

西华门（慈禧出逃处）

太和殿正门太和门

太和门天顶彩绘

太和门内梁枋彩绘

太和门观午门

太和门玄关金柱

太和殿铺面雕饰

太和殿御道

太和殿藻井中心蟠龙与轩辕镜（"吊灯"）

太和殿檐角鸱吻脊兽（11个最多数）

太和殿脊顶鸱吻（高2余米数吨重）

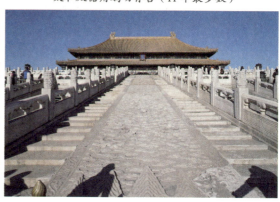

太和殿丹墀石阶龙雕

太和殿檐角飞橼彩绘

三大殿须弥座西侧

中和殿正殿

保和殿台基

中和殿宝座　　　　　　　　　　　　　　　太和殿朝堂

保和殿龙椅

乾清门

乾清宫御道

乾清宫正大殿（皇帝内廷听政殿）

乾清宫与坤宁宫中间的交泰殿（皇家印殿）

交泰殿：既是皇家储印之所，也是皇上会客处。

坤宁宫宫门（皇后寝宫清宫萨满教跳大神处）

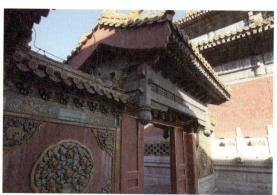

坤宁宫侧门垂花门

坤宁宫后的御花园假山

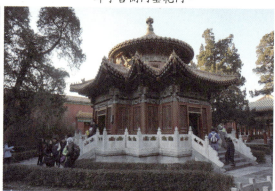

御花园千秋亭

御花园亭子

御花园延和门

御花园北承光门外景

故宫出口神武门内观景山

交泰殿印堂

坤宁宫走廊

坤宁宫卧室（内部封闭在玻璃窗外拍摄）

坤宁宫萨满教祭祀处

坤宁宫祭室

西六宫的首宫慈宁宫（太后宫）

慈宁宫花园门墙

太后接受朝拜的宝座

太后居室

寿康宫门

寿康宫庭院

橱柜木雕

寿康宫正殿（太后居所）

龙凤纹彩绘

储秀宫慈禧居所

翊坤宫

庆云斋

寿康宫后雨花阁佛堂，现已封闭。

后宫嫔妃的寝室

东六宫西门

东六宫内古松

皇极殿（乾隆退休居所）

内门木雕

殿门木雕

慈禧题匾皇极殿

褉赏亭院内

皇极殿内养性门（乾隆养性处）

养性殿蟠龙藻井

大戏楼一层东侧雕饰

养性殿内门雕饰彩绘

东六宫大戏楼

太和殿月台排水龙头

太和殿西隆宗门

隆宗门内军机处

文华殿正殿

文华殿内文渊阁

文渊阁乾隆读书处

文渊阁梁桁顶架雕饰

文渊阁乾隆手书题匾与四库藏书

太和门外广场西侧的体仁阁

武英殿：当年李自成进北京登基坐殿处

武英殿的武英门

午门前日晷（象征天地之极）

武英殿牌石

北京城中所有狮子中，最奇特的是武英殿东侧断虹桥的这头狮子，一爪抓耳挠腮，一爪捂着裆部，为此衍生出许多故事来，说是与道光皇帝的长子奕纬的死亡有关。据说道光长子不成器，被老师告状，道光教训他，一脚踢在了致命处，救治无效死亡。道光走到这个狮子前便想起了他的长子死前痛苦状，便下令用红布把这头狮子包了起来。笑谈而已，但道光长子确实早亡，死因不明。

菖蒲河铜件

午门前嘉量（龠合升斗斛等量具组合模型象征称量天下）

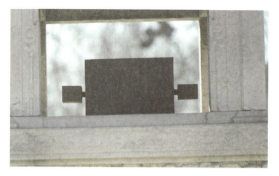

乾清宫嘉量

皇家狮子头：太和门狮子，据说这个狮子头的发髻有四十五个，象征皇帝九五之尊。

天下第一狮：太和门前铜狮子

西六宫铜麒麟

太和殿月台东部铜龟

太和殿月台西防火缸

乾清门母狮　　　　　　　　乾清门雄狮　　　　　　　　御花园铜象

三大殿丹墀石刻　　　　　　　　　　　石雕台阶

丹墀石雕　　　　　　　　　　　丹墀石雕兽

太和门后石雕丹墀

清朝皇子为父皇贺寿的贺联书法

贺寿用具

雕镂精美的乾隆后宫题匾

二、东南角楼古城墙展览馆图片

老北京十六城门合图

正阳门瓮城模型

正阳门城墙图

崇文门图

朝阳门图

东直门图

安定门图

德胜门图

西直门图

阜成门图

清代执行死刑的现场
Death Execution Site in the Qing Dynasty

宣外刑场

正阳门五牌楼与被毁的箭楼
The Five-pailou and the Destroyed Embrasure Watch-tower of Zhengyangmen Gate

前门南五大牌楼

宣武门箭楼

西直门城墙中包裹的元大都旧城门

1860年拍摄的安定门城楼、箭楼、闸楼及瓮城全景
Full View of the Gate-tower, the Embrasure Watch-tower, the Shutter Gate-tower, and the Enclosure for Defence of and outside Andingmen Gate Photographed in 1860

安定门全景

左安门

右安门

广安门

广渠门

东便门

西便门

老北京古城墙密集的马面敌台

三、北京夜观北天区紫微垣星图

紫微垣天区：在北京中轴线北端的北天区

10月凌晨的北斗星（2018年10月11日凌晨4：22）

紫微垣中心北极星（2018年11月24日凌晨4：45）

黄星为北极星（11月24日凌晨4：12）

图中心为勾陈星

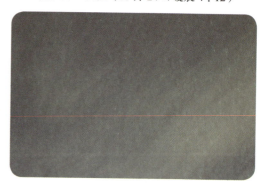

11月24日凌晨北斗星

2018年11月24日凌晨的北斗星

2018年12月26日凌晨2点的太微垣左垣星图

第二集
天坛篇

一、天坛古木组图

天坛古柏

古柏

公园东北部古柏

古柏树瘿

古柏

公园南部古柏

二、祈年殿组图

东观祈年殿与长廊

东侧三座门

祈年殿西侧全景

祈年殿北台阶（通往皇乾殿的龙凤石雕阶梯）

殿内供奉的皇天上帝神位

神位前的三牲祭台

殿门额枋彩绘

殿门额枋彩绘

祈年殿北部夜景

三、皇乾殿组图

皇乾殿：清朝敬天祭祖处在祈年殿的北台下，为清帝祭祀时的起始点和落脚处。

皇乾殿全景

皇乾殿檐角建筑

古稀门：乾隆所开，下令后世子孙只有七十岁以后才
由此门抄近入殿。从此，清帝没有一个超过七十岁的。

皇天上帝神位

祭台神龛

清代列祖神位

四、皇穹宇组图

皇穹宇：皇家祭祀诸天神处

成贞门：皇穹宇的北外门三座门

成贞门洞观皇穹宇

皇穹宇内门

皇穹宇南门

圜丘坛北观皇穹宇与祈年殿

五、圜丘祭天坛组图

圜丘百尺灯杆

祭坛北观

祭坛西棂星门

六、天坛综合景观组图

祈年殿东侧的七星石阵

天坛西南部园内三座门墙上的文字砖

祈年殿与皇穹宇中间的具服台

丹陛桥中轴大道

天坛中轴大道南端的成贞门

宫桥

斋宫北护城河

斋宫东南城角

斋宫外林地乌鸦大本营

龙爪槐局部

公园西北隅二连搭双亭回廊

公园西北部重檐连体攒尖亭

晚开的山桃树

迎春花与山桃花

碧桃花

紫叶李

七、日月五星七曜28宿星象实拍

日出（北京时间 2018 年 10 月 13 日早 6∶55）

农历十月最后一个蛾眉月（2018 年 11 月 5 日农历二十八）

11 月 5 日凌晨的蛾眉月

难得一见的金星合月（2018 年 12 月 4 日凌晨 5∶38）
农历十月二十七的残月抱魄

2018 年 11 月 16 日 17∶43 的上弦月（农历十月初九）

2018 年 11 月 23 日 19∶22 的满月（农历十月十六）

农历十月十六满月

10 月 28 日月光下的猎户座全星

2018 年 10 月 12 日凌晨 5：18 的天狼星如蓝色的宝石镶嵌在东南低空

11 月 5 日凌晨 2：27，云海之上的狮子座狮子头轩辕星

10 月 28 日凌晨月光下的毕宿（右下）

2018 年 10 月 28 日进入月边的毕宿八星在强光下仍旧熠熠生辉

冬季大三角：下部大犬座天狼星，左上小犬座南河三，右上参宿四与大小三星

10 月 29 日 3：30 毕宿星团

10 月 29 日凌晨 4：10 昴宿星团（1）

昴宿星团（2）

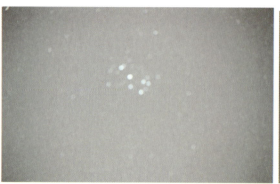

昴宿七星

10 月 29 日午夜的五车星（左上五星），其间两组扁三角星为柱星

2018 年 11 月 9 日 21：52 运行在狮子座中心的火星

12 月 6 日凌晨 5：43 升起在东南天的金星

10 月 23 日凌晨最亮的是天狼星、右蓝星为军市一

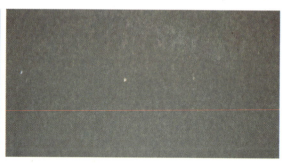

2018 年 10 月 25 日 22 点的北极星

12 月 8 日凌晨 3 点的三星

12 月 8 日黄昏 18：10 人马座右下方的六星

井宿星群

12 月 8 日晚 6∶40 人马座星群

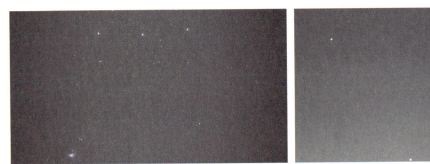

11 月 16 日 4∶27 猎户座大星云

2018 年 10 月 23 日凌晨 3 点冬季大三角
与参宿七星

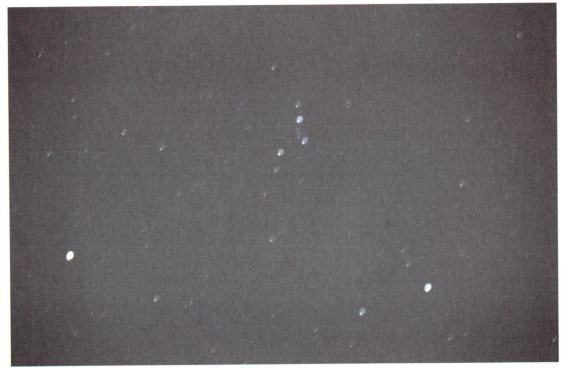

10 月 23 日凌晨 4 点参宿四、参宿五与觜宿，左下黄星为参宿四，上部三颗亮星为觜宿。

八、各种模式拍照下的奇美星象

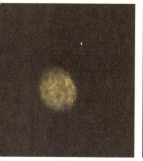

放大的火星：2018 年 11 月 29 日夜 2 点的火星之"火"

放大的金星：2018 年 2 月 6 日凌晨 5 点的金星

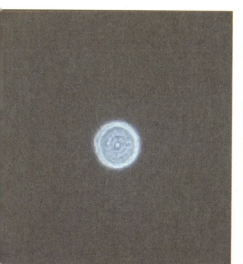

放大的天狼星：12 月 6 日凌晨 4 点

放大的毕五：毕宿最亮的星
12 月 8 日午夜

狮子座：11 月 29 日凌晨 3 点

叁宿的七颗亮星：11 月 20 日
凌晨 2 点

叁宿中的三星（腰带三星）11 月 29 日凌晨 2 点

三星：12 月 8 日凌晨 2 点

猎户座大星云伐三星星群：12
月 8 日凌晨 2 点

放大的伐三星群：12 月 8 日凌晨

蝴蝶星云

第三集
地坛篇

一、地坛景观组图

地坛公园南门

祭坛东南观

祭坛西南观

西棂门祭台

祭坛中心与北棂门

祭坛西部祭炉

祭坛东部山川神位

祭坛南部西围墙

二、皇祇室组图

地坛公园南门口，门洞中看见的黄瓦，是皇祇室坐南朝北的大殿背墙。

皇祇室正殿：这里是供奉土地山川诸神主神位的祭殿。

歇山顶式皇祇室

门内的玉兰树与龙柏

地祇祭台

三牲祭品

清朝祖宗神位

天下四渎神位

皇家肩舆

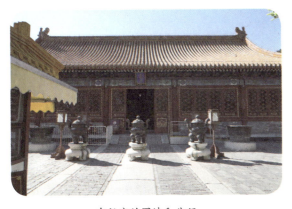

皇祇室的围墙和北门

三、地坛古木

地坛南门古柏

坛东古柏林

皇祇室东边古柏树冠

凌霄花攀援寄生于古柏

古柏林古柏

皇祇室东古柏的基干

1.四月中旬凌霄花的叶子还没长出来，更清楚地看到，这种攀援性寄生植物的主干竟然如此粗壮，几乎把原木包住了。

2.寄生藤木的零距离，柏树早已死掉，看到的枝子都是凌霄花的。

3.路边的古柏，除了树冠以外，主干足可与京北那棵柏树王九搂十八杈比美。

四、地坛花木大观

紫叶矮樱花

紫叶矮樱花与龙柏

泡桐花

四月的银杏叶

灰喜鹊登枝

紫叶李

碧桃花

元宝枫花

菊瓣碧桃与小桥后面的高大元宝枫

枫树春花如洒金

刚刚开花展叶的元宝枫

盛开的白樱花

又见白樱花，还是那么大，但枝干明显粗壮了，大概是矮樱花吧。

紫丁香

白丁香

黑海棠

黑海棠

牡丹花蕾

四月的牡丹花

牡丹花

山茱萸

跳枝碧桃（双色）

碧桃花

菊瓣碧桃

欧洲朱顶红

重瓣山茶花

初春的白海棠

五月的娑罗树烛台花

公园北门的二月兰

四月中旬的银杏开花了

第四集
月亮月坛篇

一、月坛建筑景观与园林秋色

月坛东门前小广场

月坛南部夕月亭

邀月亭

斑鸠

松上斑鸠

银杏斑鸠

静月轩：举杯邀明月的女仙们

西部方脊亭

月坛南墙

公园中部的银杏与青竹

白果

枫红杏黄

1 | 2
  | 3

1. 把月坛祭台毁损压在电视塔的底下。
2. 祭台东面的棂星门全封闭，把月坛切割成两半，西部全部占用。
3. 公园西大墙原墙保护窗

月坛北门里的具服殿大门　　　　　　　　　具服殿正殿

二、2018年1月31日月全食全程月相

2018 年 1 月 31 日晚 8 点
10 分始拍

晚 8 点后月相

晚 8：20 月相

晚 8：25 月相

晚 8：34 月相

晚 8：47 月相

晚 8：59 月相

晚 9：18 月相

晚 11：13 月相

2 月 1 日子夜，日食结束
复原 0：30 月相

2 月 1 日 0：42 月相

第五集
木星太岁篇

一、北京太岁坛景观组图

太岁坛拜殿

太岁坛正殿

太岁坛西配殿 12 神殿

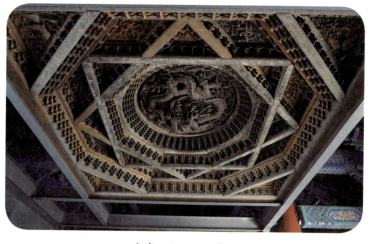

太岁坛拜殿天顶藻井

拜殿藻井蟠龙雕饰

拜殿藻井角饰

主殿藻井

主殿藻井天图

藻井环壁雕饰

藻井环壁彩绘

藻井角饰擎天金刚

藻井角饰擎天金刚

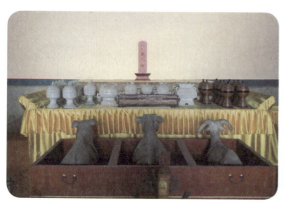

大殿正中的神主

太岁神位祭台

太岁主殿建筑（1）

太岁殿建筑（2）

二、太岁坛内中国古建筑展览图片

1. 中国古建筑博物馆门标（太岁坛）
2. 展室大堂的太岁拜殿藻井吊顶
3. 山西永乐宫造型与壁画

秦代未央宫遗址

汉代墓葬阴宅

太岁殿巨大的斗拱模型 （左图）

太岁殿建筑介绍 （右图）

古建筑斗型 （左图）

柱头科斗拱 （右图）

古建筑工具 （左图）

古建筑额枋彩绘 （右图）

古建筑窗棂隔扇

中国古建筑博物馆正门（太岁坛拜殿）

三、太岁坛附属建筑与古木

太岁坛前燎炉

太岁坛神厨院

坛院最高大的古槐树

神厨井亭

古槐冠

四、北京夜观太岁星（木星）与同行星月组图

2018 年 9 月 6 日晚 7：52 的木星，上部亮星是木星，就像个小月亮。

2019 年 3 月 22 日夜 2：35 升起在东南天的木星。

2019 年 3 月 22 日黉夜 3 点前后的木星与月亮。

2019 年 3 月 22 日黉夜的云海满月。

碧海满月天风播云似火

与木星尾随的土星与南斗星之斗：2019 年 3 月 7 日凌晨 5：04，左面的亮星为土星，右面的五颗星为南斗星，第六星藏到了楼后面。

金、土、木三星同时出现在北京东南天：2019 年 3 月 7 日凌晨，左下为初升的金星，中间的为土星，右上亮星为木星。

与木星同在南天的 28 宿中的轸宿：2019 年 3 月 8 日夜 1：50

与木星同时出现在东南天的心宿三星：2019 年 3 月 13 日凌晨 5：18，下面的三颗亮星为心宿，与上面的三颗恒星组成美丽的图案。

凌晨的心宿与周边的群星中间桔色的亮星是著名的心宿二天王之星

水月风云：2019 年 3 月 22 日黉夜的风中云月

木星与天蝎座三宿同在东南天：3 月 24 日凌晨五点前后

月上火炬树梢头：2019 年 3 月 24 日凌晨 6 点前后与木星西天遥望的落月

木星土星与月亮，2019 年 3 月 26 日凌晨 5 : 30 前后。左边土星，月亮左下亮星是木星。

三月黎明前的木星与周围群星

3 月 27 日凌晨 5 : 46 的木星与四大卫星

3 月 27 日凌晨木星与月亮

3 月 28 日凌晨 5 : 26 的木星与月亮，阴云密布已无法拍到木星的卫星。

3 月 29 日凌晨 4：25 的木星
在云雾中闪着蓝光

3 月 30 日凌晨 2：50 带着左
右卫星升上楼头的木星与群
星

3 月 30 日凌晨木星与月亮

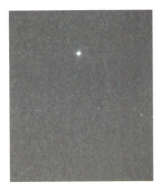

3 月 30 日凌晨 4：55 的木
星和它的卫星

3 月 30 日凌晨的木星和卫星

3 月 31 日凌晨 3：25 的木
星与群星

3 月 31 日凌晨 5：45 的蛾眉抱魄

3 月 31 日凌晨 5：50 天已
放亮，木星和它的卫星仍
然依稀可见

2019 年 4 月 14 日凌晨 5
点的木星与它的卫星群

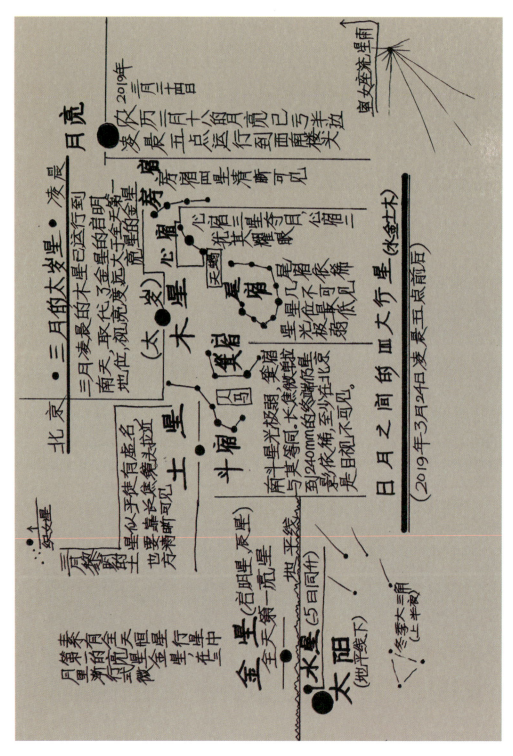

北京三月的太岁星图示

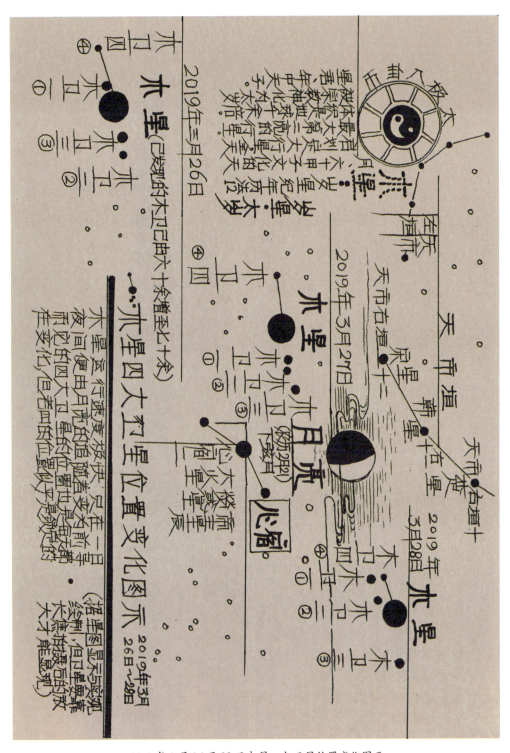

2019 年 3 月 26 至 28 日木星四大卫星位置变化图示

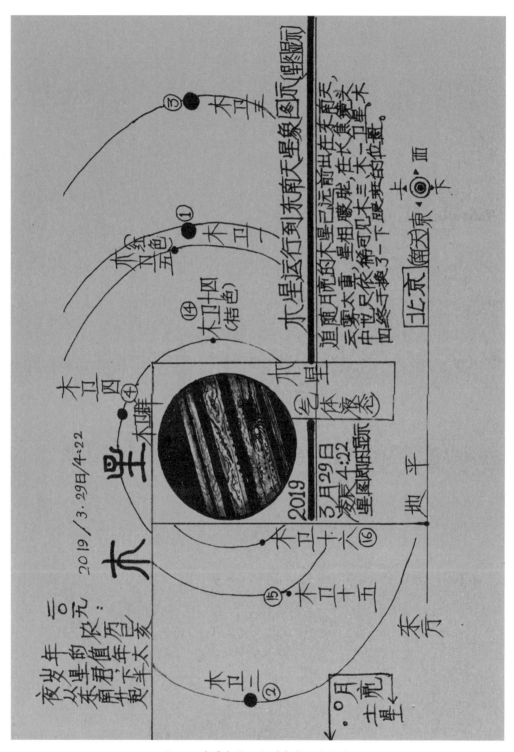

3 月 29 日凌晨木星运行到东南天星位图示

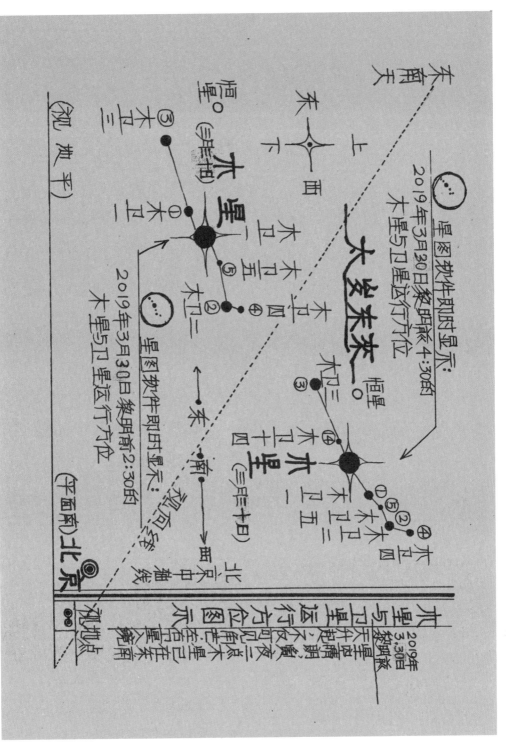

3 月 30 日凌晨木星与卫星运行方位图示

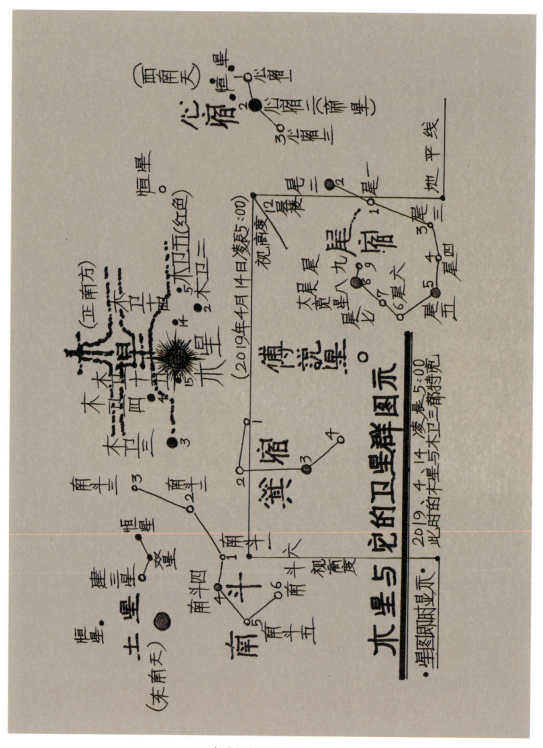

木星与它的卫星群图示

第六集
火星火神庙篇

一、什刹海火神庙景观组图

什刹海前海东岸的火神庙外景

火神庙正门

1. 火神庙东门
2. 正殿供奉火星神主的荧惑殿
3. 灵官殿火府天将王灵官

荧惑宝殿正门

火德真君祭台

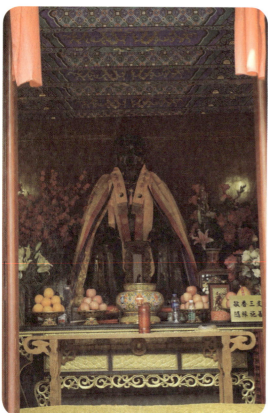

1. 后殿玄武殿玄武大帝

2. 财神殿

3. 东门牌坊

东门出口

火神庙前的万宁桥与金锭桥

二、夜拍秋季的火星与月亮组图

火星在天：9 月 6 日 22：51 左上火星，右下角为狗国四星

2018 年 8 月 23 日 20：43 云海月游

8 月 24 日 19：19（农历七月十四）凸月月相

2018 年 7 月 31 日 22：48 的月相（望远镜拍摄）

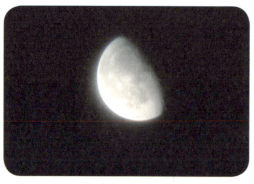

8 月 3 日 0：32 月相（望远镜拍摄）

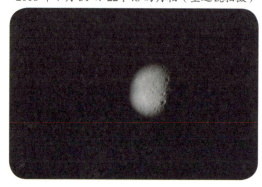

8 月 3 日 1：06 月相（望远镜拍摄）

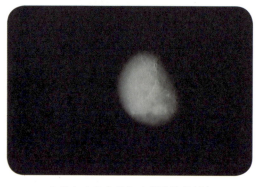

8 月 3 日子夜月相（望远镜拍摄）

2018 年 8 月 24 日 22：42 的火星（望远镜拍摄）

9 月 7 日黄昏心宿群星在正南

9 月 21 日 22：45 上梢头火星在前

9 月 8 日 18：58 太阳刚刚落山，最早出现在西天的金星（昏星）

9 月 8 日 19：19 难得一见的金星

9 月 8 日 19：30 金星已沉没林梢，木星随后

9 月 15 日 19：22 月亮与火星（楼上橘色星）

9 月 15 日 19：51 月亮与大火星

9 月 15 日 20：14 火星在西南

三、冬季大三角星群景观组图

2018 年 10 月 12 日凌晨 4：37 南天冬季大三角星组：下蓝星为天狼，左上亮星为南河三，右上黄亮星为叁宿四，三个星座构成冬季大三角，在南天闪耀。

大三角星群：大犬座、猎户座、小犬座、毕宿星团、昴宿星团、觜宿三星、叁宿全星。

10 月 12 日凌晨的天狼星

9 月 7 日凌晨 4：01 参宿星群

9 月 6 日 22：58 南方星群

9 月 7 日凌晨 4：01 南天猎户座星群全图

9 月 7 日凌晨三星星群

9 月 7 日 21：10 叁宿星座的一二三星
合称三星，是天区最著名的三星。

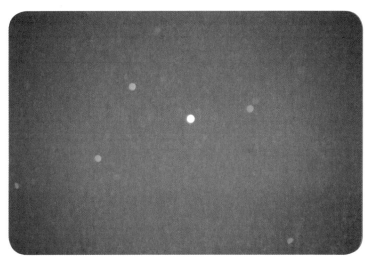

9 月 17 日凌晨 3：25 的叁宿七星

四、冬季的金星、木星与火星心宿组图

2019 年 1 月 5 日凌晨 6：03 的金星

1 月 5 日凌晨 6：07 的金星

1 月 5 日凌晨 6：08 的木星

1 月 5 日凌晨 6：15 在东南方的天秤座

天秤座主星

心宿三星

自上而下为金星、房宿一星、房宿二星、
心宿三星、木星（左）。

晨曦中的心宿三星与诸星

第七集
析津与古观象台篇

一、北京古观象台景观组图

北京古观象台城台

观象台西跨院主殿紫微殿

西跨院南房

西跨院简仪（郭守敬造）

简仪侧面

简仪正面

简仪铜铸龙柱

简仪底座上的日晷

西跨院月晷

正方案图

西跨院展室图

西跨院展室仪器模型（郭守敬四海观测时在开封建造的观象台）

西跨院展室图

西跨院星晷

西跨院展室图

西跨院展室仪器模型（秤漏）

西跨院展室仪器模型（水运仪台顶部机械）

东院南部郭守敬塑像

东院草坪上的仪器模型

东院草坪上的仪器模型

东院西北角上的仪器展品

东院西北角上的仪器展品

东院西北角上的仪器展品

东院西北角上的仪器展品

东院西北角上的仪器展品

城台上的展品（仪器模型）

城台上的展品（仪器模型）

城台上的展品（仪器模型）

二、幽州分野析木次天区星座景观组图

析木次：周天 12 个星区之一，地面分野在幽州。主要星宿为人马座的箕宿、斗宿与天蝎座的尾宿及其周边星群。

析木次星宿：2018 年 12 月 8 日晚 6：10 的建六星，这是寻找人马座的标志星。

析木次区内的箕宿星座

人马座亮星：12 月 8 日 19：50。

心宿三星与房宿，二宿与尾宿组成天蝎座。

9 月 17 日凌晨 3：42 的参宿主星及闯入的流星

9 月 18 日晚 9 点的星月

9 月 22 日凌晨 4：22 冬季大三角与参宿美丽的主星。

2018年9月30日农历八月二十一的凸月与二十八宿中的毕宿（月左上的八颗A形星组）交合。

9月22日晚8：36出现在西北的大角星及牧夫座诸星。

有如小银河一样的猎户座大星云（左上），2018年9月7日凌晨4：01。

9月7日凌晨参宿的腰带三星、宝剑三星、参七星与三旗星官尾星（右上亮星）。

2019年1月2日6：58照耀在析木次尾宿正上方的下弦月与启明星。

冬季大三角与右上的参宿亮星、右下天兔座，2018年9月24日凌晨4：31。

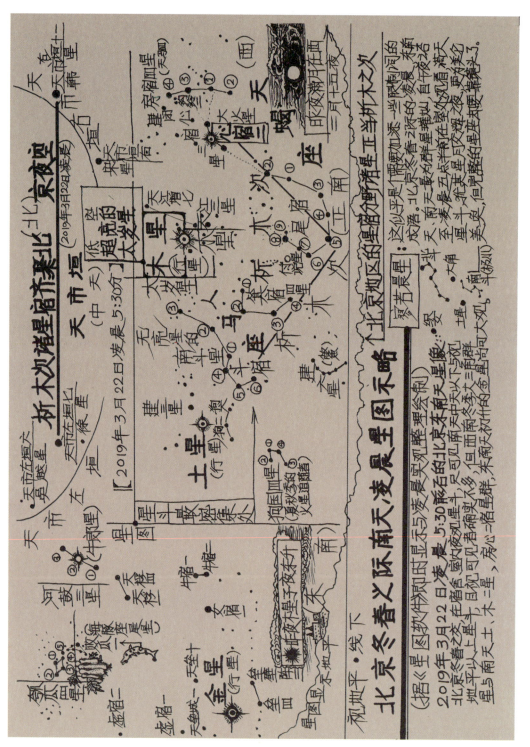

析木次星宿齐聚北京夜空图示：2019 年 3 月 24 日凌晨 5：30 前后

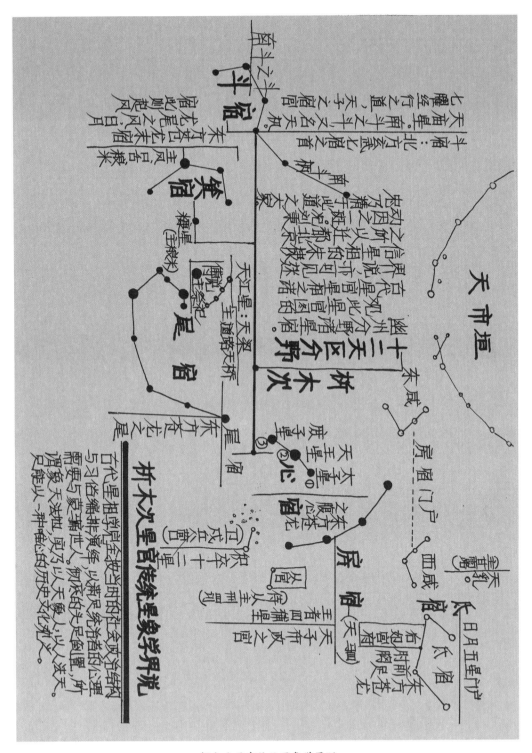

析木次星官传统星象学界说

第八集
郭守敬纪念馆与后三海篇

一、北京郭守敬纪念馆汇通祠与西海景观组图

汇通祠：积水潭的郭守敬纪念馆，由古观音殿、姚广孝祠改建。

门内入水口处的镇水兽

入水口小石桥

山顶的祠堂南门

郭守敬纪念馆绿树环抱，近观难见，在西海东岸可观馆顶。

纪念馆西梁漱溟故居旧址已无存

郭守敬湖边塑像

西海北岸

西海湖心鸟岛

北岸的古柳

西海与后海间的西引渠

二、后海景观组图

后海最西端的小半岛

西观后海全景

后海鸟岛

后海码头

后海北岸醇亲王府宋庆龄故居

后海北岸东段湖景

十月的爬山虎与绿柳

爬山虎红叶

黄叶红果的忍冬树

中部的栏杆：什刹海的后三海特色景观汉白玉石栏

后海东端的银锭桥远观

后海南岸人力车队

三、前海景观组图

前海北端的银锭桥游船

前海西岸观北岸后的鼓楼

银锭观山：在银锭桥上可观西山

前海北岸两个造型奇特的石狮子

前海湖心岛

会贤馆东南角

前海西岸的荷花市场北门

前海北岸小石碑胡同口观钟楼

前海北岸北口的老字号饭庄

老北京积水潭码头旧址（元代）

金锭桥东

万宁桥

北岸镇水兽

南岸镇水兽

澄清上闸遗址

　澄清上闸是元朝著名水利工程专家郭守敬为调节积水潭水位、满足漕船航运需要而建造的重要水工建筑物。水闸初名海子闸，元代元贞元年（1295年）元世祖忽必烈赐名"澄清闸"。闸原为木质结构，元代至顺元年（1330年）改用石材重建，并与东侧万宁桥连为一体，成为积水潭东岸、通惠河起点处重要水上交通枢纽。历经数百年，目前仍保存有闸槽、绞关石等原有建筑构件遗物。万宁桥又称海子桥，同时因地近地安门（明为北安门，俗称后门）亦称后门桥。万宁桥为单孔石拱桥，桥两侧堤岸雕刻镇水兽，是珍贵的石刻艺术品。现在澄清上闸与万宁桥，是大运河遗产的见证之一，成为研究北京漕运和城市发展的重要节点。

郭守敬当年修建的积水潭码头、漕运河道、水闸、海子闸与万宁桥连在一起，今已无存。但人们没有忘记，什刹海当是郭守敬名副其实的露天大纪念馆。

四、陆地手拍月球环形可视图

2018 年 9 月 26 日农历八月十七夜 11 点月相。在月表上我们看到的黑色部分是月亮的盆地与平原；浅色部分则是它的山地；圆点是环形山，线状亮条则是环形山周特有的沟状带，有的长达千里。

9 月 26 日午夜月相

10 月 17 日重阳节上弦月环形山月相

9 月 26 日凌晨 5：29 农历八月十七云遮月月相

9 月 15 日晚 6：28 农历八月初六的上蛾眉月

9 月 27 日早 6：01 的凸月

9 月 29 日午夜 1：43 农历八月二十的凸月

8 月 4 日 2 点农历六月二十三下弦月

8月31日2：50农历七月二十一下弦月

9月23日午夜0：59农历八月十四秋分日满月

9月23日晚7：18

农历八月十四的满月

农历八月十四的满月

农历八月十四的满月

第九集
太庙社稷坛先农坛以树为社主篇

一、太庙景观组图

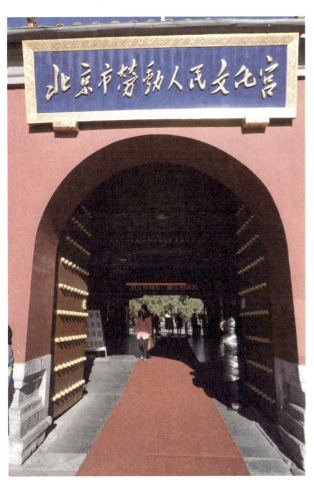

太庙景观：明朝太庙正门

太庙三座门

太庙正殿

朱棣手植古柏

太庙太子林

太庙桥栏

二、社稷坛景观组图

故宫午门西通往社稷坛的阙右门

中山公园南部和平门

孙中山塑像

社稷坛北的中山堂

社稷坛南棂门

社稷坛五色土

中山公园碑亭

中山公园三连搭水榭

中山公园唐花坞

中山公园长廊彩绘

公园社稷坛东部花墙

公园东部渔亭

中山公园南部小河南岸卷棚屋

公园辽代古柏

三、先农坛景观图

先农坛山门

具服殿改为展馆

观耕台

先农祭台

京畿山川神龛神位

五岳神龛

祭台古柏

京畿名山神龛

四大河神位

古柏

四、十三陵景观组图

长陵正门

长陵古松

长陵祾恩殿

长陵古松

殿内凤冠

殿内朱棣铜像

殿内展厅金丝皇冠

长陵古槲

长陵墓亭墙古树

长陵朱棣墓亭

崇祯帝思陵正门

思陵西墙内古松

思陵外枯松

思陵所在地悼陵监村

五、京西金陵景观组图

周口店北九龙山金国陵园遗址入口的山下通道

九龙山秋景

古栗树

古栗树根

古栗树

陵前大坝

陵屋建筑遗址

陵园墙壁

发掘墓坑石棺

石棺

陵区建筑遗址

陵区石壁

六、燕北栗树园景观组图

燕山里的栗子熟了（2015 年 9 月 15 日）

栗子

古栗树

怀柔南冶村南山中的栗树园

古栗树

山村古栗树

栗农在树上采果

落果

果满枝头，栗农说这样的一棵小树也要十来年才长这样。

路边山村中的古栗树

七、燕北黄花城水长城古栗园

西水峪村：黄花城水长城入口处

水长城南城

黄花城湖桥

湖西岸明代栗树园

古栗树

许愿树

古栗王

人树比例

古栗树洞与人的比例

栗树王左干

湖西长城

八、赫图阿拉城景观与神杆

美丽的苏子河：辽宁永陵镇

赫图阿拉故城城墙

努尔哈赤出生地

老村古院落

古村鸡窝

古村马厩

宅院中的索伦杆，是满族祭祀神树与神鸟的图腾形式

索伦杆，满族神杆。

努尔哈赤登基时的汗宫

汗宫后的萨满殿

汗宫的议政殿

满族新娘颠轿习俗

民族歌舞演出

民族歌舞虎虎生风

民族歌舞美丽的舞姿

九、翰愈祠与土地庙景观组图

真官土地司：东岳庙土地神殿。古代有以著名
人物为土地神的习俗。如岳飞为南宋太学的土
地神；韩愈为北京国子监土地神。

东岳庙中的冥府土地司

韩愈祠遗址：大文人作孔庙国子监的土地神。

韩愈祠遗址正门（新建）

韩愈祠所在的国子监后院国学胡同

国学胡同路北的柿子树与喜鹊

柿子树与喜鹊

孔庙东侧的国学胡同向北左拐通韩愈祠

国子监正门

国子监跨街牌楼

十、元大都的设计者们与白塔寺景观组图

白塔寺大觉殿殿前高大的塔式香炉

忽必烈的帝师藏教一派首领八思巴

白塔寺殿院：忽必烈建元大都亲自主建的藏教佛寺

三世佛造像

西配殿展室中的忽必烈（中间者）与邀请的大都建筑技术人员

由八思巴推荐的白塔设计者尼泊尔工艺师阿尼哥

塔院门墙西侧的阿尼哥塑像

展室内的藏教神像

展室内的藏教造像

塔院内造型奇特的石狮子之一

石狮子座

阜成门内大街中部路北的白塔

巨大的华盖式塔刹

第十集
花仙祠篇

一、陶然亭花仙祠遗址与公园景观组图

陶然亭花仙祠遗址：高君宇石评梅双墓后山绿树
葱茏处便是当年花仙祠遗址，锦秋墩。

锦秋墩上的亭子便是花仙祠遗址处

花仙祠遗址前的爱晚亭

独醒亭，仿汨罗屈原祠前的亭子

离骚渔父辞碑

一览亭

仿江南王羲之书法鹅池亭三角亭

仿江南兰亭碑亭

仿江南醉翁亭

仿江南百坡亭

亭前湖畔游人

仿江南浸月亭（白居易《琵琶行》诗意）

仿江南吹台

吹台亭内

仿江南二泉亭

二泉亭亭顶

仿杜甫草堂亭

仿江南谪仙亭（半亭）

二、北大未名湖花神庙遗址组图

北大未名湖

未名湖南岸花神庙遗址（现仅存山门额名慈济寺）

未名湖景观

北大校园

湖畔蔡元培塑像

著名的贵宾楼外景

北大怀宁园

北大校园景观

北大人文学院

校门内的石桥

三、颐和园苏州街花神庙组图

颐和园北门

苏州街西区景观

苏州河上长桥，桥南桥头处买苏州街景区票回到
桥北路西入口处，西行寻花仙庙。

路西入口后由此处下到河北岸商街西行

西行二三百米后，到此处门洞上后山有石阶路
通花神庙。

花神庙与妙觉寺在一处

园中最小的寺庙妙觉寺供奉诚救佛

北京城中唯一现存完整的古花神庙

花神庙匾额

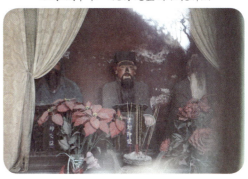

花神庙封闭，透过窗棂拍摄的神主造像，中间为土地神，左右为花神，三棵不老松啊。

通云城关北门

苏州河南岸的蕴奇积翠园遗址

蕴奇积翠园河岸上庞大的废墟遗址

苏州河西端如意门南的白石桥

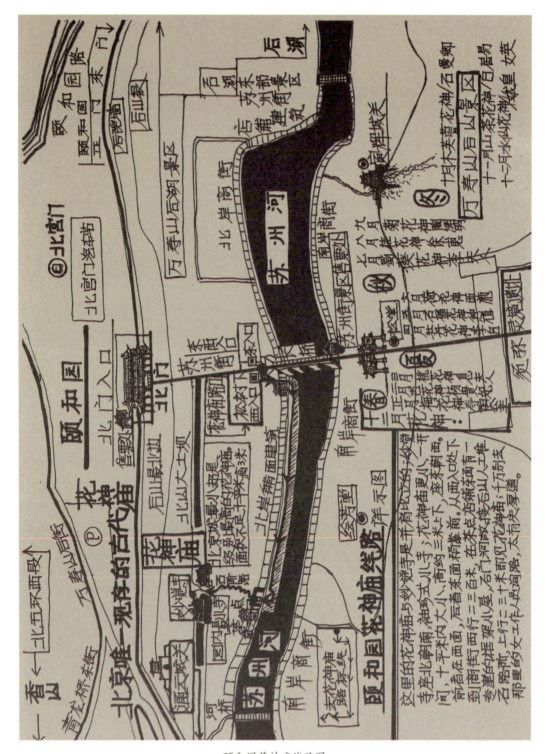

颐和园花神庙线路图

四、南长街上的花神殿遗址

南长街路西的北京 161 中学校门，原花神殿旧址。

故宫西护城河与中南海之间的南长街

北京 161 中学的礼堂，民国年间的花神殿殿址，当年女师大附中教师石评梅曾寄宿于此。

花神殿旧址

五、国内外花神图

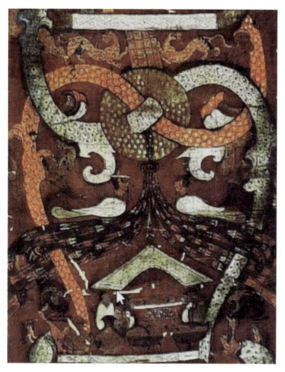

春神句芒：长沙马王堆古墓出土帛画，中间伏在人字形丝帷上的两个白色人形图案

东汉画像石春神句芒

古罗马花神弗洛拉：庞贝古城出土壁画

文艺复兴时期画师提香创作的油画花神弗洛拉

卢浮宫订制的壁画浮雕《春神的凯旋》，作者卡波尔19世纪法国雕塑家。

印度孟买市弗洛拉喷泉亭子上的花神弗
洛拉

弗洛拉喷泉亭子上的花神（网络图片）

第十一集
先蚕坛与北海篇

一、北海先蚕坛景观组图

先蚕坛山门

先蚕坛北的北海入水口

入水口冬景

先蚕坛北面建筑

先蚕坛的北门入口

北海东岸的先蚕坛西墙景观

先蚕坛路边大杨树上的乌鸦

先蚕坛西水面仰泳的绿头鸭

仰泳绿头鸭

绿头鸭

坛西水面的鸳鸯

北海东岸北段先蚕坛路

二、北海公园景观组图

团城佛殿承光殿

承光佛殿全国最大的白玉佛

北海东岸的濠濮间门桥

北海团城承光殿三连搭檐角

北海琼岛景观

北岸五龙亭

小西天大殿景观

北海华藏界正南门牌楼

华藏界山门

华藏界鼓楼

华藏界大慈真如宝殿（全部由金丝楠木建成）

北岸华藏界

华藏界最后的大殿（现封闭）

北岸的铁狮子浮雕元代作品来自铁狮子胡同

北岸观景山

北海江南式庭院静心斋（乾隆休闲处）

静心斋乾隆别宫小殿

静心斋内南墙北海最美的太湖石

静心斋西跨院

静心斋连绵巨大的太湖石假山爬山廊亭

静心斋水榭桥亭

静心斋水榭石桥

静心斋罨画轩

北海东岸景观：陟山桥

北海古柳

北海船坞

北海琼岛

琼岛后山庭院建筑

琼岛后山仙人承露台

三、古代蚕神图

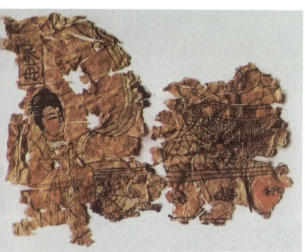

古代蚕神图（网络图片）

古代马头娘图（网络图片）

新疆和田出土的四臂蚕神像手持织布工具（网络图

四、织女星与夏季大三角星图

织女星：2018年9月16日20∶50织女星在中天偏西北可视。

织女星：全天恒星中第五大亮星

图右下最亮星为织女星；图左下三颗星为牛郎星；右上群星为天鹅座，最亮的是天津四；以上三颗星在夏秋季构成著名的夏季大三角。

秋季夜空中仍可视的夏季大三角，左下三星是牛郎星，右下五星为织女星。

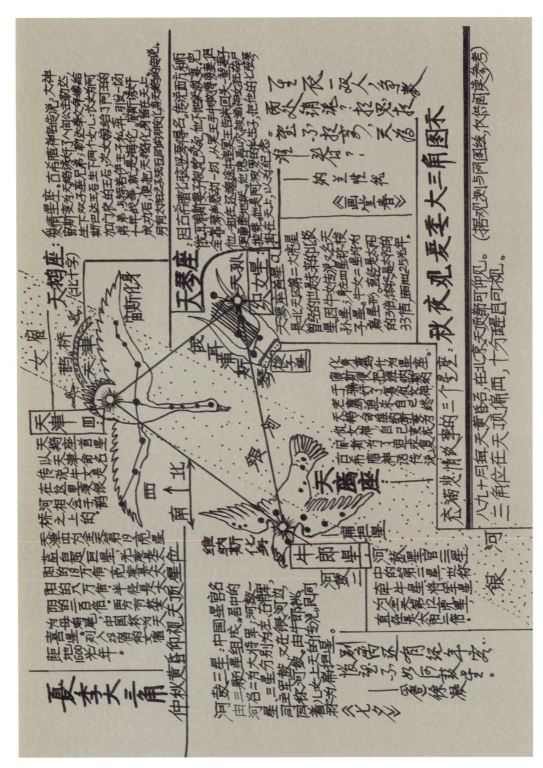

图说夏季大三角诸星故事

第十二集
大高玄殿与雷神及嘉靖篇

一、北京大高玄殿外观组图

北京老照片——旧时高玄殿殿前有前后三座门，东西两牌坊，还有两座故宫角楼式的左右习礼亭，那条街就叫三座门街。后来扩修景山前街时都毁于一旦。

故宫路北临街大高玄殿三座门

大高玄殿对面的故宫北门

大高玄殿路南牌坊

故宫与景山之间的高玄殿牌坊

高玄殿牌楼与故宫北护城河

景山望高玄殿（现封闭清朝皇家祭祀风雨雷神的道家大殿，图中的穹顶殿为九天万法雷坛）

北海公园东门望大高玄殿

旧高玄殿山门前的双亭图（瑞典学者喜仁龙民国年间摄）

二、谋杀嘉靖帝的故宫翊坤宫与西宫组图

西六宫中的翊坤宫：当年谋杀嘉靖处

翊坤宫门

翊坤宫殿院

储秀宫

坤宁宫的寝室

寿宁宫室内装饰（封闭隔拍）

宫妃室内

坤宁宫的寝室（封闭隔拍）

宫内装饰（封闭隔拍）

西六宫中的室内装饰

西六宫后的延辉阁

延禧宫：明代所建明清两代嫔妃住所，后因火灾
战乱焚毁，清末复建为洋楼，但全部是铁骨架。
故宫中的洋味儿。

延禧宫局部

延禧宫局部

2019年春节乾清宫前张挂的仿古万寿灯

故宫西六宫与三大殿后三宫之间的大墙通道

三、涿鹿周庄龙王庙五龙四神壁画大观

涿鹿桑干河

涿鹿周庄龙王庙（这里是个庙庄，现存大小庙宇庙台约有十来处，解放前据说全村有几十所庙宇。龙王庙供奉的是五龙神，壁画为五龙行云布雨图）

最为精彩的四目神　　　　　　　风神

风神

雷公

雷公与电母把人间罪者击毙

击鼓的雷公

人间有罪者被击落驴下

闪电神

龙神

手持量天尺负责测量雨量的雨师

龙神

从东海取水的龙神

黑龙神

负责记录的雨神

云神

雨歇五龙神乘龙马打道回府一

打道回府的黑龙神　　　　　　　　违犯天条的龙被锁，雨停天放彩虹

龙神回府二

三面壁画中间坐北朝南的五龙圣母

龙马

圣母身旁的龙王

四、北京城中风雨雷电四神殿组图

故宫四神祠

故宫御花园千秋亭，居园中西部所以称秋，建筑
顶圆底方，象征天圆地方

故宫御花园中的四神祠祭祀风雨雷电四神

北京东岳庙中的雨师殿

东岳庙中的风伯殿

景山北坡山腰上的虬龙柏，嘉靖帝葬白眉猫虬龙冢遗址地。

白云观太乙救苦天尊（大高玄殿内有太乙殿，因封闭无法内观，以下各图摄自白云观）

九天雷祖殿造像：难得的是雷祖殿造像都是古代铸像真品。

雷祖手下四神之一雷公像，鹰嘴鹰足，手持锤、钉，既负责击雷，又负责惩罚罪人。

雨师像：四神中唯一的人间文官像，手持笔、尺，测量、记录雨量；其他三神都是雷公嘴脸。

风伯像，手持风葫芦

电母秀天君，女神，手持天镜负责闪电

北方玄武大帝造像，东西南北中五方天
地之一；四象之一

玄武殿内护法神造像之一。这些造像都
是古代铜像，巨大而精美，高达两余米，
十分罕见。

三清阁，供奉道教三清教主，也是高玄殿内供奉的神主。高
玄殿虽已封闭，但白云观中有关神殿可聊为补充。

五、2018年秋季雷电二星象与雷电神轩辕星官夜拍图

火星在西南天，雷电二星座在火星的稍偏西南上方（2018年11月9日夜）。

火星与西南天群星（11月9日21：52）

雷电二星座（11月9日22：58在西南天）

2018年11月9日22点前后的雷电二星座

狮子座全星图：前半部由轩辕星组成

轩辕星官在狮子座头部的星图，右侧反问号式的星组。12月4日凌晨6：39

轩辕星上部星图，由中下部曲折伸向右上方，12月9日3：43

轩辕十四：轩辕星官群星中最亮的首星

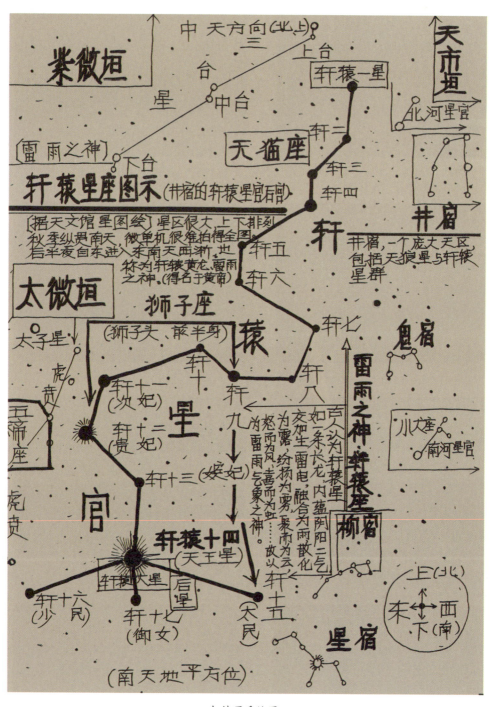

轩辕星手绘图

第十三集
广寒殿与琼华岛篇

一、北海广寒殿遗址与火神庙月老殿景观组图

北海白塔所在便是当年广寒殿旧址

白塔前的千佛楼

前海东南岸火神庙中的月老殿

月老殿正门

月老塑像

二、北海琼华岛古建筑大观

北海白塔：北海公园乃至北京城的标志性建筑；
元代、明朝的广寒殿遗址。

北海南门与团城北观

寺内壁画

园南北观琼华岛，白塔就建在元代广寒殿的遗址上。

岛上永安寺山门

寺内石窟洞龛

洞龛

洞龛内造像

寺内亭台

寺内登白塔的天梯

东门登琼华岛：山下的大牌楼与半城

岛东的琼岛春阴碑

琼岛东北角倚晴楼

琼岛北坡太湖石假山东部亭台间的爬山廊

后山延南薰亭

后山上的仙人承露台

岛西部南山坡上的乾隆别宫庆霄楼

乾隆行宫悦心殿

悦心殿内殿

白塔下岛西北山腰上的神寺，据说此处下面便是北海眼，现已封闭。

岛上春花树

北海初冬鸳鸯

相对浴红衣

早春二月北海春水方融中的鸳鸯群

北海观景山

景山观白塔

琼华岛北山坡全景

三、北京深秋月相大观

上蛾眉月：八种月相之一（10月13日农历九月初五晚6点前后）

初六上弦月

上弦月（2018年10月17日九月初九重阳节晚6：15）

10月18日农历九月初十上凸月：十分难得有夜行南飞雁入镜

火星合月

上凸月：10月19日农历九月十一难得一见的云月景观，有如嫦娥奔月

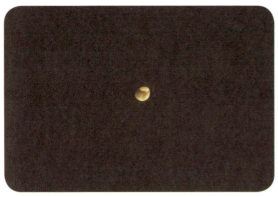

九月十二上凸月：午夜一点云遮月

农历九月十五满月，子夜时分的月亮比初升时更圆

10 月 24 日农历九月十六子夜的月亮满月

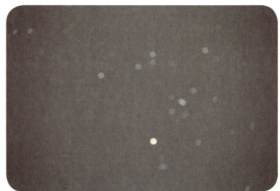

10 月 23 日凌晨 3 : 24 的毕宿在西南中天

10 月 23 日凌晨大犬座

10 月 23 日凌晨弧矢星

10 月 24 日农历九月十六初升的满月

农历十月初四蛾眉月，晚 7 点半便西落

11 月 19 日早 7 点晨晖

12 月 11 日晚 5 点半前后的上弦月（农历十一月初五）

农历十一月初五上弦月

初五的上弦月

农历十月十六满月

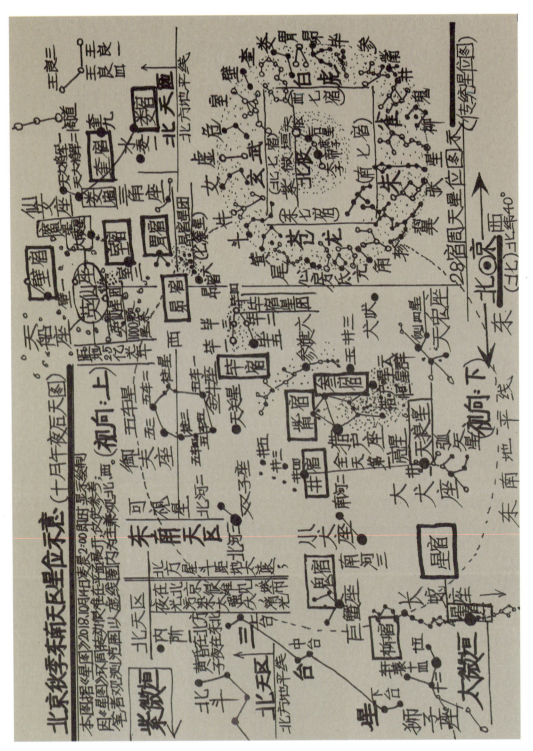

北京十月星图图示

四、中秋节景山拍月出与北京夜景组图

晚六点半的初月是红色的

最美的初月越上了"最丑"的楼

一抹彩云把中秋团圆托上了世贸楼顶

月色下的东城区高层建筑群

中秋夜7：24的满月：飞镜无根云帕系

彩云托月：姮娥不嫁彩云留

满月与火星下的南城夜光：星月长云漫京华

北城中轴线上的火神庙东侧如火龙的地安门大街

夜光中的故宫博物院：古月怎得照今人

夜光下的万春亭：灯光胜天光，人光胜佛光

元代广寒殿旧址上的北海白塔夜色

人民大会堂夜景

第十四集
北京五大镇物篇

一、古都中镇：今日景山与公园景观组图

夕照下的景山

景山绮望楼（明清皇家学府拜见孔子处）

景山五亭中心万春亭

景山第四亭辑芳亭

景山西一亭富览亭

景山东二亭观妙亭

景山东一亭周赏亭

景山寿皇宫（皇家停枢处）

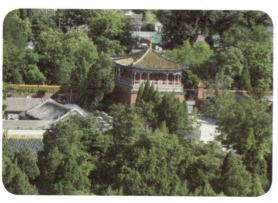

寿皇宫东亭阁

景山公园东北角将军柏与关帝庙

景山西侧柿子林

吃肥了的乌鸦

小红灯笼高高挂

西门内小柿如杏

景山东观隆福寺

景山东南观城区

景山观故宫东北角楼与护城河

景山西观城区

景山西观白塔

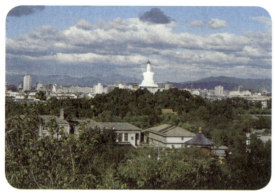

景山西观西山

景山西观大高玄殿九天万法雷坛

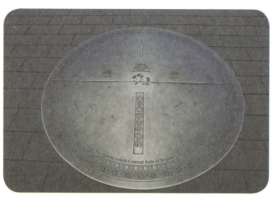

景山万春亭南北中轴线坐标

二、古都西镇：永乐大钟与今大钟寺景观组图

古都西镇大钟寺山门（觉生寺，古钟展馆）

大钟寺华严殿（大钟收藏处）

铸满经文的永乐大钟，姚广孝监制

永乐大钟：高达 6 余米，重达 60 余吨。

废弃的铸铁永乐大钟，亭左侧为朱棣铜像。

钟亭中的永乐大铁钟

大铁钟的锈蚀层

大铁钟标注字图案

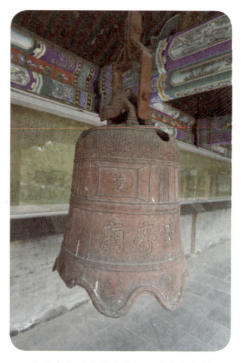

大钟寺室外的钟廊展览，关帝庙大钟

三、古都北镇：颐和园铜牛与园林景观组图

古都北方镇物：颐和园昆明湖东南岸的镇水兽铜牛

铜牛背上的铭文

十七孔桥：2015 年 12 月 13 日 9：41 晨雾中的景观

通往湖心岛的十七孔桥初春美景，2016 年 3 月 29 日 14：37

蓝天白云绿柳下的万寿山昆明湖景观

铜牛侧路边的行人，2016 年 3 月 29 日下午 2 点

路边行人中的两位不知姓名的小美女，十分大方
友善，青春气息有如京华美景三月天。

颐和园著名的清代大戏楼

大戏楼内的侧厢

湖北岸东段长廊前的清代码头灯笼杆

文昌阁：颐和园五大关城之一。

文昌阁城楼与角楼

宿云檐：颐和园五大关城之一，相当雄伟壮观，清代城楼上供奉关帝像，后来被英法联军掠走。

万寿山佛香阁下铜亭宝云阁：阁楼完全由纯铜所铸，耗铜数百吨，世界闻名，全国只有三四座铜亭。

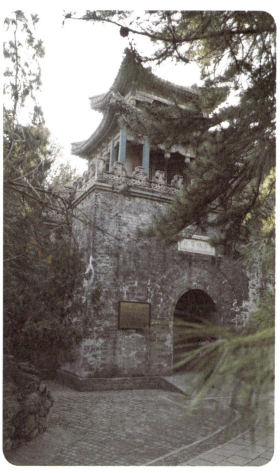

赤城霞起紫气东来关城：五大关城之一。五大关城的另外两座关城都在山北苏州河两岸，规模较小，但都是北城墙防守重关。

宝云阁铜窗棂，窗格铜网已破损。

颐和园北门如意门前的白石桥

四、古都东镇：通惠河边的皇木厂皇木（河在木亡）

平津闸：当年的高碑店漕运河闸遗址

通州西京通高速路北的通惠河碑亭，亭中是雍正碑

通惠河高碑店河段：东方镇物皇木已不存在，但北京古运河漕河的通惠河尚在，仍有不少遗迹存在，京东的高碑店便是当年的一座漕运码头。图中心是当年的将军庙（关帝庙）

当年的高碑店码头遗址广场上的建筑滕隆阁

古河闸遗址

八里桥头的大运河遗址碑

至今仍在使用的八里桥古石桥

五、古都南镇：永定门外的烟墩

永定门外南镇，烟墩台上的乾隆书文龙碑（2015年12月28日拍摄）

完整的烟墩碑台

烟墩南侧的十四号地铁线永定门外站

第十五集
古城三大箭楼明城墙南新仓篇

一、仪态万方的前门箭楼景观

长安街上的朝霞

天安门广场上的毛主席纪念堂前，黎明即起，人海如潮，环涌不息。

老北京的火车站旧址，解放前外地进北京都在这里下车，第一眼看到的就是前门箭楼与古城墙。

晨曦中的正阳门与前门箭楼

前门大街

箭楼的西北角

箭楼北面全景

箭楼东南景观

箭楼的南面景观

箭楼前的五大牌楼（复建）

正阳门

二、老北京的出征门德胜门箭楼景观

德胜门南院的黑枣如珠

德胜门箭楼南院中的古榆鹊巢

箭楼、白玉栏杆倒映冬日护城河

层楼箭窗飞瓦重檐的德胜门

箭楼东侧歇山顶飞檐；道旁杨柳为谁春，摇金缕。

德胜门箭楼背面（南全景）

德胜门箭楼东马道与城墙

德胜门箭楼北面正观（德胜门为老北京的西北城门，明代出征大军都由此门出城）

三、老北京东南角楼箭楼与明城墙遗址公园景观

崇文门东北京站南一路之隔的东南角楼古城墙遗址公园

东南角楼箭楼

古城墙保留段

古槐马面墩台

古城墙中的哨楼

古城东便门瓮城西门

箭楼城墙上的女墙雉堞

箭楼西侧墙顶西望正阳门

箭楼西城台东段

建在箭楼之内的古城墙博物馆

箭楼内的箭窗口，城墙内外宽达2米，根本就无法射箭，只能瞭望远方。

古木城墙与箭楼

古城墙下的绿地景观

古城墙上的文字砖（古城墙的修复全靠从市民家中动员出来的古城墙砖）

箭楼东南全景

四、东城的南新仓古建筑组图

东二环上的南新仓桥：这一带是老北京皇家漕运卸货的大粮仓基地，官家的种种粮仓都建在这一带前后，这一带东二环路西所有胡同街巷名称几乎都带有一个"仓"字。

南新仓：地处东城区东四十条22号的南新仓，是现存很少的皇家粮仓古建筑之一，大粮仓仍是原汁原味。

摩天大厦下的古仓

南新仓仓区入口处

现存粮仓古建筑多辟为文化场所

南新仓一号古建筑

古仓屋顶气窗

古仓山墙与屋檐

仓墙与院墙

著名的海运仓也只剩下门楼一座

到处都是带仓字的街牌之一

第十六集
古城中轴线建筑篇

一、南北中轴线现存古建筑景观组图

烟墩：中轴线南端第一建筑，元代所建清代复修，为老北京五大镇物之南镇，底部为十余米高的方形烽火台，象征火；上部为乾隆文字碑，方形，高七八米。

碑顶龙纹，象征水。

北观烟墩全图

烟墩永定门景观

烟墩公园古槐

永定门：老北京南门明代所建，前几年重建。

永定门全图

永定门护城河

永定门北景

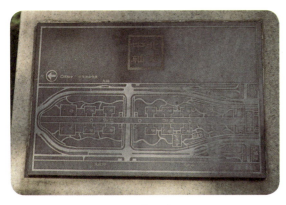

公园中轴碑

永定门公园内原来直通前门的中轴大道

正阳门，老北京明初南城门

箭楼门洞观正阳门

正阳桥前门五牌楼

老北京的前门正阳桥与五牌楼

景山观故宫全景图

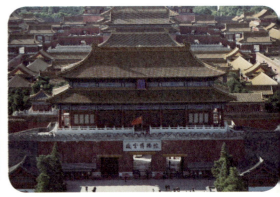

故宫神武门

北观故宫午门五凤楼

故宫东六宫太极殿与东华门

故宫西六宫雨花阁

景山制高点万春亭二楼北月台上的中轴线铜标

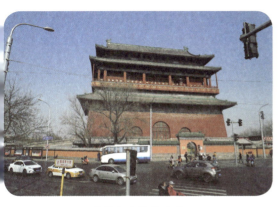

坐北朝南鼓楼正观

鼓楼侧观

地安门内大街北端的鼓楼北望军都山

景山寿皇宫与鼓楼

钟楼全景

钟楼鸽哨

钟鼓楼广场

钟楼高墙上的两只小麻雀

钟鼓楼广场上空鸽阵

鸽群林梢

二、中轴线建筑——天安门广场组图

晨曦中的天安门与端门

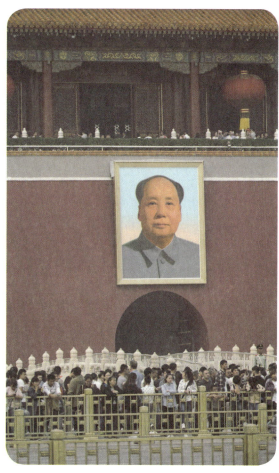

天安门华表　　　　　　天安门城楼局部

天安门正面景观　　　　天安门城楼内金柱

天安门城楼内休息厅

天安门内景

天安门城门看广场

天安门广场

天安门城楼看天安门广场

天安门城楼上的毛主席巨幅画像

纪念堂前等候瞻仰毛主席遗容的人们

广场国旗

瞻仰队伍

广场上的人们

2016 年 10 月 1 日等候升旗仪式的人们

东长安街上的北京饭店贵宾楼

人民英雄纪念碑

北京饭店

西长安街北新华门

天安门全图

前门箭楼

前门正阳桥五牌楼

箭楼

老火车站

正阳门与纪念堂

正阳门与箭楼

正阳门

正阳门

正阳门东侧

正阳门

毛主席纪念堂

正阳门马路上"朝圣"的人群

这就是历史，不可取代的也无以泯灭的历史情怀。

晨光中的历史博物馆

纪念碑与纪念堂

晨曦中等候在广场上的人们

金水桥景观

中国近现代史从正阳门大清门走来，从纪念堂纪念碑走来，从天安门广场走来。

晨曦中飘扬在广场上空的国旗

西长安街

东长安街

第十七集
北京天文馆篇

一、北京天文台展室组图

北京天文台正门

天文台广场展馆

天文台广场浑天仪

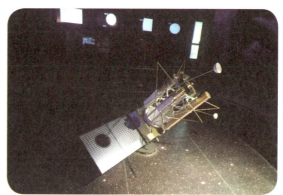

展馆展品中国航天勘测器

天体模型：太阳

彗星模拟

玉兔号月球车模型

陨石

铁陨石

小行星星体

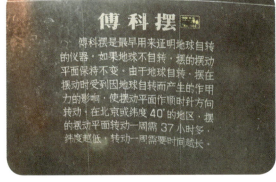

傅科摆简介

傅科摆地下部分

天体模拟演示架

脉动星演示架

傅科摆仪器整体模型

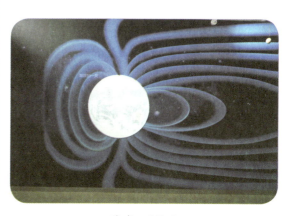

地球一天演示

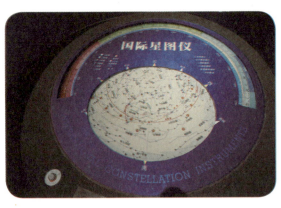

国际星图仪

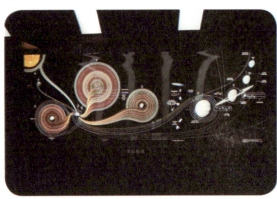

太阳系八大星系运行图示

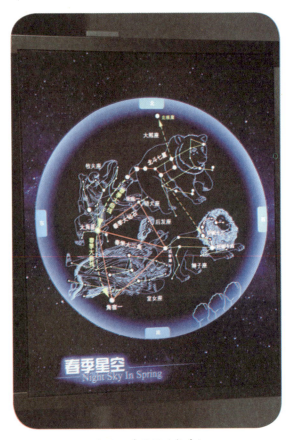

中国四季星图（春季）

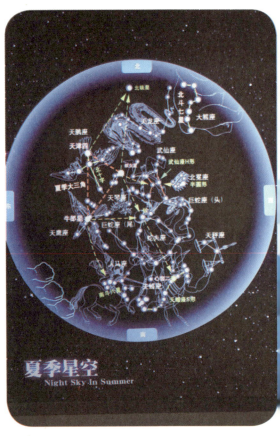

中国四季星图（夏季）

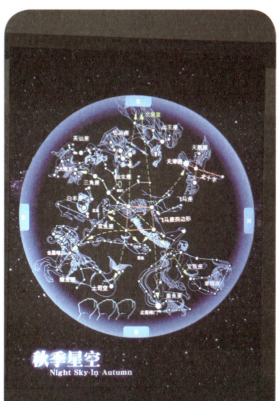

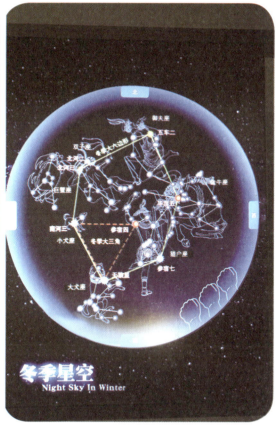

中国四季星图（秋季）

中国四季星图（冬季）

天文馆广场上的苍龙白虎朱雀玄武四象石刻卧牌

二、北京秋冬夜可视星即时天象景观组图

火星最大最亮的时刻：火星是北京秋冬季南天最忠诚恒久的天体，每天都从黄昏到深夜，自东向西横渡南天。本图是2018年7月31日午夜所摄，这一天是火星离地球最近的，因而也是视觉上最大的，有如小月亮。

忠诚的狗国四星：2018年8月24日22：19，火星如日，右下角为狗国四星，八九月份天天跟班，后来便不见了。

运行在人马座的火星9月7日凌晨5：12

9月7日20：43，在南天低于地平线运行的心宿三星，中间亮星为心宿二。

9月7日21：10的南天亮星

10月9日凌晨5：43，南天参宿的三星星群

猎户座深空大星群，10月23日凌晨

觜宿三星：10月23日凌晨，图上部三颗亮星为觜宿

大犬座全星图：10月23日凌晨在南天低空，最亮的天狼星，其右蓝亮星是它的伴星，军市一。楼顶处的几颗亮星为弧矢星座的主星。西方人把它们组合为大犬座，我国传统却把它们分开，以弧矢为箭，上射天狼。

奔向"天道关"的月亮：毕宿与昴宿之间是日月必经之路因而被称为天道。月亮右下为毕宿八星，右边的亮星集束为昴宿七星。二星中间的上方是天关星。（10月28日深夜3点半）

弧矢星星群：大犬座的下部群星，2018年10月28日凌晨

冬季大三角，2018年10月28日凌晨

秋冬季北京南天后半夜的五大招牌亮星：天狼（下）、南河三（左上）、毕宿五（右上）、叁宿四（中上黄星）、叁宿七（中下蓝星）。11月16日黉夜2：52。

狮子座的狮子头：11月16日黉夜三点

2018年11月16日黉夜南天的小犬座，左下亮星为南河三，右上亮星为南河二和两颗增星。

金星（启明星）：除太阳、月亮之外全天恒星行星中都是最亮的蓝白星。2018年12月6日凌晨5：43。

毕宿：2018年12月8日子夜的中天亮星群毕宿星团

秋冬季北京南天著名的三大星团：左为猎户座大星团，中为毕宿大星团，右为昴宿星团。

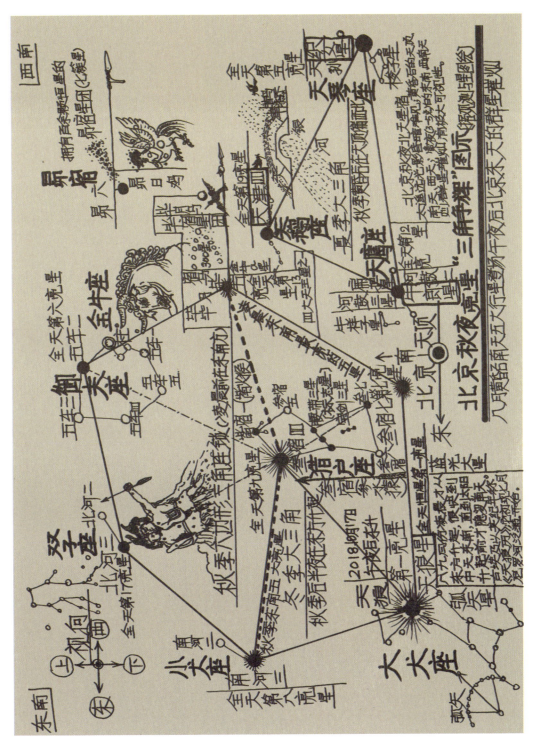

北京秋冬星位图示一

北京秋冬星位图示二（据欧洲天文图绘）

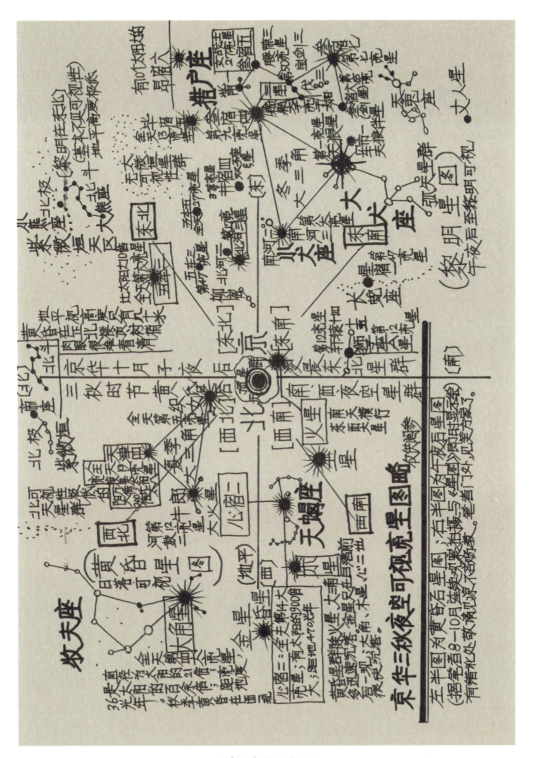

北京秋冬星位图示三

第十八集
日坛篇

一、古代日月神图

古代日月徽图：长沙马王堆出土帛画，左上角为月神，右上角为日神

日月同辉：南阳汉代画像砖，左为月神，右为日神，中间是三条鱼（图像不清，可参阅附图）

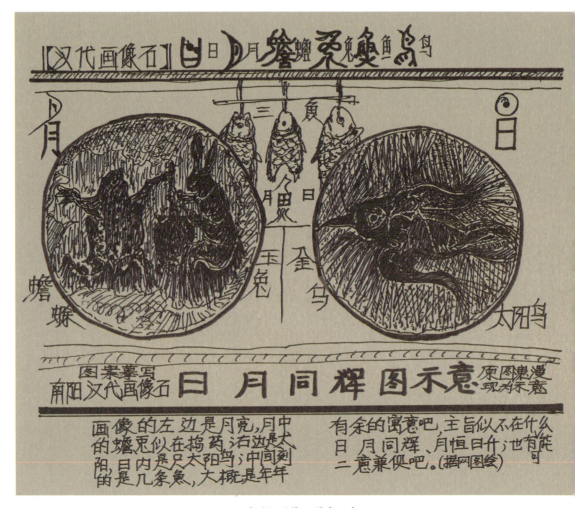

日月同辉画像石图案示意

二、日坛公园景观组图

日坛公园北门

日坛公园西门

西门通往祭台的神路

皇上祭祀更衣的具服殿

日坛西面的棂星门

祭台已封闭，只能在门缝中去看

祭台圆形围墙外的古柏

日坛的钟鼓楼

古柏：日坛古柏的特色之一树干纹理都是红色的

古柏

古柏

古柏

三、日月景观与日偏食组图

北京南苑南海子水泊芦荡雾霾中的红日（2015年
12月24日15：56）

南海子芦荡小岛红日

2018年9月23日20：39农历八月十四的满月月相

农历八月十四满月

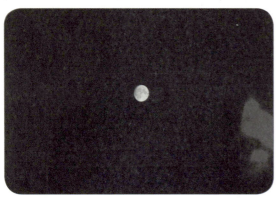

农历八月十四满月

农历八月十四满月

月落楼头：八月十四凌晨 3：14

9 月 23 日难得的晴天

9 月 23 日午后 4：30 云遮日

云遮日

云遮日

9 月 23 日午后黑版日光绿色光谱

9 月 23 日黄昏 18：39 日落晚霞

9 月 23 日 20：03 彩云托月

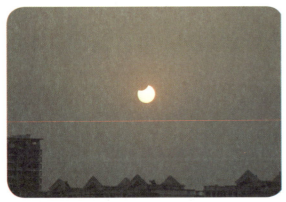

日偏食：2019 年 1 月 6 日太阳的带食日出（2018 年
农历十二月初一早 8：21，日偏食最大化）。

1 月 6 日早 8：23 日偏食

1月6日早8：36日偏食

1月6日早8：37日偏食

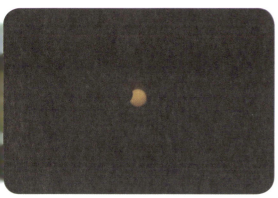

1月6日上午9：28日偏食

1月6日上午9：28日偏食

1月6日上午9：55，左面还亏一点。

1月6日上午9：56，日食毕，已恢复

第十九集
元辰殿斗姆画像与月落景观篇

一、天坛皇穹宇夜明神（月神）殿景观组图

天坛皇穹宇北外门

门洞观皇穹宇（星坛）

皇穹宇圆墙外的古柏九龙柏

供奉天帝的神位与大殿藻井

皇穹宇，供奉天帝的正殿：皇穹宇大殿是圆形的，围墙（回音壁在墙内东侧）也是圆形的，大殿台基是方形的，象征天圆地方；这里主要是供奉周天星辰的。

殿院西厢配殿为月神（夜明神）殿，对面为日神（大明神）殿。

夜明神与风云雷雨四神位

夜明之神神位

大明之神神位

日神殿中同祭的28宿与周天星辰神位

金木水火土五星神位，以木星为首。

皇穹宇南面的祭天台圜丘

皇穹宇通往圜丘的南门

三音石

北斗七星神位，与日神同祭

祭天台上北观皇穹宇全貌，左厢为月神殿，右厢为日神殿。

二、白云观元辰殿斗姆与值年岁星造像图

白云观元辰殿：相当于斗姆宫，供奉斗姆元君，也称斗姆元君。

斗姥造像：斗姥是道教中的先天神君，地位极高，传说她是北斗七星之母，所以也称斗姆。共生有九子，日天、月天二神也是她所生。

斗姆像的背面

斗姆侧面像：斗姆的四个脸谱其中有一个是猪面，传说她的驾车神兽或坐骑，就是神猪。

斗姆的背面三首：斗姆的造像仿佛教中的摩利支天，摩利支天是佛教中的战神，有隐身神通，过日天月天二神时，日月都看不见她，但她能看见日月。道教斗姆不但造像仿摩利支天，而且合二为一，把斗姆称为摩利支斗姆元君。

佛教中的摩利支天菩萨画像：石家庄杜北乡上京村的毗卢寺博物馆中的摩利支画像。

毗卢寺壁画引路王菩萨画像

毗卢寺壁画玉皇大帝画像

摩利支民间画像

摩利支民间画像

佛教摩利支天经卷中的摩利支像

白云观元辰殿的六十甲子值年太岁造像：斗姆元君被道教赋予离奇的职能，不仅能护法辟邪去灾，而且主管太岁众神，连雷兵都是她的部下。匪夷所思。

元辰殿中的太岁造像。白云观中的所有造像除了大多是古代造像外，当代的造像也都堪称一流。

三、北京秋冬的月亮与北斗天象景观组图

2018 年 11 月 24 日凌晨的北斗中天、壮观月落。农历十月十七依然满月，凌晨 3：34。

刚刚月上北方视地平线的北斗七星，凌晨 3：39。

凌晨 4：23 紫微垣右垣外的北斗星与北极星（左下角亮星星组）

凌晨 4：35 的北斗星

2018 年 11 月 24 日凌晨 5:01 的落月已西沉天际。

松间落月漫清辉

凌晨 5:41 落月，西天白云骤起，五车星官接驾。

落月云车

凌晨 5:45 云中落月

凌晨 5:47，已运行到西天的狮子座、长蛇座、御夫座、轩辕星官与西天群星接驾。

凌晨 5:51 云车载月

白云繁星送落月

凌晨 5：59 东斗金星从东方升起在柳梢
头，来送别落月。

凌晨 6：05 北斗星爬上东北中天翘望落月

凌晨 6：21 云中北斗角亮星星组

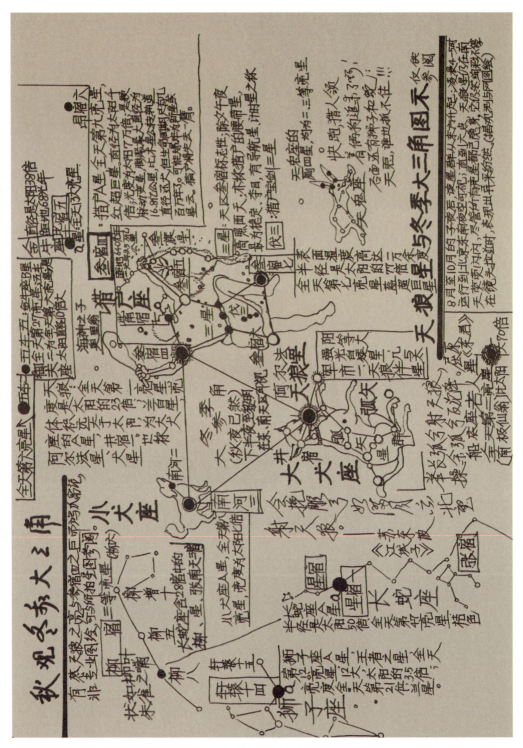

冬季大三角图说

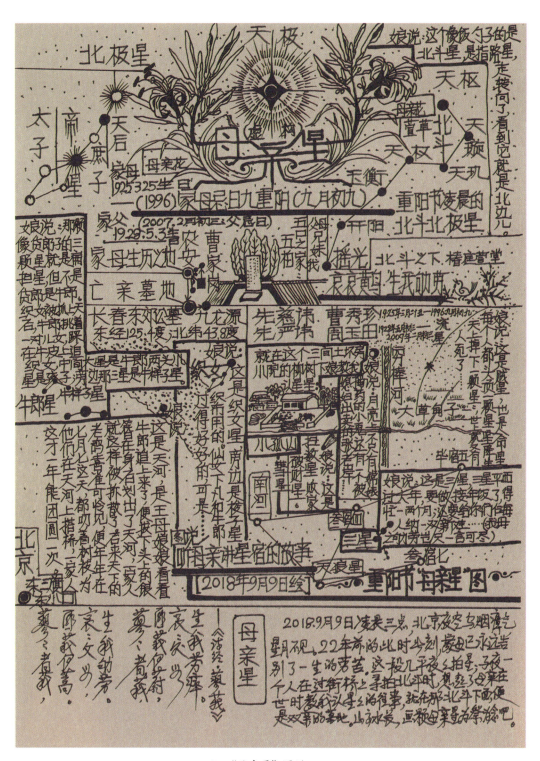

"母亲星"图说

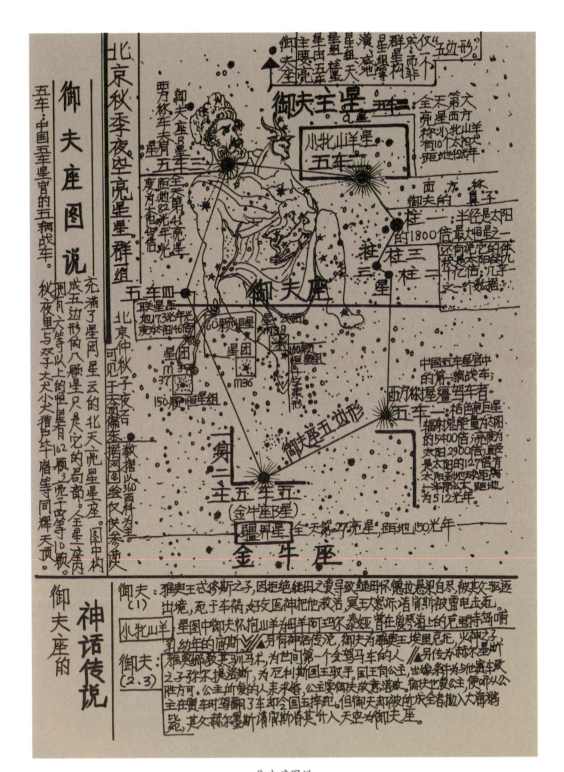

御夫座图说

第二十集
白云观篇

一、北京白云观景观组图

北京白云观棂星门（现改为大牌楼）与照墙

三清阁中供奉的是玉清、上清、太清三位天尊；但道教认为一生二，二生三，三生万物，一气化三清，三清合一为大道。三清中的太清天尊是老子化身，道号全称为万教混元教主玄元皇帝道德天尊，为教主，掌教化。

白云观中收藏的清代老子汉白玉雕像。道教在唐代的兴盛，因李唐皇族以老子为始祖。

白云观著名的三猴不见面之一：山门中间门洞石
券花纹右侧石猴。

三猴之二：山门八字墙西墙底部须弥座前端的鹿猴
图案。

鹿猴图中的左下为抱子母猴

三猴之三：白云观东北角上雷祖殿前西侧碑座的
猕猴献桃

山门后的窝风桥：这里既无水又无河，为什么要
建座桥呢？防风吹白云散（观名白云啊，怕风吹）。

王灵官造像：山门后第一殿灵官殿主神，道教第
一护法神，五百灵官之首，又称都天大灵官。

玉皇殿玉皇大帝

王灵官木刻浮雕造像：传说此神原为淮阴
城隍神，但以吞噬童男童女为祭品，四川
的萨天师飞符火烧此庙，把他烧成火眼金
睛，上帝赐他三只眼神目，随萨天师为护
法神将惩恶扬善。

玉皇殿

玉皇殿中的龙鼓

慈航殿中巨幅现代造像前的古代慈航铜像

财神殿中的赵公明

财神殿中的关公

三官殿中的地官：免灾神

吕祖殿中的吕洞宾

明清白云观中的中心邱祖殿

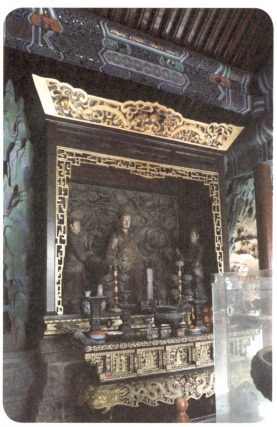

道教全真派教主丘处机造像

丘处机在阿富汗大雪山下会见成吉思汗的造像

东跨院罗公塔

东跨院的道士塔罗公塔铭

道教的金属版《内经图》：嵌在后院戒台廊壁

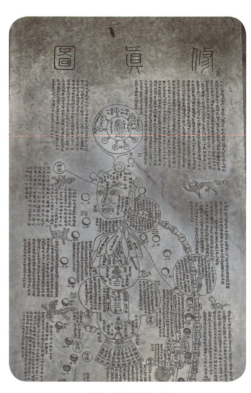

道教的《修真图》

展室中的玄武帝图腾龟蛇

白云观山门

二、金星合月景观组图

2018 年 12 月 4 日凌晨 5：33 金星合月

凌晨金星与蛾眉月

12 月 4 日凌晨 6：48 的蛾眉月

凌晨 6：52 的星月

12 月 6 日黉夜 2：09 升起在东南天的天狼星

12 月 6 日凌晨 4：31 东南天半人马座中的亮星

三、北京冬季南天星宿天相景观组图

2018 年 12 月 28 日黎夜 2：33 的西南天五大星座图：下部由左至右为：大犬座、猎户座、毕宿；上部左小犬座、右井宿。

12 月 28 日夜 3：11 的下弦月，农历十一月二十二。

12 月 29 日午夜南天六大明星：天狼、南河三、井四、五车二、毕五、叁宿四及叁宿七大亮星。

12 月 29 日午夜南天大五角亮星群

12 月 9 日午夜南河星官群星

12 月 29 日午夜西南中天的毕宿星团

12 月 29 日午夜 0 : 44 西南天亮星群

凌晨 5 : 59 的金星角芒：所有天体除日月外，只有金星可目视角芒，全天最亮的恒星天狼星也偶尔微见角芒。

12 月 29 日凌晨 6 : 57 的下弦月

第二十一集
东岳庙与泰山奶奶崇拜篇

一、北京东岳庙景观组图

东岳庙道南的大牌楼：四柱三门七楼，北京城中
最豪华壮观的大牌楼。

大牌楼已深入地下的基础

被修路分割的东岳庙坐北朝南裸临大街的外观

东岳庙山门

高悬鲸音牌匾的钟楼：钟纽龙怕鲸鱼见鲸狂吼，所以钟杵上多刻鲸鱼。

高悬鼍音牌匾的鼓楼：鼍皮蒙鼓声音洪亮。

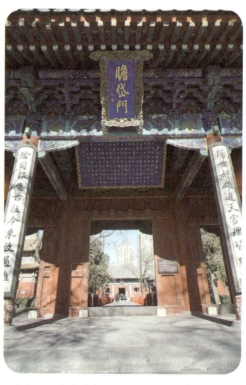

瞻岱门前的古槐

瞻岱门：东岳庙主殿殿门，门匾为康熙御笔。

东岳庙瞻岱门过殿中的哼哈二将郑伦、陈奇，封神人物。

哼哈二将之一

东岳大帝造像

东岳大帝神位，横匾为康熙御笔

东岳大帝之子炳灵公配殿

泰山府殿：供奉泰山府君

东岳庙东西南三厢的地府七十二府司殿

张宗师祠：供奉元代东岳庙的创始人

康熙御碑亭

观中碑林

观中古槐

东岳大帝之女泰山奶奶碧霞元君造像：此像为白云观造像，东岳庙中原来的元君殿与东岳夫人殿早已无存，碧霞元君是北京地区普遍崇奉的神祇。

白云观元君殿副神痘诊夫
人、眼光夫人。

白云观元君殿造像：顺
生夫人与送子夫人

东岳庙路南大牌楼背面：
原与庙宇为一体，因修路
把山门拆除，牌楼处于路
南，庙宇在路北，钟鼓楼
裸临马路。

二、北京北顶泰山奶奶庙景观组图

北京北顶娘娘庙：鸟巢水立方西南角。民间通称泰山奶奶庙。

娘娘庙简介

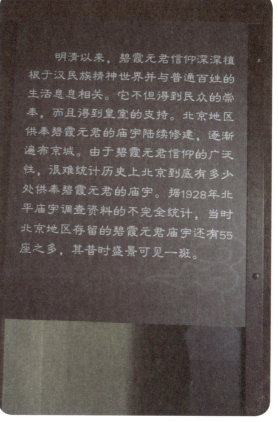

元君崇拜简介

天王殿

娘娘殿

庙中展品：东岳天齐大帝木主神位　　　　　　元君画像

送子娘娘画像　　　　　　眼光娘娘画像　　　　　　眼光神

28 宿图　　　　　　　古代木刻道教人物造像　　　　　　王灵官造像

王灵官头像　　　　　　王灵官木雕　　　　北顶娘娘庙民俗展室展品

民俗展品布老虎

民俗展品

民俗展品长命锁

民俗展品

民俗展品

民俗展品

碧霞元君崇拜兴起于宋真宗年间

殿中古木

三、鸡鸣驿泰山奶奶庙壁画组图

鸡鸣驿泰山行宫：即碧霞元君庙，民间称泰山奶奶庙也为娘娘庙。鸡鸣驿是宣化东南京张高速公路路西的明清古城。

小庙不大，造像不堪，但壁画却是非常有名，壁间用连环画方式画了50幅左右画图，描述了元君从山西老家出发经张家口、宣化、鸡鸣驿、北京，南渡黄河去泰山修行，一路上经历艰难险阻与迫害，在善人、好官、神仙的救助下修成正果的故事。

鸡鸣驿泰山奶奶庙壁画选

壁画一

壁画二

壁画三

壁画四

壁画五

壁画六

四、新年之际的太阳、月亮和星星

2019 年元旦日出

12 月 31 日日出后的下弦月

2019 年 1 月 2 日午夜 0：54 天狼星：难得一见的蓝色角芒。

凌晨 6：51 下弦月与金星

1 月 2 日早 7：20 星月三合：左为氐宿三星，右为金星。

1 月 2 日早 7 点后的下弦月与金星仍在照耀

冬季大三角群星：2019 年 1 月 5 日午夜 0：50

弧矢星组图之一，2019 年 1 月 5 日子夜 0：56。

弧矢星组图之二，弧矢主星，1 月 5 日午夜。

弧矢星组图之三，主星与大弧群星，1 月 5 日黎夜 1：16。

全天中只有氐宿有一颗绿星，无意间闯入镜头，2018 年 9 月 4 日黎夜 4：36。冬季与析木次诸星同耀南天。

氐宿绿星

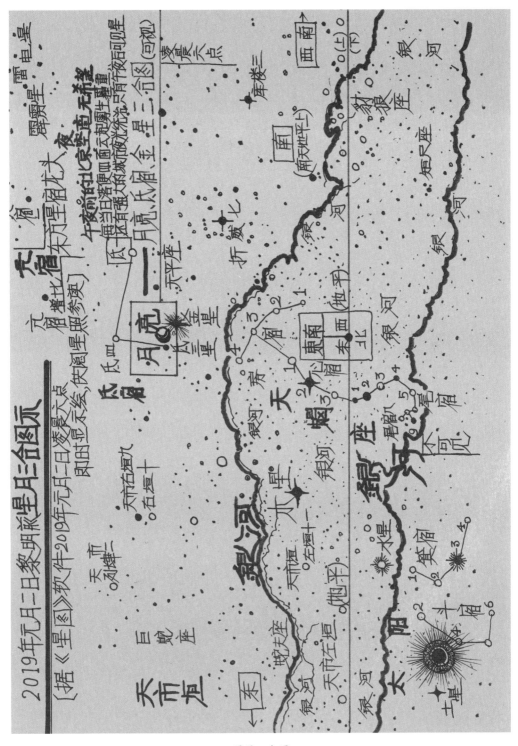

星月三合图

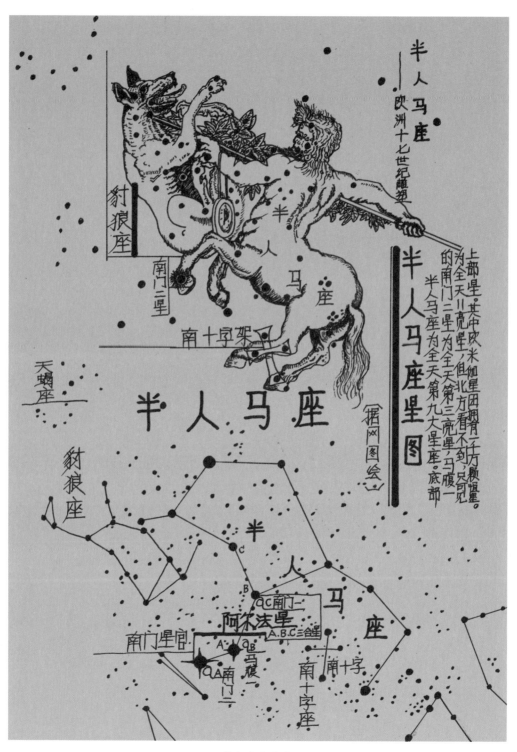

半人马座

半人马座星图
〔据网图绘〕

欧洲十七世纪雕塑

上部星其中欧、米伽星因相隔有二千万颗恒星。为全天ll亮星，但北方看不到，只可见的南门二星为全天第三亮星。马腹一半人马座为全天第九大星座。底部

豺狼座
南门二星
南十字架
天蝎座
豺狼座

半人马座

南门星官
阿尔法星
A.B.C三合星
南门一
马腹一
南门二
南十字座

半人马座图说

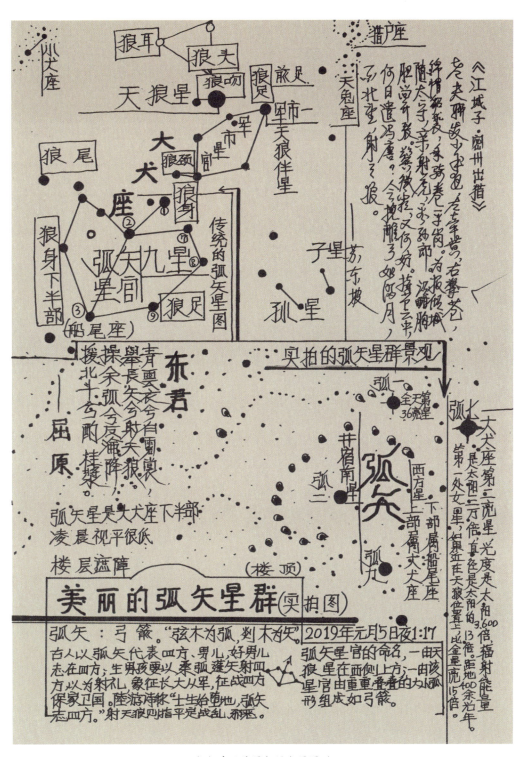

大犬座天狼星与弧矢星图说

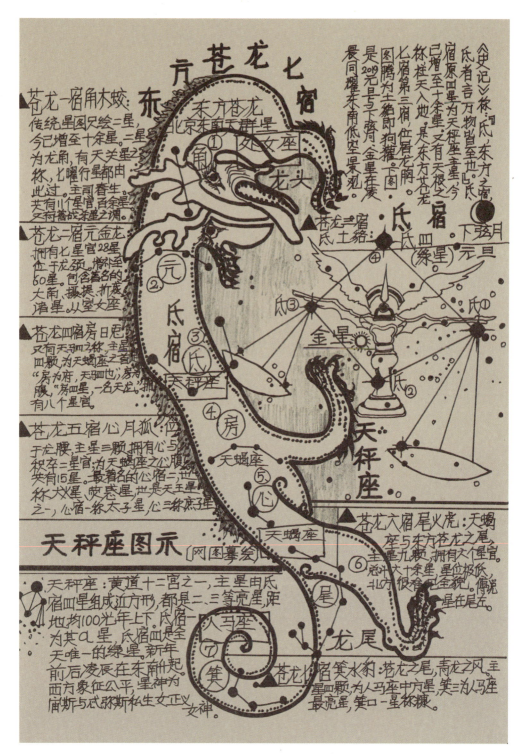

东方七宿图说

五、2019年1月8日明星组图

凌晨的金星与木星，2019年1月7日早6：46在东南天低空照耀。

1月7日子夜参宿七颗亮星（1至7星），左下角为天狼星和它的伴星军市一；右侧为参旗星官。

天狼星深空群星，1月8日黍夜3点

1月8日凌晨刚刚升起在塔楼侧的心宿二

1月8日凌晨6:04金星、房宿、心宿、木星（自上而下）

1月8日凌晨6：11的金星

1月10日黄昏日落

1月10日黄昏18：31的抱魄蛾眉月

1月10日晚20:05，蛾眉月无言独上西楼，月如钩，万家灯火竞秀，月落楼头。

蛾眉抱魄照九州，天方明，隐西楼，辉耀万家人心头，日升月恒，光照千秋。1月10日夜20：11。